LA BOÎTE À OUTILS

DU Web en entreprise

- Web management
- Content management
- Community management
- Webmastering

Philippe Gérard

Jacques Hellart

DUNOD

<u>DES MÊMES AUTEURS</u> :

GÉRARD Ph., JÉZÉQUEL B., *La Boîte à outils du Responsable communication,* Dunod, 2008.

HELLART J., *Optimisez vos recherches sur Internet,* Nathan, 2004.

La traduction des résumés a été réalisée par Christian Faivre Delord

Maquette de couverture : Maogani
Photos des auteurs en couverture :
© Sébastien Vallée – Dunod, 2011

ISBN : 978-2-10-054791-3

LA BOÎTE À OUTILS

2€

DU Web en entreprise

Remerciements

Avec les remerciements des auteurs, pour leur aimable contribution, à :

Abigail Grace Sharp, Bhaskar Roy (Qik), Caroline Pénat (DailyMotion), Cary Rosenzweig (Imvu), Catherine Martin, Cédric Deniaux (The Persuaders), Charlotte Létondot (i&e Consultants, pour Linkedin), Claire Jacquin (Canson), Federico Imparatta (BlinkList), Freddy Mini (Netvibes), Frédéric Cavazza, Greg Fair (Meebo), Hervé Kabla (blogAngels), Jennifer Nielsen (Ning), Julien Fayolle (Wikimedia Foundation), l'équipe Wikio (Wikio), Lionel Cherpin (Kivoij), Liron Steinfeld (BlogTV), Melanie Dulong (Creative commons France), Michael Trigg (Hi5), Nicolas Laustriat (Poleetic), Séverine Faurax (Alerti), Vera Sparre (Kyte), Xavier Borderie (Wordpress), Yann Gourvennec (Orange Business Services).

Avant-propos

À l'heure où le développement de l'entreprise passe de plus en plus par les réseaux et s'installe dans un monde digital, tous les managers deviennent… des web managers.
Quel que soit leur métier d'origine (marketing, communication, ressources humaines [RH], etc.), les managers de ces directions doivent désormais compter avec le média web et être capables d'assurer le dialogue, le pilotage et le suivi d'un projet web avec pour interlocuteur, une *web agency*, une société de services en ingénierie informatique (SSII) ou une direction des services informatiques. *La Boîte à outils du Web en entreprise* s'adresse à eux, pour leur permettre d'aborder plus sereinement les mutations inévitables de leur métier et d'acquérir cette **dimension digitale** afin d'exercer complètement et dès aujourd'hui leurs fonctions.

Ces managers sont souvent appelés à prendre la tête d'une équipe dédiée au web, que ce soit au marketing, au commercial, à la communication, à la formation, etc. Ces **équipes web** se créent ou s'étoffent de nouveaux collaborateurs : un manager doit désormais savoir encadrer ces professionnels du web, de plus en plus nombreux, dont les métiers se définissent avec une spécialisation croissante (webmaster, web marketer, traffic manager, web designer, SEO manager [*Search Engine Optimization* ou optimisation pour les moteurs de recherche], community manager, contributeurs, etc.).
Le web manager a donc pour mission de réunir, de fédérer et de diriger cette équipe dédiée au rayonnement et à l'expansion de la **« marque digitale » sur le web et les médias sociaux**. Ce livre s'adresse donc à ceux qui vont ou viennent de prendre en charge la responsabilité d'un ou plusieurs sites web. Les managers qui ne disposent pas nécessairement de tous les atouts culturels et techniques pour intégrer et diriger une équipe dédiée au web trouveront dans cet ouvrage les bases indispensables à leur prise de fonction, un panorama complet des outils et des fonctions du web et des médias sociaux, afin de les aider à mieux réussir dans leur nouvelle activité, en s'appropriant les évolutions récentes du web et les facteurs de succès du métier de web manager.

Au-delà de cette mission primordiale, le web manager devient également l'interlocuteur privilégié des autres directions de l'entreprise, qui, elles aussi, sont amenées à utiliser et mettre en œuvre les outils du web : e-recrutement, e-learning, e-commerce, etc. Le web manager exerce un rôle d'expert, en interne, sur les thématiques du web, de manière transversale et fédératrice. Il garantit ainsi la cohérence stratégique globale de tous les projets web conduits dans l'entreprise et assure, en tant qu'acteur de référence, un rôle pivot d'information et de conseil, et, plus loin, de dialogue et d'interface entre les différentes fonctions de l'entreprise.

Enfin, toutes les entreprises n'ont pas la chance de pouvoir réunir une équipe de multispécialistes du web… Pourtant, les très petites et les petites et moyennes entreprises (TPE et PME) ne peuvent pas non plus faire l'impasse sur cette dimension web, indispensable à toute activité. Elles doivent tout autant compter sur un **référent interne**, suffisamment familiarisé avec les problématiques du web pour simplement pouvoir dialoguer avec les prestataires externes, les agences ou les SSII. Ce livre leur fournira les bases d'un dialogue constructif et lucide.

L'ouvrage est construit en quatre parties couvrant les champs d'expertise et de connaissance du web manager :

- le **web management** (stratégie web) ;
- le **content management** (contenu, graphisme, ergonomie) ;
- le **community management** (réseaux sociaux) ;
- le **web mastering** (outils et techniques).

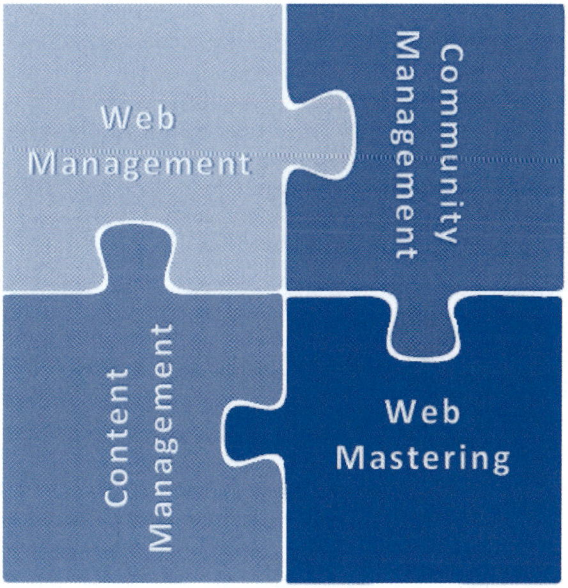

Sommaire

PARTIE 3
COMMUNITY MANAGEMENT

PARTIE 4
WEBMASTERING

La Boîte à outils, mode d'emploi

Une double page de présentation de la thématique

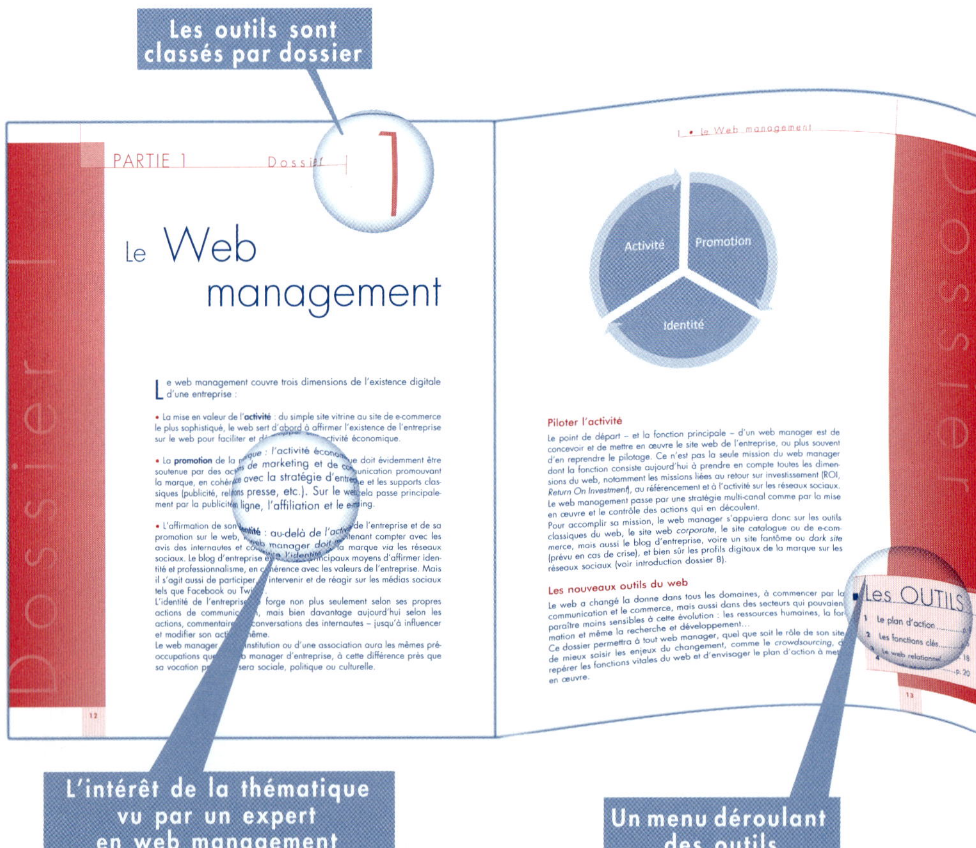

Les outils du web en entreprise sur 2 ou 4 pages

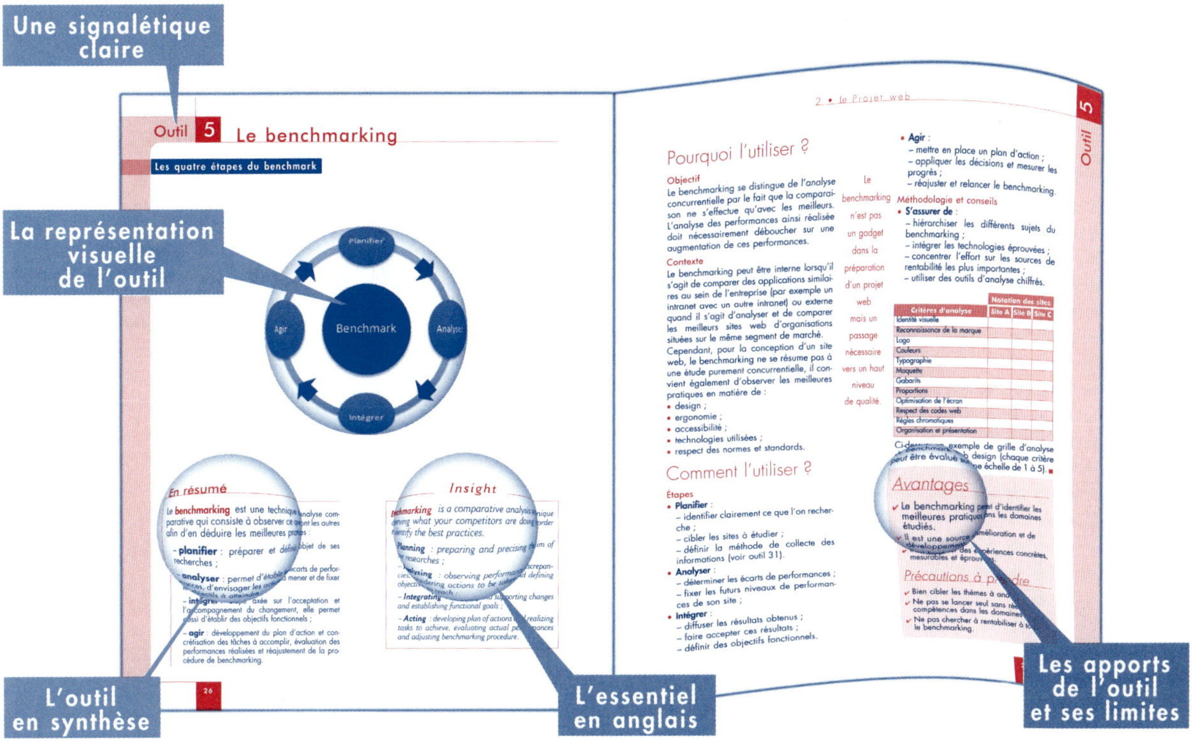

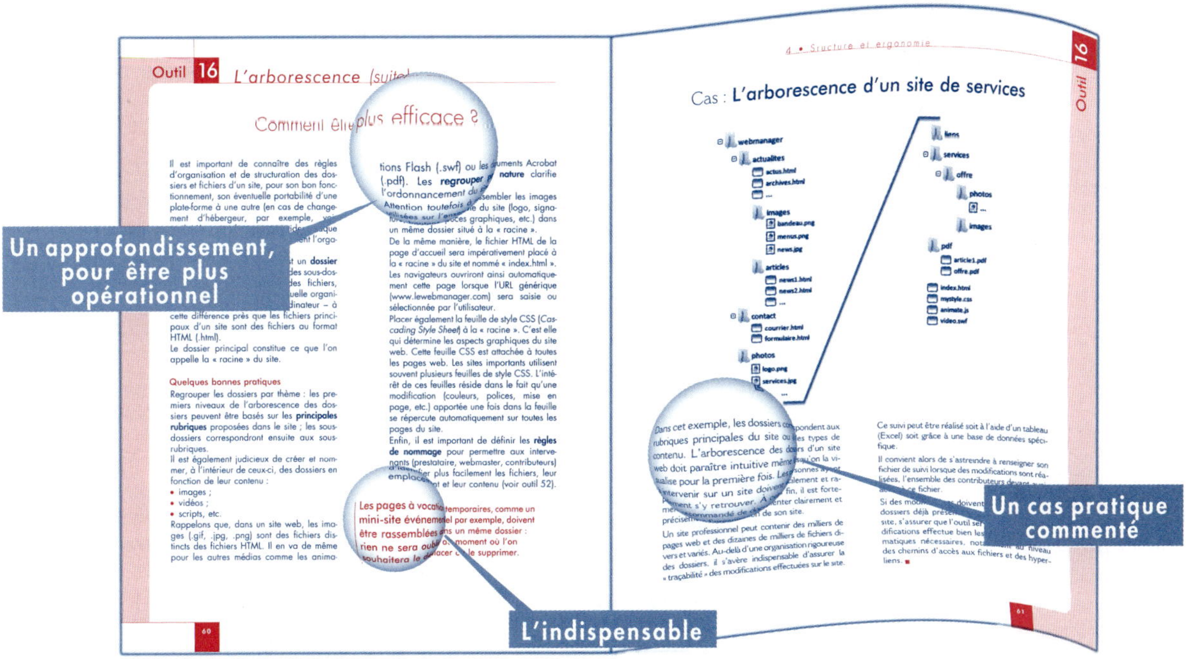

Le Web management

Le web management couvre trois dimensions de l'existence digitale d'une entreprise :

• La mise en valeur de l'**activité** : du simple site vitrine au site de e-commerce le plus sophistiqué, le web sert d'abord à affirmer l'existence de l'entreprise sur le web pour faciliter et développer son activité économique.

• La **promotion** de la marque : l'activité économique doit évidemment être soutenue par des actions de marketing et de communication promouvant la marque, en cohérence avec la stratégie d'entreprise et les supports classiques (publicité, relations presse, etc.). Sur le web, cela passe principalement par la publicité en ligne, l'affiliation et le e-mailing.

• L'affirmation de son **identité** : au-delà de l'activité de l'entreprise et de sa promotion sur le web, le web manager doit maintenant compter avec les avis des internautes et construire l'identité de la marque *via* les réseaux sociaux. Le blog d'entreprise est l'un des principaux moyens d'affirmer identité et professionnalisme, en cohérence avec les valeurs de l'entreprise. Mais il s'agit aussi de participer, d'intervenir et de réagir sur les médias sociaux tels que Facebook ou Twitter.
L'identité de l'entreprise se forge non plus seulement selon ses propres actions de communication, mais bien davantage aujourd'hui selon les actions, commentaires et conversations des internautes – jusqu'à influencer et modifier son activité même.
Le web manager d'une institution ou d'une association aura les mêmes préoccupations que le web manager d'entreprise, à cette différence près que sa vocation première sera sociale, politique ou culturelle.

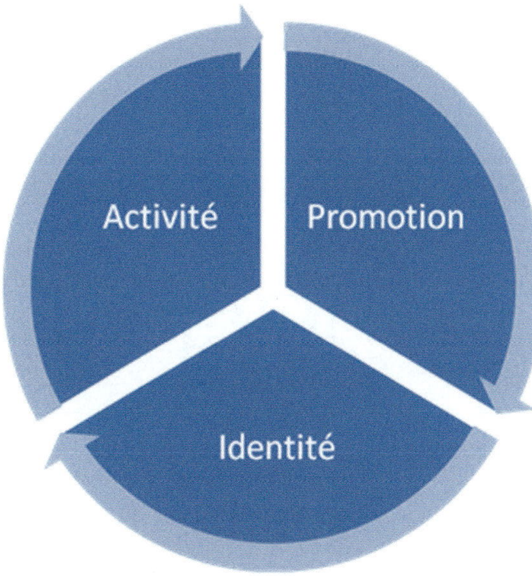

Piloter l'activité

Le point de départ – et la fonction principale – d'un web manager est de concevoir et de mettre en œuvre le site web de l'entreprise, ou plus souvent d'en reprendre le pilotage. Ce n'est pas la seule mission du web manager dont la fonction consiste aujourd'hui à prendre en compte toutes les dimensions du web, notamment les missions liées au retour sur investissement (ROI, *Return On Investment*), au référencement et à l'activité sur les réseaux sociaux. Le web management passe par une stratégie multi-canal comme par la mise en œuvre et le contrôle des actions qui en découlent.

Pour accomplir sa mission, le web manager s'appuiera donc sur les outils classiques du web, le site web *corporate*, le site catalogue ou de e-commerce, mais aussi le blog d'entreprise, voire un site fantôme ou *dark site* (prévu en cas de crise), et bien sûr les profils digitaux de la marque sur les réseaux sociaux (voir introduction dossier 8).

Les nouveaux outils du web

Le web a changé la donne dans tous les domaines, à commencer par la communication et le commerce, mais aussi dans des secteurs qui pouvaient paraître moins sensibles à cette évolution : les ressources humaines, la formation et même la recherche et développement…

Ce dossier permettra à tout web manager, quel que soit le rôle de son site, de mieux saisir les enjeux du changement, comme le *crowdsourcing*, de repérer les fonctions vitales du web et d'envisager le plan d'action à mettre en œuvre.

Dossier

Les OUTILS

Le plan d'action

Le tableau de bord

	Objectif	Cible	Outils	Action	Échéance	Budget	Mesure
Activité							
Promotion							
Identité							

Pour chaque dimension (activité, promotion, identité), définir les composantes de la stratégie web de l'entreprise.

En résumé

Activité : le **site web** doit attirer des visiteurs mais surtout des visiteurs qualifiés, mieux encore, des visiteurs qui « agissent ». Il est indispensable de définir des indicateurs clés, comme le taux de transformation (nombre de personnes qui téléchargent une documentation, par exemple) ou de transaction (nombre de personnes qui commandent un produit sur le site) (voir outil 11).

Promotion : définir les **campagnes publicitaires** par les e-mailing envoyés aux clients, mais prévoir aussi des bannières publicitaires sur des sites de référence, et surtout des campagnes AdWords (voir outil 10).

Identité : développer son action en affirmant son identité sur les réseaux sociaux, notamment en créant et animant des **profils** sur les principaux médias collaboratifs. (voir dossier 8).

Insight

Activity *: The Aim of a* ***web site*** *is to draw callers, mainly "qualified" and, better, "active" callers. Hence you have to elaborate key-indicators, as the transformation rate (number of people downloading a brochure, for instance) or transaction rate (number of people ordering on-line an article).*

Promotion *: defining* ***advertising campaigns*** *through e-mails sent to customers and advertising banners on reference sites, and especially* Adwords *campaigns.*

Identity *: developing its own activity by enhancing its identity on social networks, notably through creating and animating* ***profiles*** *on main co-operative media.*

Pourquoi l'utiliser ?

Objectif

Le plan d'action permet de préparer, mettre en œuvre et contrôler sa stratégie web. Il est d'abord un outil de synthèse qui donne le moyen de conserver la trace des décisions prises et leurs fondements. C'est aussi un document qui sert de référence à tous les interlocuteurs qui travaillent pour appliquer cette stratégie.
C'est enfin un outil de pilotage qui permettra tout au long de l'année de diriger les actions et de suivre les résultats par rapport aux objectifs fixés.

Contexte

Le plan d'action est la synthèse formalisée de la démarche stratégique. Il fait suite à l'analyse stratégique. Celle-ci s'établit sur la base d'une analyse des faits internes et externes (notamment un *benchmarking*, voir outil 5) et de leur diagnostic.

Le plan d'action est un tableau de bord qui légitime le web management dans l'entreprise.

Comment l'utiliser ?

Étapes

- **Définir des objectifs**, chiffrés dans la mesure du possible.
- **Associer les cibles** correspondant aux objectifs.
- **Sélectionner les outils**.
- **Mettre en place les actions**, élaborer les messages et les contenus.
- **Définir les échéances**, les plannings, les **budgets** et la mesure des actions.

Exemple de plan d'action (extrait)

	Objectif	Cible	Outils	Action	Échéance	Budget	Mesure
Activité	Renforcer l'image de la marque	Partenaires	Institutionnel	Relayer l'information Sponsoring	…/…/…	… €	Retombées presse en ligne Nombre de liens entrant
Promotion	Fidéliser	Clients	e-mailing	Offre promo 2e produit	…/…/…	… €	Taux d'ouverture/lecture mail Taux de transformation en vente
Identité	Renforcer la relation client	Clients	Blog	Billets réguliers sur la thématique entreprise	…/…/…	€	Nombre de fans Qualité de la contribution des fans

Méthodologie et conseils

À l'issue du diagnostic, et en fonction des objectifs, la mise en place d'outils comme le blog ou des campagnes de publicité en ligne peut ne pas apparaître nécessaire, notamment pour des raisons de priorisation de budget… Toutefois la création d'indicateurs et d'outils d'une stratégie web comme le taux de transformation, le référencement ou la création de profils semble, elle, indispensable. ■

Avantages

✔ Le plan d'action est aussi un outil de communication auprès des prestataires internes et externes qui garantit la cohérence des recommandations.

Précautions à prendre

✔ Attention à ne pas décider de mettre en place des actions ou des outils avant d'avoir défini l'objectif.

Les fonctions clés

Métiers et fonctions du web management

En résumé

Web manager : définit la stratégie digitale de la marque et encadre l'équipe web.

Webmaster : crée et maintient les pages du site.

Content manager : crée et développe le contenu éditorial du site.

Contributeur : alimente en contenu une partie du site.

Web marketer : assure la promotion du site.

SEO manager : optimise le référencement du site sur les moteurs de recherche.

Traffic manager : gère et met en ligne des campagnes publicitaires.

Social media manager : suit la e-réputation de la marque sur les réseaux sociaux en pratiquant une communication d'influence pour développer des messages positifs.

Community manager : modère et anime les discussions sur un forum, un blog et les réseaux sociaux.

Veilleur : suit les conversations qui ont lieu au sujet de la marque ou de ses produits.

Insight

Web Manager *: elaborating the brand digital strategy and managing the web team.*

Webmaster *: designing and servicing pages on site.*

Content Manager *: designing and developing editorial content on site.*

Contributor *: supplying part of the content.*

Web Marketer *: promoting the site.*

SEO Manager *: optimizing site referencing on Search engines.*

Traffic Manager *: launching and managing on-line advertising campaigns.*

Social Media Manager *: following the brand e-reputation on social networks through positive messages broadcasting.*

Community Manager *: regulating and animating chats on a forum, a blog or social networks.*

Curator *: following discussion about the brand or its products.*

Pourquoi l'utiliser ?

Objectif

L'objectif consiste souvent pour le web manager à assumer lui-même les fonctions dévolues à ces métiers, ou à encadrer une équipe réduite d'un ou deux collaborateurs capables d'assumer plusieurs de ces rôles.

Contexte

Autrefois enracinée dans la technologie, la mission du webmaster a évolué vers celle de web manager, davantage axée sur la définition et la mise en œuvre de la stratégie digitale que sur la construction et la maintenance d'outils. D'autant que la fonction de webmaster, d'entretien et de mise à jour technique du site est maintenant le plus souvent confiée à une web agency ou une SSII.

Le web manager, seul ou avec quelques collaborateurs, aura donc justement pour mission d'animer cette équipe. Dans le cadre d'un développement ou d'une refonte de site web, il devra encadrer également une équipe *ad hoc* (graphiste, développeur, administrateur de base de données, etc.) ou piloter, en interface, celle d'une agence.

Le web manager est au cœur des nouveaux métiers du web.

Comment l'utiliser ?

Étapes

- **Recenser les différentes missions** nécessaires au fonctionnement du ou des sites.
- **Mesurer le temps nécessaire** pour accomplir chacune des tâches (est-elle compatible avec une autre mission ? Peut-on la déléguer ? Faut-il une personne à temps plein ?).
- **Identifier les fonctions** correspondant aux missions à accomplir et les regrouper.
- **Attribuer ces missions**.

Le constat établi peut amener à embaucher de nouveaux collaborateurs ou à déléguer certaines tâches à un ou plusieurs prestataires, le temps consacré aux missions pouvant être converti en prix/jour en fonction du salaire – et de la même façon transposé en prix d'achat de prestation.

Méthodologie et conseils

L'essor du web 2.0 et les enjeux croissants de la visibilité et du référencement (voir outils 9 et 10) ont fait émerger de nouveaux métiers et, en tout cas, de nouvelles fonctions. Certains rôles peuvent évidemment être tenus par une seule et même personne : webmaster et web designer, par exemple, ou encore community manager et social media manager. ■

Avantages

- ✔ Identifier les nouvelles missions du web manager grâce à la représentation des métiers.
- ✔ Prendre la mesure du temps lié à l'exercice des missions.
- ✔ Mutualiser les ressources et les contenus entre différents services et/ou collaborateurs.

Précautions à prendre

- ✔ Attention à ne pas diviser les tâches à outrance, ce qui diluerait les responsabilités. Établir les descriptions de poste en fonction de la charge réelle.
- ✔ Bien évaluer les compétences en fonction des ressources internes. Il est parfois préférable de sous-traiter.

Outil 3 # Le web relationnel

Un nouveau modèle de communication

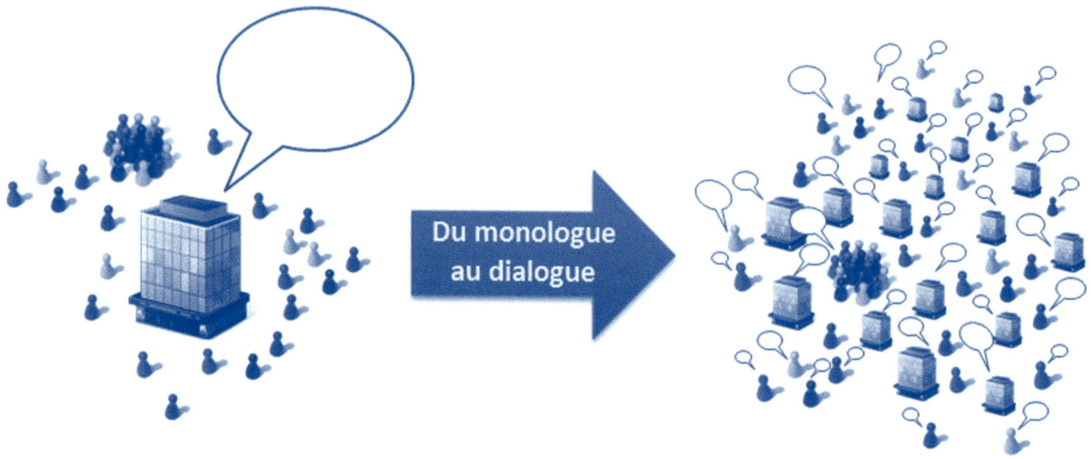

En résumé

Aujourd'hui, le **monologue** a fait place au **dialogue** et les internautes doivent avoir leur place sur un site web.

De la même manière, les actions de promotions reposant sur le principe de l'**intrusion** (l'internaute étant interrompu par le message publicitaire) sont mal acceptées.

Les actions doivent être basées sur la **permission** : c'est l'internaute qui choisit de s'intéresser à votre activité (*via* l'inscription à une newsletter, à un programme de fidélisation, en téléchargeant un livre blanc, etc.), action que l'on désigne aussi par le terme d'*opt-in*.

Insight

Nowadays, ***dialog*** *replaced* ***monolog*** *and web surfers must find their proper place on a web site.*

Hence, promoting actions based on ***intrusion*** *(the web surfer being interrupted by a commercial) are no more welcomed.*

It is better to construct your actions on the ***permission*** *principle : the web surfer decides by himself to take interest in your activity (through subscription to a newsletter, a customer loyalty program, by downloading a white paper, etc.) This is also called* opt-in.

Pourquoi l'utiliser ?

Objectif

L'objectif de tout web manager consiste désormais à passer du « média » à la « **conversation** ». Le site web ne se limite plus aujourd'hui à un support de communication, mais doit bien devenir un lieu d'**échange** avec les internautes. Il ne suffit plus à canaliser les conversations sur la marque, ouvertes par les internautes, sur la Toile entière. Le web manager doit donc non seulement favoriser le lien avec les clients, les prospects ou les simples visiteurs sur son propre site, mais aussi orienter sa stratégie vers des médias spécifiquement dédiés aux échanges.

Les entreprises doivent donner la parole aux internautes.

Contexte

Le web relationnel symbolise le passage du web 1.0 au web 2.0, c'est-à-dire du marketing de contact au marketing **relationnel**. Le site web, autrefois calqué sur le schéma « émetteur-média-récepteur » a eu son utilité, les expressions site vitrine ou site catalogue étant d'ailleurs emblématiques de la référence au modèle classique de la communication :

Aujourd'hui, les internautes sont partie prenante de la communication autour la marque. La **sociabilité** est en passe de devenir le concept et le moyen majeurs de la communication d'entreprise. L'écoute des conversations sur la marque, la réaction aux commentaires, l'entretien de la relation client et le développement d'une communauté passent désormais au premier plan.

Comment l'utiliser ?

Étapes

- **Mesurer le degré de « dialogue » du site :**
  – Est-il basé sur un schéma à sens unique, de type « émetteur-récepteur » ?
  – Propose-t-il des services personnalisés (un devis en ligne, par exemple) ?
  – Est-il ouvert aux avis et commentaires des visiteurs ou des clients ?
- **Évaluer la nature des outils de promotion :**
  – Sont-ils exclusivement diffusés vers les internautes : bannière publicitaire, e-mailing, etc. ?
- **Mesurer sa présence sur le web :**
  – Quels sont les sites ou les portails qui ont créé des liens vers ce site ?
  – Quels sont les blogs, les forums, les communautés qui en parlent ?
- **Tirer les conclusions :**
  – Si le site est exclusivement « à sens unique », l'enrichir avec des fonctionnalités basées sur le dialogue.
  – si le site est déjà « orienté utilisateur », continuer dans ce sens en élaborant une stratégie de présence et d'intervention sur les médias sociaux (voir partie 3).

Méthodologie et conseils

Établir une zone de contact avec les visiteurs en prévoyant un lien de messagerie vers un interlocuteur sur le site – mieux plusieurs liens vers des interlocuteurs identifiés, au moins par leur fonction (commercial, technique, etc.).

Présenter l'équipe par une rubrique « qui sommes-nous » reste la moindre des choses...

Ouvrir le site aux avis et recommandations des internautes et, pourquoi pas, proposer la notation sur les produits ! ■

Avantages

✔ Le web relationnel permet d'établir un lien de confiance entre les internautes et la marque.

✔ C'est un outil de fidélisation très efficace.

Précautions à prendre

✔ Surveiller en permanence les actions ou commentaires des internautes et gare aux *trolls* !

✔ Mais ne pas censurer à outrance... cela finirait très vite par se voir.

Outil 4

Le web génératif

Les clients comme « source » de création

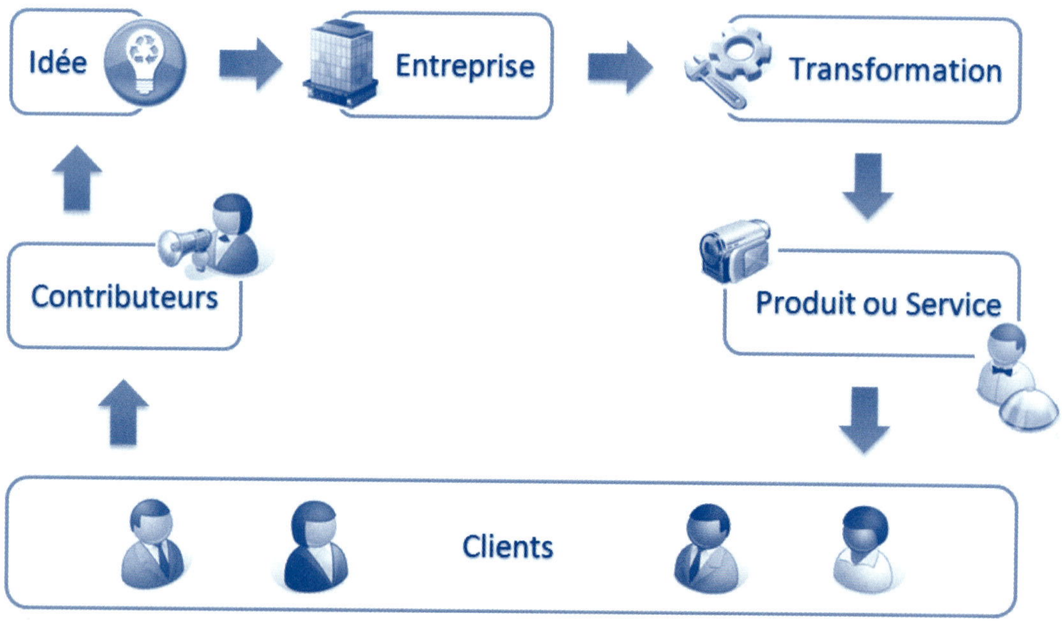

En résumé

Le web permet d'inciter les clients et les consommateurs à donner leur avis sur les produits et services.

Ce phénomène de **web génératif** ou ***crowdsourcing*** rend possible la mise à contribution des consommateurs ou des clients dans le processus de création de produits ou services, jusqu'à leur faire inventer eux-mêmes ces produits ou, tout au moins, suggérer de nouvelles idées.

Insight

The Internet allows prompting customers and consumers to give their personal view on products and services. The company has everything to gain by listening to them in order to improve its offer and reinforce good customer relations. Furthermore, this ***crowd sourcing*** *system develops the contribution of consumers/customers in designing products and services. You can even get them inventing products by themselves or, at last, suggesting new ideas.*

Pourquoi l'utiliser ?

Objectif

Le but du *crowdsourcing* (ou co-création de masse) est de recourir aux clients eux-mêmes, en nombre (*crowd*, foule) pour construire de nouveaux services ou produits. Ce **web génératif** permet d'améliorer l'offre existante et d'innover sur une offre future, dans une démarche d'innovation participative.

Le premier objectif consiste à créer du lien entre la marque et les clients, à augmenter la confiance des consommateurs grâce à cette « écoute client », garantie d'une image de marque de qualité. Au-delà du renforcement de la relation client, il s'agit aussi de lui donner la possibilité de contribuer à la création de produits ou services dont il sera lui-même consommateur.

Les clients ont aussi le pouvoir de créer les produits qu'ils veulent : les consommateurs sont devenus des « consom'acteurs ».

Contexte

La recherche et développement et les études de marché ne sont plus l'apanage de l'entreprise innovante. Le web 2.0 a démontré le formidable potentiel de « foules » disponibles et actives sur le réseau, la puissance nouvelle des consommateurs *via* les sites de **partage** et de **notation**. Dans le domaine du tourisme, par exemple, un site comme Tripadvisor permet aux clients de noter et d'évaluer un hôtel dans lequel ils ont séjourné. Le futur client peut ainsi se faire une opinion à partir de témoignages.

- **Le premier niveau** de *crowdsourcing* est donc celui qui permet à une entreprise de recueillir les **avis** de ses clients ou consommateurs.
- **Le deuxième niveau**, plus élaboré, consiste à s'appuyer sur les **idées** des clients pour améliorer les services ou produits de l'entreprise.
- **Le troisième niveau** se résume à demander aux clients d'inventer le **produit** qu'ils souhaitent.

Comment l'utiliser ?

Étapes

- **Définir l'objectif** de la communauté de feed-back à constituer : retour client, laboratoire d'idées, co-création.
- **Créer un outil de recueil d'information** simple et ergonomique sur un site spécifique, différent du site corporate.
- **Organiser une campagne de communication** autour de ce nouveau service proposé par l'entreprise.
- **Exploiter** – réellement – les idées ou suggestions proposées par les clients.

Méthodologie et conseils

Une communauté peut être ouverte de manière très large en recourant à la « foule », du *crowdsourcing* sans sélection. Elle peut aussi être réservée à une population réduite de consommateurs choisis ou de clients privilégiés, de manière à créer ou renforcer un lien de proximité avec une cible définie.

Il faut prévoir les ressources suffisantes pour animer la communauté et traiter les informations proposées par les contributeurs. Il est indispensable de prendre en compte les actions de ces clients inventifs et participatifs et de commenter leurs interventions en retour.

Avantages

- ✔ Être au plus près de l'attente client et de construire le produit qui lui convient.
- ✔ Déléguer et externaliser en partie à moindre coût le travail de recherche.

Précautions à prendre

- ✔ Se limiter aux « idées » du client et se conformer restrictivement à ses attentes.
- ✔ Perdre la faculté d'innovation et d'anticipation sur les besoins du marché.
- ✔ Ne pas oublier que cette source d'innovation n'est pas la seule.

• • •

Comment être plus efficace ?

Les sites de *crowdsourcing* appliquent un modèle basé sur quatre fonctionnalités principales :

- présenter les idées proposées par les internautes ;
- proposer un formulaire pour soumettre une idée nouvelle ;
- donner à chaque utilisateur la possibilité de commenter et de voter pour les idées soumises ;
- présenter le suivi des idées soumises :
  - celles qui ont été appliquées par l'entreprise,
  - celles qui vont prochainement l'être,
  - celles qui sont en cours d'approbation.

Il est évidemment essentiel de donner un retour aux internautes sur la prise en compte de leurs idées.

Dell, par exemple, affirme à ce jour avoir pris en compte plus de 400 suggestions d'utilisateurs.

D'autres classements peuvent être ajoutés sur le site, comme les idées les plus commentées ou les plus consultées. Les idées peuvent également être classées par thématique. Sur la page d'accueil du site, les idées ou suggestions les plus populaires remontent en tête de liste.

Les exemples de *crowdsourcing* (voir page suivante) démontrent l'intérêt pour une entreprise de compter sur l'intelligence individuelle et collective de ses clients, et peut-être, plus encore, de renforcer son image auprès du public, en sollicitant et en impliquant une communauté autour de la marque. Le *crowdsourcing* établit un lien de proximité avec la marque dont les consommateurs sont souvent demandeurs.

Cas de **MyMajorCompany, la SNCF, Dell…**

• MyMajorCompany : le modèle grand public

Pour illustrer le *crowdsourcing*, l'exemple de *MyMajorCompany* caractérise cette nouvelle approche du marketing et de la production : interroger directement les consommateurs et même… les rendre coproducteurs d'un artiste.

MyMajorCompany est un label musical, 100 % Internet. La société de production invite à sélectionner un artiste, parmi ceux présentés sur le site, et à investir sur lui. C'est ainsi que Grégoire a pu produire sa chanson *Toi + Moi*, qui est devenue un véritable tube. Son disque a été financé par quelque… 375 internautes, qui ont apporté 70 000 euros au label communautaire *MyMajorCompany*. Résultat : le jackpot avec 700 000 albums vendus. La mise de départ était fixée à 10 euros minimum par investisseur, avec la liberté bien sûr de miser plus – sans être certain de toucher le pactole… mais avec la possibilité tout de même de gagner un peu d'argent et surtout d'avoir la satisfaction de produire un artiste.

• La SNCF met ses voyageurs à contribution

Autre exemple, la SNCF a créé TGVlab (www.tgvlab.com), une communauté de passagers en ligne, sollicités pour donner leurs idées afin d'améliorer les services, que ce soit à bord, avant et après le voyage. Les idées et commentaires permettront de construire des services plus proches des attentes des clients. Au rang des suggestions : supprimer les contrôleurs (qui réveillent les passagers), pouvoir commander un taxi dans le train (comme dans le Thalys), équiper toutes les rames en wi-fi…

• Dell : l'innovation partagée

De son côté, Dell, le constructeur informatique, a lancé une plate-forme de crowdsourcing sur le web, Ideastorm.com. La société compte ainsi améliorer ses PC mis en vente mais aussi créer de nouveaux produits grâce aux suggestions de ses clients. Le site permet à chacun de donner ses idées sur le produit ou la fonctionnalité qu'il aimerait voir sur son prochain PC Dell.

La chaîne de salons de café Startbucks propose un service similaire sur son site (mystarbucksidea.force.com/ideaHome).

• Le B to B

Des prestataires comme Wilogo.com proposent aux entreprises de créer leur logo en recourant au *crowdsourcing* : le commanditaire remplit sur le site un cahier des charges d'après lequel travaillent les graphistes de la communauté. Ceux-ci proposent des dizaines de logos différents avec leurs variantes associées en rapport avec la demande. L'entreprise fait son choix et peut demander au graphiste auteur du design d'apporter des modifications au logo sélectionné.

• L'intranet comme source de création

Si le *crowdsourcing* est de plus en plus fréquent sur le web, il peut être une excellente source d'innovation participative en interne. C'est une façon d'encourager les salariés à apporter des améliorations sur les méthodes de travail et la qualité des produits.

Version modernisée et interactive de la « boîte à idées », une plate-forme d'innovation participative peut facilement être mise en place sur un site Intranet. ■

Le Projet web

La démarche projet est une condition *sine qua non* pour réussir la mise en place d'un site web. Hors de cette prise de conscience professionnelle, l'échec du futur site est quasi assuré.

Le succès d'un projet web nécessite une approche pluridisciplinaire regroupant différents acteurs de compétences diverses mais complémentaires et œuvrant tous dans le même but.

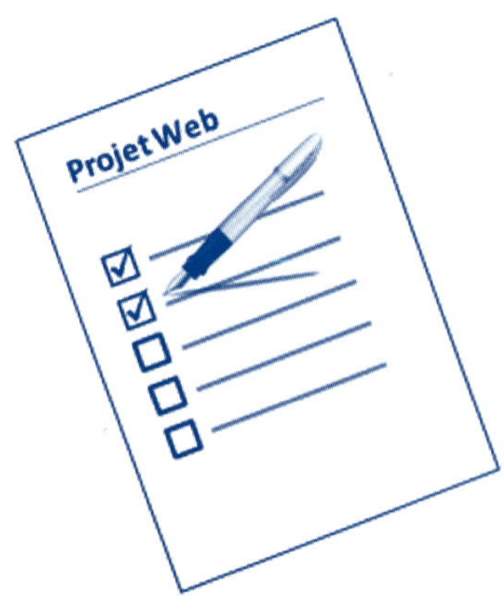

Mettre en place un site web ne se limite pas au seul développement de quelques dizaines ou centaines de pages. Croire que l'on peut réaliser un site professionnel en quelques clics est une bien lourde erreur. Un site web est une véritable application, au sens informatique du terme, qui doit être développée dans un cadre projet clairement défini.

Toutefois, limiter un site web à l'unique aspect informatique serait beaucoup trop restrictif tant sont nombreuses les implications dans les domaines : commercial ; marketing ; financier ; sociétal ; juridique ; technique ; etc.
La phase projet qui conditionne le succès de la réalisation finale. Il convient de l'envisager comme un passage obligatoire et de respecter toutes les étapes qui la composent.

Le projet web est découpé en une dizaine d'étapes incluant, chacune, différentes tâches. Un planning des tâches doit être élaboré en corrélation avec une affection de ressources (humaines, techniques, budgétaires) pour chacune d'entre elles.

Étape 1 : Étude préalable

- Veille.
- Analyse des besoins.
- Cadrage du projet.

Étape 2 : Étude d'opportunité

- Benchmarking.
- Détail de l'existant.
- Axes d'amélioration.

Étape 3 : Définition et description des besoins

- Mise en place d'une équipe pluridisciplinaire.
- Analyse des fonctionnalités.
- Cahier des charges fonctionnel.
- Recommandations stratégiques.
- Appel d'offres/recherche des solutions.

Étape 5 : Étude des scénarios

- Synthèse des scénarios étudiés.
- Plan de migration.

Étape 6 : Étude détaillée

- Réunion de cadrage.
- Ressources, budget.
- Plan de charge.
- Cahier des charges des fonctionnalités détaillées.

Étape 7 : Étude technique

- Environnement technique de la solution.
- Gestion du contenu.
- Maquettage.
- Plans de développement, de tests, de déploiement.

Étape 8 : Mise en œuvre

- Réunion de synthèse.
- Document de lancement/manuel des procédures.
- Formation du webmaster et des contributeurs.
- Accompagnement du changement.

Étape 9 : Mise en exploitation

- Recettage.
- Lancement du site.

Étape 10 : Bilan du projet

- Analyse de la satisfaction client.
- Calcul du ROI.

Dossier 2

Les OUTILS

Le benchmarking

Les quatre étapes du benchmark

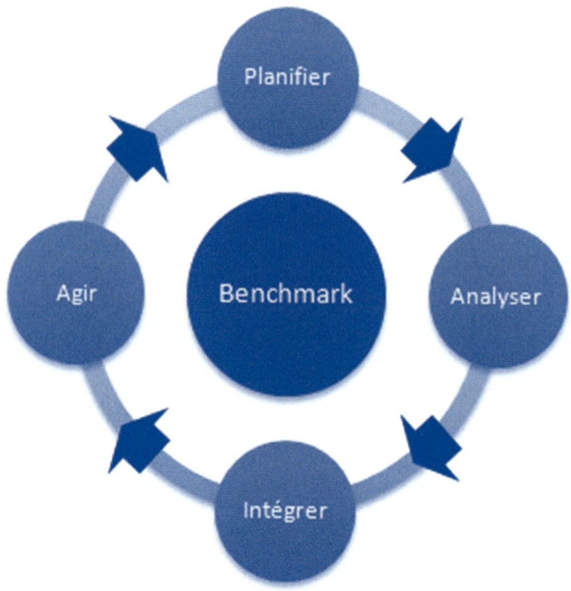

En résumé

Le **benchmarking** est une technique d'analyse comparative qui consiste à observer ce que font les autres afin d'en déduire les meilleures pratiques :

- **planifier** : préparer et définir l'objet de ses recherches ;
- **analyser** : permet d'établir les écarts de performances, d'envisager les actions à mener et de fixer les objectifs à atteindre ;
- **intégrer** : étape axée sur l'acceptation et l'accompagnement du changement, elle permet aussi d'établir des objectifs fonctionnels ;
- **agir** : développement du plan d'action et concrétisation des tâches à accomplir, évaluation des performances réalisées et réajustement de la procédure de benchmarking.

Insight

Benchmarking *is a comparative analysis technique observing what your competitors are doing in order to identify the best practices.*

- ***Planning*** *: preparing and precising the aim of your researches ;*
- ***Analyzing*** *: observing performance discrepancies, considering actions to be taken and defining objectives to reach ;*
- ***Integrating*** *: accepting and supporting changes and establishing functional goals ;*
- ***Acting*** *: developing plan of actions and realizing tasks to achieve, evaluating actual performances and adjusting benchmarking procedure.*

Pourquoi l'utiliser ?

Objectif

Le benchmarking se distingue de l'analyse concurrentielle par le fait que la comparaison ne s'effectue qu'avec les meilleurs. L'analyse des performances ainsi réalisée doit nécessairement déboucher sur une augmentation de ces performances.

Contexte

Le benchmarking peut être interne lorsqu'il s'agit de comparer des applications similaires au sein de l'entreprise (par exemple un intranet avec un autre intranet) ou externe quand il s'agit d'analyser et de comparer les meilleurs sites web d'organisations situées sur le même segment de marché.

Cependant, pour la conception d'un site web, le benchmarking ne se résume pas à une étude purement concurrentielle, il convient également d'observer les meilleures pratiques en matière de :

- design ;
- ergonomie ;
- accessibilité ;
- technologies utilisées ;
- respect des normes et standards.

Le benchmarking n'est pas un gadget dans la préparation d'un projet web mais un passage nécessaire vers un haut niveau de qualité.

Comment l'utiliser ?

Étapes

- **Planifier** :
  - identifier clairement la recherche ;
  - cibler les sites à étudier ;
  - définir la méthode de collecte des informations (voir outil 31).
- **Analyser** :
  - déterminer les écarts de performances ;
  - fixer les futurs niveaux de performances de son site ;
- **Intégrer** :
  - diffuser les résultats obtenus ;
  - faire accepter ces résultats ;
  - définir des objectifs fonctionnels.
- **Agir** :
  - mettre en place un plan d'action ;
  - appliquer les décisions et mesurer les progrès ;
  - réajuster et relancer le benchmarking.

Méthodologie et conseils

S'assurer de :

- hiérarchiser les différents sujets du benchmarking ;
- intégrer les technologies éprouvées ;
- concentrer l'effort sur les sources de rentabilité les plus importantes ;
- utiliser des outils d'analyse chiffrés.

Critères d'analyse	Notation des sites		
	Site A	Site B	Site C
Identité visuelle			
Reconnaissance de la marque			
Logo			
Couleurs			
Typographie			
Maquette			
Gabarits			
Proportions			
Optimisation de l'écran			
Respect des codes web			
Règles chromatiques			
Organisation et présentation...			

Ci-dessus, un exemple de grille d'analyse de benchmark web design (chaque critère peut être évalué sur une échelle de 1 à 5). ■

Avantages

- ✔ Le benchmarking permet d'identifier les meilleures pratiques dans les domaines étudiés.
- ✔ Il est une source d'amélioration et de développement.
- ✔ Il est basé sur des expériences concrètes, mesurables et éprouvées.

Précautions à prendre

- ✔ Bien cibler les thèmes à analyser.
- ✔ Ne pas se lancer seul sans réelles compétences dans les domaines visés.
- ✔ Ne pas chercher à rentabiliser à tout prix le benchmarking.

Outil 6 Le cahier des charges

Le rôle du cahier des charges

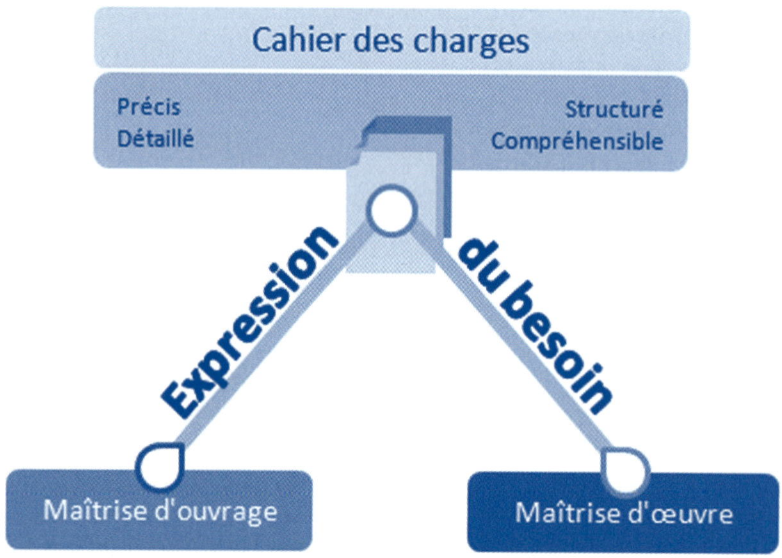

En résumé

Le **cahier des charges** est un document écrit définissant l'expression d'un besoin.

Il permet de décrire, de la façon la plus exhaustive possible, les spécifications de base d'un produit (le livrable).

C'est un document contractuel qui engage la maîtrise d'ouvrage (le client) et la maîtrise d'œuvre (le fournisseur).

Insight

Specifications *are a written document detailing a requirement.*

You can, in this way, exhaustively specify every basic of the ready to sell product.

It is included in the official agreement between the client (customer) and the contractor (supplier).

Pourquoi l'utiliser ?

Objectif

Le cahier des charges permet de définir clairement l'objectif à atteindre et les moyens pour y parvenir.

Il définit les enjeux du projet et les contraintes imposées pour son développement.

Contexte

Le cahier des charges rassemble toutes les informations collectées durant la phase préparatoire d'un projet. Sa précision et sa clarté sont un gage de qualité dans la réussite du projet.

Le demandeur (le client) exprime son besoin au travers d'un cahier des charges fonctionnel en termes de fonctions, de services et de contraintes (cf. norme AFNOR NF X 50151).

Une fois remis au prestataire, le cahier des charges ne doit plus être modifié. Quelques adaptations peuvent cependant être apportées, si elles ne remettent pas en cause les fondamentaux du projet.

Un bon cahier des charges, c'est 70 % de chances de succès dans un projet.

Comment l'utiliser ?

Étapes

La trame du cahier des charges fonctionnel de projet web peut se décomposer de la façon suivante :

- **Définition du cadre projet** :
  - présentation générale et contexte ;
  - objectif ;
  - cible ;
  - contraintes ;
  - périmètre.
- **Description fonctionnelle** :
  - structure et contenu ;
  - ergonomie et navigation ;
  - conception graphique ;
  - spécifications techniques et respect des standards ;
  - maintenance et mises à jour ;
  - référencement et promotion.
- **Ressources nécessaires** :
  - humaines ;
  - matérielles.
- **Planning** :
  - étude préalable ;
  - conception et réalisation ;
  - formation ;
  - mise en ligne et évolutions.
- **Budget** :
  - conception et réalisation ;
  - hébergement ;
  - référencement et promotion ;
  - exploitation.
- **Annexes** :
  - charte graphique ;
  - charte éditoriale ;
  - flux ;
  - glossaire.

Méthodologie et conseils

Chaque étape doit faire l'objet d'une validation par le demandeur.

Quatre critères doivent guider la réalisation du cahier des charges :

- **précision** : afin d'éviter les ambiguïtés, polysémies et contradictions ;
- **exhaustivité** : pour ne rien oublier des fonctions attendues ;
- **pertinence** : dans le but d'éliminer les informations inutiles ou inadaptées à la demande ;
- **évolutivité** : afin d'assurer la pérennité et l'adaptabilité de la future solution.

Avantages

✔ Le cahier des charges permet de formaliser une idée, de passer de l'abstrait au concret.

✔ Contractuel, il permet de clarifier la relation entre maîtrise d'ouvrage et maîtrise d'œuvre.

Précautions à prendre

✔ S'exprimer en termes d'objectifs plutôt qu'en termes de moyens.

✔ Ne pas faire rédiger le cahier des charges par la maîtrise d'œuvre (MOE).

Comment être plus efficace ?

Établir un questionnaire préalable sur le modèle de celui-ci :

N°	Question	Réponse
1	Qui est le demandeur ?	
2	Quel est l'objectif du futur site ?	
3	Est-ce un site pérenne ou ponctuel ?	
4	Quels sont les résultats attendus ?	
5	À quel public s'adresse-t-il ?	
6	Existe-t-il des contraintes déjà identifiées ?	
7	Quel impact pour l'entreprise et/ou ses partenaires ?	
8	Quel est le délai ?	
9	Quels seront les contenus, de quels types ?	
10	Quels seront les intervenants et les responsables (contenus, mise en ligne, animation) ?	
11	Quelles technologies sont envisagées ?	
12	Quid de la charte graphique, du design ?	
13	Qui s'occupera des aspects techniques ?	
14	Qui s'occupera des aspects juridiques (publication, copyright, nom de domaine) ?	
15	Quel type d'hébergement faut-il choisir ?	
16	Que faut-il prévoir pour le référencement, la promotion, les statistiques ?	
17	Faudra-t-il envisager de la formation ?	
18	Quel budget pour le développement du site ?	
19	Quel budget pour l'hébergement et le fonctionnement annuel du site ?	
20	Quel budget pour le référencement et la promotion (budget marketing éventuel) ?	

Le questionnaire préalable permet d'établir une *check-list* des points clés du futur cahier des charges.

Les sept défauts majeurs d'un cahier des charges

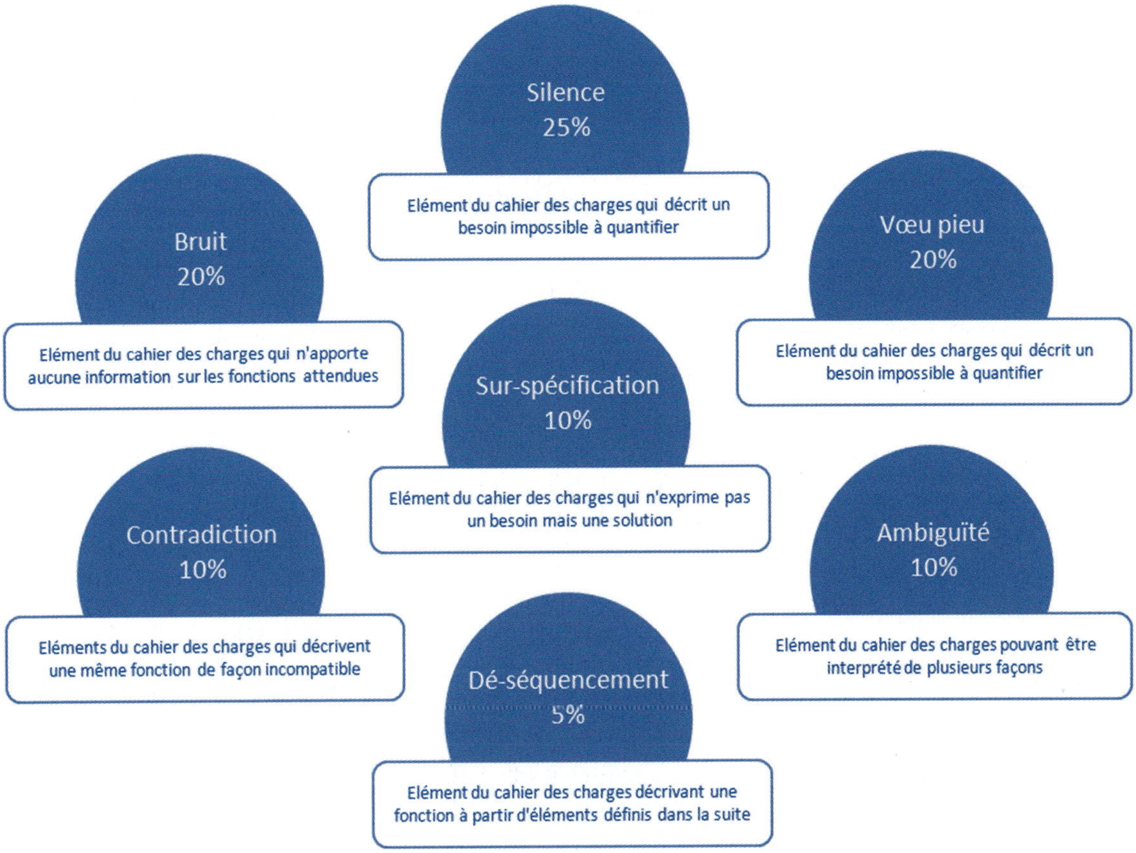

La relecture du cahier des charges par des acteurs différents est un élément essentiel de sa cohérence. Une ultime relecture à haute voix réalisée lors d'une réunion de l'équipe projet permet d'éliminer les derniers défauts.

Une assistance à maîtrise d'ouvrage peut également apporter un œil extérieur, objectif, susceptible de corriger certaines erreurs.

Enfin, le maître d'œuvre peut lui aussi relever des anomalies et en faire part à la maîtrise d'ouvrage. ■

La grille d'appel d'offres

La grille d'analyse d'un appel d'offres

	1	2	3	4	5
Conformité administrative					
Nom du soumissionnaire					
Date de réception de l'offre					
Documents dûment remplis et signés (oui/non)					
Déclarations incluses (oui/non)					
Garanties demandées (oui/non)					
Conformité acquise (oui/non)					
Conformité technique					
Respect des règles édictées (oui/non)					
Conformité aux critères d'éligibilité (oui/non)					
Viabilité économique et financière					
Compétences techniques					
Conformité aux spécifications techniques (oui/non)					
Services annexes requis (oui/non)					
Nombre de lots proposés					
Remarques					

En résumé

La **grille d'appel d'offres** permet d'effectuer une analyse objective et neutre des réponses apportées par les soumissionnaires.

Les réponses binaires (oui/non) évitent les imprécisions et une interprétation subjective des résultats.

Si plusieurs grilles d'évaluation ont été nécessaires à l'appel d'offres, une synthèse d'évaluation permet d'obtenir une vue globale des thématiques étudiées et de les noter.

Insight

*The **bids analysis chart** enables an objective and neutral comparison of offers made by tenderers.*

Binary answers (yes/no) avoid lack of precision or a subjective interpretation of results.

If you need more than one chart, an evaluation synthesis gives a global view of various proposed themes and allows classifying them.

Pourquoi l'utiliser ?

Objectif

La grille d'appel d'offres permet d'obtenir des réponses précises de la part des fournisseurs. Afin d'éliminer au maximum la part de subjectivité inhérente à chaque étude, il est impératif de se munir d'outils d'analyse fiables et simples d'emploi. La grille d'appel d'offres autorise une **quantification** rapide des **critères d'évaluation**. Le résultat mathématique ainsi obtenu offre l'avantage de la clarté et écarte toute ambiguïté.

Contexte

Dans le cadre d'un projet de développement de site web, il est important de bien situer la phase d'appel d'offres dans le contexte de l'entreprise et du projet à mener.

La notion d'appel d'offres est généralement liée au cadre juridique des marchés publics et donc fortement réglementée. En dehors de ce cadre particulier, un appel à concurrence, plus simple, peut être envisagé. Toutefois, la simplification d'une procédure ne doit pas entraîner la simplification des outils.

Travailler sans grille d'appel d'offres, c'est comme voyager sans carte, on sait d'où on part mais on ne sait pas où on arrive.

Comment l'utiliser ?

Étapes

- **Définir préalablement les thématiques d'évaluation et leurs critères** :
  - informations administratives et caractéristiques commerciales (afin d'évaluer l'image de marque et les ressources de l'entreprise) ;
  - méthodologie du projet et garanties contractuelles (afin de vérifier le sérieux de la démarche, l'engagement qualité) ;
  - solutions techniques proposées (afin de valider la pertinence et la pérennité des technologies) ;
  - fonctionnalités attendues (afin de vérifier l'adéquation aux besoins) ;
  - proposition financière (afin de déterminer le mieux-disant).
- **Envoyer les grilles d'évaluation avec l'appel d'offres** :
  - aux soumissionnaires/fournisseurs ;
  - avec une notice explicative ;
  - en précisant la méthode de notation.
- **Évaluer chaque proposition après réception** :
  - noter chaque critère à partir d'une échelle prédéterminée (non satisfaisant = 0, satisfaisant = 5, critère essentiel non couvert = – 10) ;
  - calculer la note globale de chaque grille d'appel d'offres.
- **Remplir la synthèse d'évaluation de l'appel d'offres** :
  - à partir des résultats des grilles d'appel d'offres ;
  - calculer la note pour chaque thématique par soumissionnaire.

Méthodologie et conseils

Il faut définir les thématiques évaluées et leurs critères en comité de pilotage, et jouer la **transparence** vis-à-vis des entreprises susceptibles de répondre à l'appel d'offres.

La grille d'évaluation doit rester un outil simple d'usage afin que tous les acteurs du projet se l'approprient. Sa lecture rapide et les informations objectives qu'elle propose permettent d'avancer vite et de limiter le risque d'erreur dans le choix du futur prestataire.

Les personnes chargées de la notation doivent donc faire preuve de la plus grande honnêteté. ■

Avantages

✔ Cet outil affiche d'emblée la volonté de clarté de la part de la maîtrise d'ouvrage.

✔ L'étude des propositions s'effectue sur une base de références saine ne pouvant être remise en question.

Précautions à prendre

✔ Éviter d'entrer trop dans les détails, cela nuirait à l'efficacité de l'analyse.

✔ Ne pas changer ses critères d'évaluation ou son échelle de notation en cours de route.

Le comité de pilotage

Le comité de pilotage dans le projet

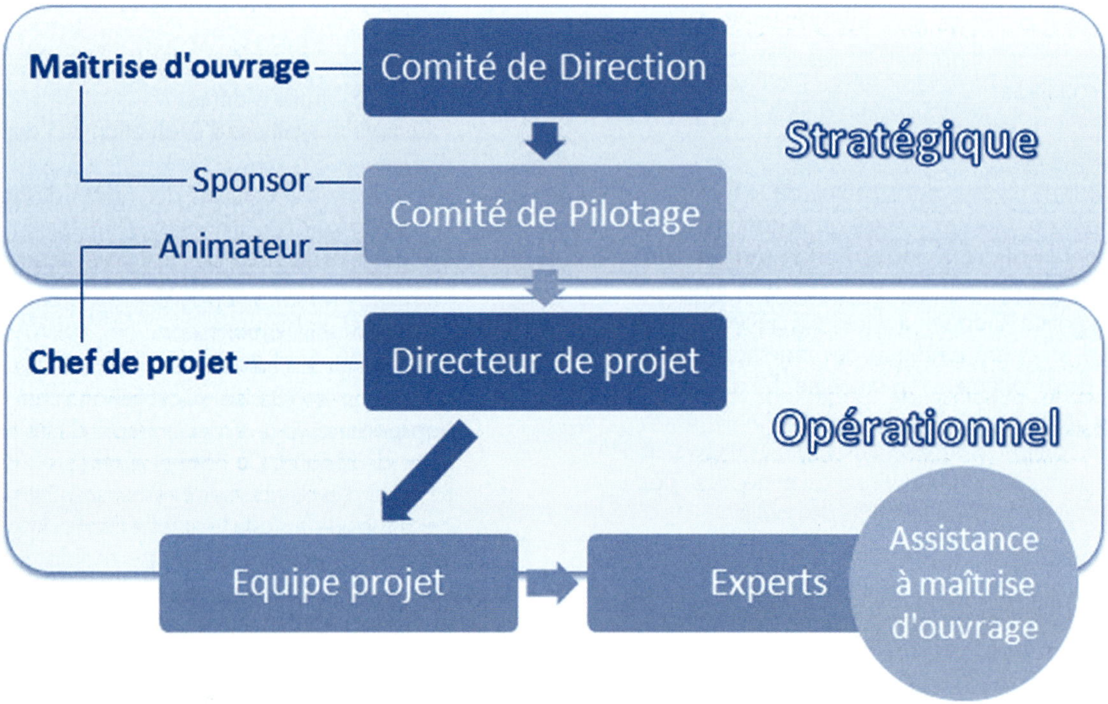

En résumé

Le **comité de pilotage**, souvent appelé Copil, est le lien indispensable entre les acteurs du projet et le comité de direction.

Il assure les choix stratégiques tout au long du projet.

Le maître d'ouvrage délégué en est le président ou le sponsor et le chef de projet, l'animateur.

Insight

*The **Project Committee** (in French Copil) is an essential link between the project team and the Steering Committee of the company.*

It provides strategic choices along the whole life of the project.

It is chaired by the Representative of the Client and animated by the Project Manager.

Pourquoi l'utiliser ?

Objectif

Le comité de pilotage assure le **suivi** et le **contrôle** du bon fonctionnement du projet. Il valide les décisions stratégiques qui définissent le projet. Composé de membres chacun responsable dans son domaine, il est le **relais** des choix du comité de direction.
Il insuffle une **dynamique** à l'ensemble des acteurs du projet et met des moyens à leur disposition.

Contexte

Le comité de pilotage se positionne de façon transverse par rapport au projet. Ses membres doivent disposer d'un réel pouvoir de décision. Il peut ainsi agir en toute autonomie et effectuer des choix stratégiques lorsque cela est nécessaire. Il assume également les responsabilités essentielles du projet, libérant le directeur de projet des décisions situées hors de son champ d'action.
Le comité de pilotage doit être restreint pour rester réactif mais des membres extérieurs peuvent intervenir ponctuellement, tels des experts.
Le comité de pilotage doit être capable de rendre compte en permanence à la maîtrise d'ouvrage ou au comité de direction.
Enfin, lorsque le projet est terminé, le comité de pilotage est dissous.

Le comité de pilotage ne garantit pas la réussite du projet, son absence en revanche est une cause d'échec majeure.

Comment l'utiliser ?

Étapes

- Sur requête du chef de projet, le comité de pilotage est formé par le **sponsor** (maître d'ouvrage délégué, souvent comité de direction). En général, il s'agit de personnes représentant les différents services ou directions impactés par le projet.
- Les premières réunions permettent de mettre en place la **planification** du projet, les orientations stratégiques, de valider les choix du chef de projet.
- Chaque réunion doit disposer d'un **ordre du jour** clair et minuté. Les membres du comité de pilotage ont bien souvent des disponibilités restreintes.
- Le chef de projet, en tant qu'**animateur**, conduit la réunion et veille au respect d'un calendrier clairement défini et validé par tous.
- Le comité de pilotage assure la **communication** autour du projet, il dissipe les malentendus et favorise ainsi l'acceptation du changement.

Méthodologie et conseils

Le comité de pilotage n'a pas besoin de se réunir très fréquemment ; après le lancement du projet, il se réunira essentiellement pour valider les grandes étapes, gérer d'éventuels conflits, relancer une équipe projet démotivée ou très en retard sur le planning, etc.
Pour certaines décisions exceptionnelles, le comité de pilotage n'a pas besoin d'être toujours au complet. Ce comité restreint informe toutefois les autres membres et les tient en permanence au fait de ses décisions. ■

Avantages

- ✔ Interlocuteur clairement identifié, le comité de pilotage est chargé des décisions importantes du projet et entièrement dédié à cette tâche.
- ✔ Il libère le chef de projet de responsabilités trop lourdes pour lui.
- ✔ Habilité à effectuer des choix rapides, il est le garant de l'avancée du projet.

Précautions à prendre

- ✔ Choisir les membres du comité de pilotage en fonction de leur compétence et non de leur position hiérarchique.
- ✔ Un nombre élevé de réunions n'est en rien un gage de qualité dans le travail du comité de pilotage.

Le Référencement et la promotion du site

Il ne suffit pas qu'un site soit bon, encore faut-il qu'il soit connu, à commencer par les moteurs de recherche... et tout principalement Google qui capte, aujourd'hui en tout cas, l'essentiel des requêtes faites sur le web.

Première étape fondamentale : le travail de référencement, c'est-à-dire d'indexation du site dans les moteurs de recherche (à distinguer du positionnement qui est le classement du site dans les pages de résultats). Aujourd'hui, mieux vaut donc concentrer ses efforts sur le leader incontesté Google, en particulier sur le référencement « naturel » qui représente la source principale du trafic sur un site web, après les accès directs. D'autant que la mise en œuvre du référencement naturel, théoriquement gratuit, nécessite tout de même un travail important et donc un budget, en temps ou en argent, qui reste toutefois modéré, comparé à celui du référencement payant (liens sponsorisés) ou d'une campagne de publicité en ligne. Le référencement est un travail prioritaire, mais pas exclusif. Sur le web, l'heure est à la **communication à 360 degrés**, une stratégie de marque qui utilise tous les outils du web pour conquérir les internautes et promouvoir son site, autrement dit, une stratégie **multicanal**, qui repose sur trois piliers classiques qui seront abordés dans ce dossier :

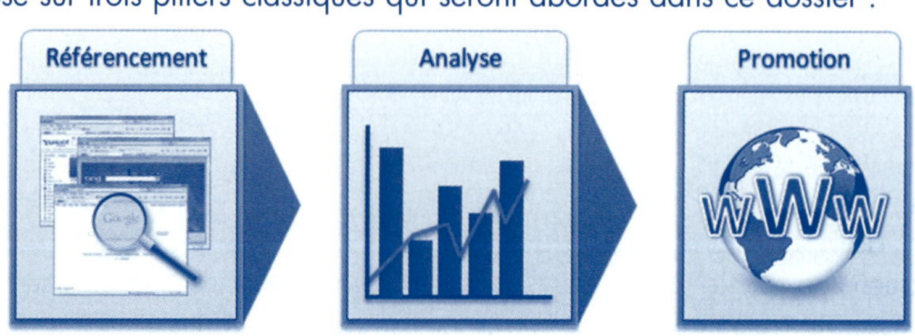

Deux autres seront abordés plus loin : médias sociaux et Internet mobile.

L'analyse du site

Aucune action de promotion ou de développement n'est envisageable sans une analyse des statistiques de fréquentation de son site. C'est le rôle du *web analytics* que d'observer méthodiquement et de façon permanente les comportements des visiteurs de son site, afin d'en améliorer la pertinence. Pour cela, la définition d'indicateurs clés de performance est indispensable : des critères d'analyse (nombre de visiteurs, temps passé, taux de transformation, etc.), qui serviront à contrôler l'évolution du site sur la durée et l'efficacité des campagnes publicitaires ou de e-mailing. Des outils de **mesure d'audience** fiables et précis permettent de suivre ces indicateurs que le web manager aura fixés pour piloter l'activité de son site.

Les outils de promotion

Trois outils permettent de doper la fréquentation de son site et d'inciter à l'achat pour les sites de e-commerce : le e-mailing, la publicité et le marketing viral.

Le **e-mailing** a fait ses preuves ; peu coûteux, facile à mettre en œuvre, il ne se heurte pas moins à la difficulté d'être considéré comme intrusif en cas de surexposition de la cible, voire d'être assimilé à du spam. La fréquence d'envoi et le choix des destinataires sont déterminants : plutôt qu'une diffusion en masse, mieux vaut privilégier le *one-to-few*, une segmentation pointue, avec des messages adaptés.

La publicité en ligne, ou *display*, continue à être un média très attractif, même si on observe parfois un effet d'occultation (*banner blindness*) de la part de l'internaute qui a tendance à « ne plus voir » les **bannières publicitaires**. Cela dit, cet effet est principalement dû au manque de ciblage des campagnes, un inconvénient auquel on peut aujourd'hui facilement remédier grâce au ciblage comportemental extrêmement précis que les régies publicitaires sont à même de produire pour une campagne. Les critères de sélection des diffuseurs (sites partenaires, affiliés, « éditeurs ») sont si fins que les campagnes sont encore plus efficaces. De nouveaux *business models*, liés à la performance de la campagne, comme le coût par action (CPA) ou le coût par *lead* (CPL) offrent aux annonceurs une très grande visibilité sur l'impact des campagnes et, surtout, un retour sur investissement très calculé, qui remet à l'ordre du jour cet outil un temps délaissé, au profit des liens sponsorisés et du récent engouement pour les médias sociaux, en particulier Facebook. Là encore, il ne s'agit pas de choisir un média plutôt qu'un autre, mais de les associer pour accroître le rendement de la campagne.

Enfin, le **marketing viral**, dont les deux outils précédents peuvent servir de point de départ, ne manque pas d'être à l'ordre du jour, un phénomène typiquement attaché au web et aux multiples connexions que les internautes établissent entre eux, servant eux-mêmes de relais à la diffusion des messages.

Dossier

Les OUTILS

Outil 9

Le référencement naturel

Search Engine Optimization (SEO)

Google propose une aide à la recherche de mots-clés.

En résumé

Le **référencement naturel** consiste à inscrire un site web dans les bases de données des outils de recherche et à **optimiser** ce site (SEO).

Le référencement désigne également le travail nécessaire de mise en relation entre un site web et un moteur de recherche : audit, recherche des mots-clés, soumission, vérification, inscription, positionnement, suivi.

Un bon référencement doit logiquement amener à un bon « positionnement » du site dans les moteurs (idéalement dans les deux premières pages de résultats).

Insight

SEO (Search Engine Optimization) *means registering a web site on data bases of different Search Engines, then* ***optimizing*** *this site.*

Referencing also means establishing relations between a site and a Search Engine : auditing, finding pertinent key words, tendering, verification, registration, location, following up.

An effective referencing must logically lead to a good "location" (or "positioning") of the site, ideally within the first two pages of results.

Pourquoi l'utiliser ?

Objectif

Le travail de référencement a pour objectif d'**optimiser** un site, techniquement et éditorialement, en fonction des attentes des utilisateurs, en respectant les modes de fonctionnement et les règles des moteurs de recherche (principalement Google).

Le SEO permet de générer du trafic gratuitement sur le site (contrairement aux achats de mots-clés, voir outil 10).

Contexte

En **France**, Google rassemble 90 % des recherches faites sur le web ! Les internautes cliquent principalement sur les liens naturels (70 % des clics). N'oublions pas que le positionnement d'un site en tête des résultats dépend pour beaucoup de sa « popularité »... Plus il y aura de liens vers un site, plus celui-ci aura de chance de monter dans le classement. Le nombre de ces *backlinks* fait grimper le *PageRank* du site (indice de popularité classé de 0 à 10).

La qualité du contenu reste le premier critère d'un bon référencement.

Comment l'utiliser ?

Étapes

• **Définir la stratégie de référencement et établir un glossaire** : sur quels **mots-clés** souhaite-t-on être référencé ? Sur quelles requêtes des internautes ? Mieux vaut restreindre ses ambitions et viser juste, plutôt que d'avoir un périmètre trop large et ne toucher personne...

• **Procéder à l'optimisation technique** du site, ce qui se traduit d'abord par le respect des standards du web, la définition de l'adresse web (URL), la qualité de l'encodage des pages et des balises META (« description » et « title » principalement).

• **Procéder à l'optimisation éditoriale** : s'assurer d'un volume suffisant de pages, de la pertinence des contenus et de la répétition des mots-clés dans chaque page du site.

• **Optimiser le linking**, c'est-à-dire multiplier les **liens hypertextes** sortants mais aussi les liens transversaux du site.

• **Proposer des services de type fil RSS, blogs**, vidéos qui favorisent un bon référencement.

Méthodologie et conseils

Penser à intégrer les actions de référencement en amont de la création du site. Le travail sur le référencement doit se faire au moment du projet, et non après la mise en ligne du site...

Les moteurs de recherche sont devenus très sensibles à la qualité technique des pages, notamment à leur « accessibilité » (voir outil 19).

D'autre part, les informations récentes sont potentiellement plus pertinentes, il est donc important de mettre à jour régulièrement le site pour être mieux indexé.

Avantages

✔ Beaucoup d'internautes arrivent sur un site *via* un moteur de recherche (les outils de recherche génèrent environ 30 à 40 % du trafic sur Internet en France).

✔ Un site bien référencé génère un trafic ciblé, correspondant aux attentes de l'internaute.

Précautions à prendre

✔ Les robots des moteurs privilégient le contenu textuel des pages et les liens HTML. Éviter d'utiliser ou d'abuser des techniques telles que Flash.

✔ Proscrire les « pages satellites » (créées uniquement pour être bien positionnées, mais qui restent invisibles pour les visiteurs). Cette technique peut amener au *blacklistage* d'un site.

• • •

Comment être plus efficace ?

Choisir des mots-clés

Pour mettre en place une stratégie de référencement, la première phase consiste à choisir les « bons » mots-clés. Pour cela, il est essentiel de se mettre à la place des internautes et d'identifier les mots-clés qu'ils utilisent. Pour les choisir, l'intuition peut parfois être bonne, surtout si elle est corroborée par d'autres personnes : on peut demander à des connaissances, des amis ou des collègues de bureau quels sont les termes qui leur viendraient à l'esprit pour rechercher une activité sur le web.

Mais l'intuition peut aussi être trompeuse... et, en tout cas, insuffisante. Mieux vaut s'appuyer sur des outils.

Le premier des réflexes à avoir consiste à consulter les données saisies dans le **moteur de recherche interne** de son site pour identifier précisément les attentes des internautes.

Ensuite, observer les **résultats** des moteurs de recherche sur un mot-clé ou une expression donnée (leur nombre s'affiche sous le champ de recherche). Les premiers résultats donneront probablement des idées sur des expressions qui n'ont pas été envisagées au départ.

Mieux encore, s'appuyer sur les bases de données de Google. Le générateur de mots-clés ***Google Keyword Generator*** indiquera, à partir d'un mot-clé donné, le nombre de fois où la requête a été demandée sur le moteur de recherche et proposera des expressions connexes contenant le mot-clé initialement demandé. Un autre outil, *Google Trends*, donnera donc des tendances sur la saisonnalité d'une requête, sur un arbitrage entre deux mots-clés, le choix singulier/pluriel, accent/sans accent, etc.

Enfin, les **outils de mesure d'audience** (par exemple *E-Stats, XITI, Google Analytics*) fournissent de nombreux indicateurs et permettent de mesurer les résultats des optimisations éditoriales effectuées lors de la création d'articles.

Positionner ses mots-clés

Une fois les mots-clés choisis, il faut les exploiter au mieux. Plus le mot-clé sera en haut de la page, plus sa présence sera jugée pertinente par les moteurs. Le **premier paragraphe** des pages est le plus important : les 30 à 50 premiers termes sont primordiaux.

Le **titre de la page** est également un élément capital pour les moteurs de recherche. Il est important de placer les mots-clés dans le titre.

La répétition du mot-clé n'est pas le critère le plus important ; le critère déterminant est celui de la **densité**, c'est-à-dire le nombre de fois où ce mot est utilisé par rapport au nombre total de mots dans le texte... Un bon indice de densité se situe entre 2 et 5 %.

Dans le cas d'expressions, si l'on souhaite être bien référencé, il faut veiller à ce que les mots-clés de ces expressions ne soient pas éloignés de plus de deux à trois mots l'un de l'autre.

Penser enfin à employer des déclinaisons des mots-clés (féminin, pluriel, etc.) pour améliorer le référencement.

L'optimisation d'une page

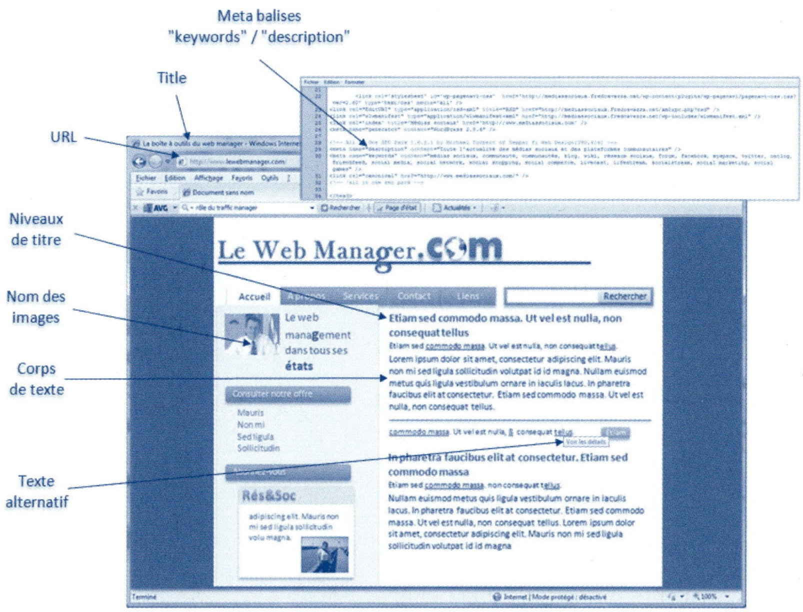

• *La réécriture URL*

Les URL des pages des sites dynamiques (en PHP, par exemple) sont souvent complexes : http://www.lewebmanager.com/article.php?id=24&page=2&rubrique=3. Elles font en effet référence à des variables et valeurs liées au langage de programmation et à l'organisation des fichiers dans la base de données. Ces pages sont très mal référencées, c'est pourquoi il faut avoir recours à la **réécriture d'URL** (URL rewriting), opération qui consiste à rendre le titre d'une page « lisible » par les moteurs de recherche, du type : http://www.lewebmanager.com/optimiser-le-referencement-de-son-site.

• *Les balises META*

Les balises META donnent des informations sur la page, notamment la balise « **description** » qui décrit dans une courte synthèse le contenu de la page. Cette balise doit contenir les mots-clés.

La balise « keywords », autrefois capitale, n'a aujourd'hui quasiment plus d'impact sur le référencement Google.

• *Les niveaux de titre*

Les balises de titre en HTML sont très importantes pour le référencement, en particulier la balise « **title** » dont le contenu s'affiche dans le navigateur (et non dans la page).

La balise « **H1** » constitue le premier niveau de titre, dans la page elle-même. Les deux balises « title » et « H1 » doivent comporter les mots-clés ; leurs contenus seront cohérents et complémentaires, voire identiques.

• *Le nom des images*

Une balise « **ALT** » (pour texte alternatif) est associée à chaque image dans le code HTML. Elle a pour rôle de décrire le contenu de l'image. Initialement inventée pour des raisons d'accessibilité, elle sert aussi aujourd'hui à améliorer le référencement, en intégrant dans cette balise les mots-clés de la page. ■

Les liens sponsorisés

L'achat de mots-clés

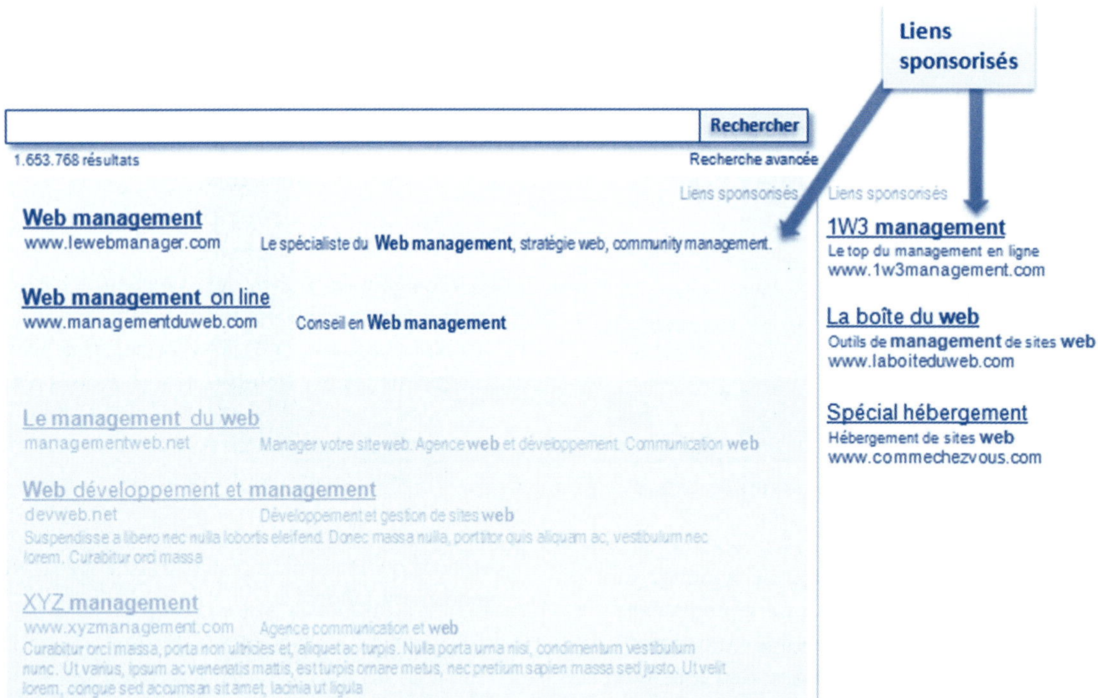

En résumé

L'achat de mots-clés ou **liens sponsorisés** permet de rendre visible une annonce publicitaire sur la page de résultats de Google lorsque l'internaute saisit un ou plusieurs **mots-clés** correspondants.

La visibilité de l'annonce dépend du budget alloué pour la campagne sur tel ou tel mot-clé. Le coût est variable selon la loi de « l'offre et de la demande » puisque la régie publicitaire fixe le prix du clic par mot-clé selon un **système d'enchères** ouvert à tous les annonceurs.

Insight

*By buying key-words or **sponsorised links**, you draw attention to an ad located in the Google results page (when the web surfer is using these **key-words**).*

*The visibility of an ad depends on the budget upon so or so key-word. The evolution of cost is based on the "supply and demand" rule, since the advertising sales agency decides the click price for a key-word by a **tendering process**, open to any advertiser.*

Pourquoi l'utiliser ?

Objectif

Le référencement payant (ou *search engine marketing*, **SEM**) permet de rendre son site visible dans les pages de résultat des moteurs de recherche lors la saisie de mots-clés choisis par l'internaute. L'annonce apparaîtra dans la partie haute ou droite de Google, identifiée comme un lien sponsorisé (liens commerciaux). Ce positionnement ne génère pas autant de clics que les liens « naturels » mais permet de figurer dans les pages de résultats lors d'une requête d'internaute.

Les liens commerciaux ou publicitaires sont plus communément appelés « liens sponsorisés ».

Contexte

Plusieurs régies publicitaires existent (*Yahoo Search Marketing* ou *Microsoft Advertising*) mais mieux vaut concentrer ses investissements sur la plus populaire : *Google AdWords* qui rassemble l'essentiel des internautes...

La régie se rémunère au **coût par clic** (CPC) : chaque fois qu'un internaute clique sur le lien de l'annonce, Google facture. Le coût au clic démarre à 0,05 € mais peut atteindre des tarifs très élevés pour des mots-clés recherchés. La valeur du CPC et le positionnement de l'annonce sont déterminés par le prix que les annonceurs veulent bien lui accorder. Trois critères leur permettent de maîtriser leur investissement :

- le budget quotidien ;
- le coût d'achat du mot-clé ;
- la durée de la campagne.

Comment l'utiliser ?

Étapes

- **Déterminer les objectifs** : s'agit-il d'une campagne de notoriété ? De vente ? De recrutement de prospects ? Le texte de l'annonce et le choix des mots-clés dépendront de ces objectifs.
- **Définir son budget** en fonction de l'estimation du trafic par mots-clés et des variables temporelles (semaine ou week-end, journée ou soir, heures précises dans la journée).
- **Rechercher et définir les mots-clés** les plus pertinents : sur quelles requêtes souhaite-t-on apparaître dans les pages de résultats ?
- **Structurer la campagne** : date de début et fin, budget quotidien, cibles géographiques, options de diffusion, etc.
- **Rédiger une ou plusieurs annonces** selon les critères du formulaire (voir cas pratique).

Méthodologie et conseils

Le fonctionnement est basé sur un système d'enchères mais s'appuie également sur le ***Quality Score***, la pertinence de la campagne (ancienneté de la campagne, taux de clics sur l'annonce, etc.).

Pour une annonce, faire court et utiliser un langage simple et clair.

Jusqu'à il y a peu, il était interdit d'acheter des mots-clés protégés par l'Institut national de la propriété industrielle (INPI) et les droits d'auteur. La Commission européenne vient de lever cette interdiction...

Avantages

- ✔ Visibilité rapide sur le web avec un coût du « ticket d'entrée » modéré.
- ✔ Facilité d'utilisation du compte de campagne, adaptabilité au jour le jour.
- ✔ Souplesse dans les possibilités de ciblages et les options.

Précautions à prendre

- ✔ Attention aux risques de « surenchère » sur le prix d'un mot-clé !
- ✔ Les clics générés ne sont pas forcément utiles et transformés... Il y a même des risques évidents de « fraude au clic ».
- ✔ Il faut surveiller attentivement les résultats de campagne, notamment en fonction des jours et heure de fréquentation.

• • •

Comment être plus efficace ?

Les campagnes AdSense

Une campagne de liens sponsorisés, apparaissant sur le moteur de recherche Google lors de la requête d'un internaute, peut être renforcée par des annonces diffusées sur des sites choisis. Ce sont les Google *AdSense*, des annonces qui se positionnent dans des encarts publicitaires « Annonces Google » sur les pages de sites ou de blogs ayant trait à son activité. Par exemple, un restaurateur de meubles anciens pourra promouvoir son entreprise sur des sites correspondants (brocantes, antiquaires, etc.) affiliés au programme AdSense. De leur côté, les détenteurs de ces sites qui proposent des **espaces publicitaires** sont rémunérés lorsque les internautes cliquent sur une annonce Google affichée sur leur page.

Ce système de messages publicitaires contextuels est accepté par des centaines de milliers de **sites partenaires** (tout éditeur de site peut s'affilier au programme AdSense).

Ces sites sont automatiquement sélectionnés en fonction de la thématique de la page et des mots-clés qu'elle contient, correspondant bien sûr à ceux choisis par l'annonceur. Le choix des sites de diffusion de l'annonce peut aussi être affiné manuellement, par sites et même par pages. En outre, le critère de **géolocalisation** s'avère très utile pour améliorer le ciblage de la campagne pour des entreprises régionales. L'annonceur pourra par ailleurs exclure certains mots-clés et/ou certains sites, afin de ne pas risquer d'apparaître sur des sites inappropriés ou concurrents. Les mots-clés choisis ne doivent d'ailleurs pas être trop génériques mais au contraire précisés pour atteindre une cible certes réduite mais pertinente.

Une annonce se limite souvent à un simple texte mais l'accompagner d'une **image** ou d'une vidéo renforce son impact publicitaire et le taux de clic.

Distinguer les campagnes AdWords et AdSense

Si les campagnes *AdWords* (liens sponsorisés sur le moteur de recherche) et *AdSense* (sites partenaires) sont complémentaires, elles ne doivent pas être confondues ni dupliquées. D'abord, les coûts au clic des campagnes AdSense sont très inférieurs à ceux des campagnes AdWords, d'où l'intérêt de créer des enchères séparées et distinctes pour optimiser la gestion de son **budget** publicitaire global.

Ensuite, les objectifs ne sont pas exactement les mêmes. Pour reprendre l'exemple, sur un site partenaire, l'internaute ne cherche pas *a priori* un restaurateur de meubles mais une brocante, un vide-grenier où chiner. Pour être efficace, le message de l'annonce devra donc être en rapport et tenir compte de ce **contexte d'affichage**. Une annonce promotionnelle ou une réduction sur une prestation pendant une période limitée constituera une action publicitaire opportune sur un site partenaire.

Pour des budgets restreints, ces campagnes dites *search* (liens sponsorisés dans les moteurs de recherche) constituent une première étape avant d'envisager une campagne de publicité graphique classique, dite *display* (voir outil 14).

Réaliser une campagne AdWords

1 Créer un compte Google.
2 À partir de ce compte, commencer une campagne AdWords (www.google.fr/adwords).
3 Choisir la version simplifiée (pour démarrer) ou la version standard pour mieux piloter les paramètres de campagne. Le passage de la version simplifiée à la version standard reste possible à tout moment.
4 Sélectionner votre compte Google.
5 Définir l'euro dans les préférences de devise.
6 Choisir la langue de l'annonce (créer des campagnes distinctes, en fonction des cibles).
7 Préciser la zone géographique (francophone, régionale, villes).
8 Remplir le formulaire de l'annonce :

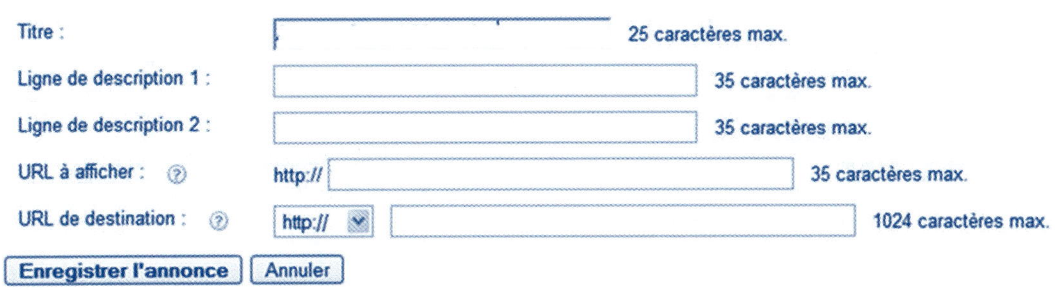

9 Trouver une accroche pour le titre, une rapide présentation du service ou du produit et un *call to action* dans la seconde ligne.
Prévoir pour l'URL une *landing page* spécifique sur le site, complétant les informations.
10 Choisir les mots-clés (en s'aidant aussi du générateur de mots-clés *Google Keytools* : adwords.google.com/select/KeywordToolExternal).
11 Définir un budget : montant maximum moyen par jour et montant maximum par clic.
12 Contrôler la campagne avec les outils du *web analytics* (voir outil 12). ■

Les indicateurs clés de performance

L'entonnoir de conversion

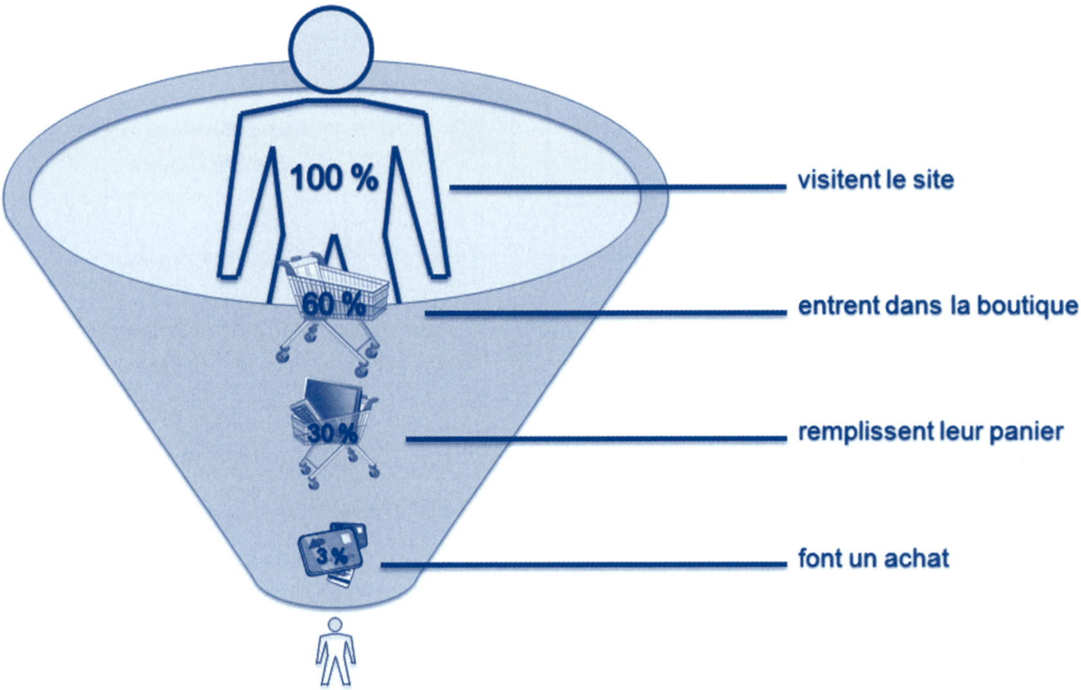

En résumé

L'**entonnoir de conversion** illustre le parcours que l'internaute suit, depuis son arrivée sur le site jusqu'à l'**action finale** et voulue (un achat en ligne, par exemple).

Une fois configuré dans un outil d'analyse du trafic (voir outil 12), il permet d'étudier le taux d'abandon étape par étape et d'identifier ainsi les failles pour y remédier.

Insight

Conversion funnel *is a term describing the track a web surfer takes while visiting a website from his entrance up to the* ***final action*** *(an on-line purchase, for instance). Once configured in a traffic analysis engine (see tool N° 12), it helps you to analyze the rejection rate step by step and identify flaws in order to fix them.*

Pourquoi l'utiliser ?

Objectif

Les indicateurs clés de performance (*key performance indicator*, KPI) vont permettre de suivre la réalisation des objectifs opérationnels du site. L'indicateur clé le plus important est le **taux de conversion**.

Ce taux évalue le pourcentage d'internautes réalisant **une action sur le site**, généralement un achat en ligne. Il se définit de la façon suivante :

$$\frac{\text{nombre d'acheteurs}}{\text{nombre de visiteurs}} \times 100$$

Mais le taux de conversion peut concerner tout type d'action (remplir un formulaire, visiter une page, télécharger une documentation, etc.), selon les choix et les objectifs définis par le web manager.

Dans le domaine du e-commerce, un taux de conversion supérieur à 5 % est très correct. Avec un trafic très ciblé et une page fortement optimisée, il est possible d'atteindre des taux de conversion supérieurs.

Contexte

La définition des KPI doit concerner des actions ou des comportements sur lesquels on peut agir, et qui peuvent être changés. Il n'existe pas de KPI « universels », seul le web manager peut décider de ceux qui sont intéressants à suivre pour son site.

Quelques exemples d'indicateurs :

- le **nombre de visiteurs uniques** (à définir sur une période donnée, jour, semaine, etc.) ;
- la **durée de la visite** (temps écoulé entre la première page et la dernière page téléchargée sur le site) ;
- le nombre moyen de **pages vues par visite** (à comparer avec le taux de rebond) ;
- le **taux de rebond**, nombre de visiteurs qui ne voient qu'une page du site ;
- les **résultats de recherche sur le moteur interne** constituent un excellent indicateur pour savoir ce que vos visiteurs cherchent sur votre site... mais aussi ce qu'ils s'attendent à y trouver !
- le **trafic entrant** : les internautes viennent-ils directement, ou bien de sites affluents ? Et lesquels ?

La liste pourrait être très longue, mais n'oublions pas que l'indicateur clé reste le taux de conversion.

Les KPI sont les outils de mesure indispensables pour suivre la performance du site sur la durée.

Comment l'utiliser ?

Étapes

- **Repréciser la stratégie** et les objectifs généraux de l'entreprise sur le web.
- **Clarifier les résultats** attendus : repérer ce qui doit changer.
- **Définir des critères** de succès : ce qui permettra de dire que l'on a réussi.
- **Choisir les KPI** : sélectionner les plus importants et les plus significatifs en fonction des objectifs du site (voir exemples ci-dessus).
- **Intégrer les résultats et les mesures** des KPI dans un tableau de bord synthétique.

Méthodologie et conseils

Les KPI ne doivent pas être trop nombreux. Une quinzaine d'indicateurs suffit à analyser la performance d'un site, à condition de rester concentré sur des indicateurs à valeur ajoutée, sans se perdre dans les détails.

Les KPI doivent rester simples, des indicateurs trop complexes (avec plusieurs variables) rendront leur interprétation difficile. ■

Avantages

✔ Les KPI permettent d'apporter des actions correctives pour améliorer les performances du site.

Précautions à prendre

✔ Suivre les performances du site sur la durée. Comparer les résultats entre différentes périodes.

Le web analytics

Analyser le trafic

Exemple de tableau de bord AT Internet.

En résumé

Le **web analytics** permet d'effectuer la mesure d'audience, l'analyse et le **reporting** du site.

Chaque élément du tableau de bord illustre un bilan avec des indicateurs chiffrés :

- volumétrie globale ;
- récapitulatif des visites du site ;
- tableau de critères d'intérêts ;
- évolution du nombre de visites sur une période définie ;
- sources du trafic ;
- géolocalisation des visiteurs, etc.

Insight

Webanalytics *are used to measure audience, analysis and* ***reporting*** *of the site.*

Each item of the ***reporting*** *schedule illustrates a statement with figures :*

- *global volumes ;*
- *summary of calls ;*
- *interest criteria chart ;*
- *number of calls evolution on a predefined period of time ;*
- *traffic origins ;*
- *location of callers ; etc.*

Pourquoi l'utiliser ?

Objectif

Les outils de *web analytics* permettent de mesurer, évaluer et contrôler les indicateurs clés (voir outil 11) nécessaires au **pilotage du site**, notamment en termes de retour sur investissement. Ces outils statistiques portent sur le trafic du site et le décrivent de manière très fine. Des rapports chiffrés, également présentés sous forme de graphiques, indiquent au web manager les données à suivre en fonction des paramètres définis. L'analyse de trafic va donc mettre en évidence les performances d'un site, par rapport aux objectifs fixés, afin de mettre en place des actions pour améliorer son efficacité.

Le but n'est pas de compter les visiteurs, mais d'analyser leur comportement sur le site.

Contexte

Plusieurs solutions existent pour réaliser la collecte et l'analyse des données issues du trafic du site et produire des tableaux de bord : *Google Analytics* et *AT Internet/Xlti* comptent parmi les plus utilisés. Comment fonctionnent-ils ? Concrètement, des marqueurs HTML et JavaScript (voir outil 47) sont à intégrer dans le code source des pages web. Ces marqueurs ont pour fonction d'interroger le navigateur de l'internaute afin de récupérer les informations et de les communiquer aux serveurs de l'outil de *web analytics*.

Comment l'utiliser ?

Étapes

En quoi le site web sert-il les objectifs de l'entreprise ?

- Qualifier ces objectifs et les traduire en KPI (voir outil 11).
- Paramétrer les critères de mesure adaptés à ces objectifs :
  - publics cibles, comportements utilisateurs ;
  - résultats de campagne (e-mailing, publicité, etc.) ;
  - taux de transformation.
- Construire un tableau de bord et le suivre sur la durée.
- Mettre en œuvre des actions correctives sur le site et ajuster les campagnes.

Méthodologie et conseils

Plutôt que le nombre de visites, observer de préférence l'évolution du nombre de visiteurs uniques (comptabilisés une seule fois). Si l'objectif est de fidéliser, vérifier l'indicateur de visiteurs « nouveaux / connus » pour savoir quelle proportion d'internautes revient régulièrement sur le site.

Regarder la liste des mots-clés que les internautes saisissent pour venir sur le site afin de vérifier la correspondance entre le contenu du site et les attentes des visiteurs.

Veiller au taux de rebond (les internautes qui ne visitent qu'une page du site) : plus il est faible, plus votre site « accroche » le visiteur.

Le plus important : construire plusieurs « entonnoirs de conversion » (voir outil 11) en fonction de vos objectifs (ventes, demande de contacts, inscription à une newsletter, etc.) pour améliorer la performance de votre site.

Des indicateurs spécifiques permettent également de mesurer l'efficacité des **campagnes** publicitaires ou de e-mailing. ■

Avantages

- ✔ Le *web analytics* permet d'analyser le taux d'abandon dans un tunnel de conversion (processus d'achat, par exemple).
- ✔ L'analyse d'audience aide à la prise de décision stratégique.

Précautions à prendre

- ✔ Les données du *web analytics* contredisent parfois les certitudes. C'est aussi leur vertu.
- ✔ Le *web analytics* n'est pas le seul critère d'analyse : confronter les résultats avec d'autres (enquêtes de satisfaction, études concurrentielles, appels clients, etc.)

Le e-mailing

Call to action

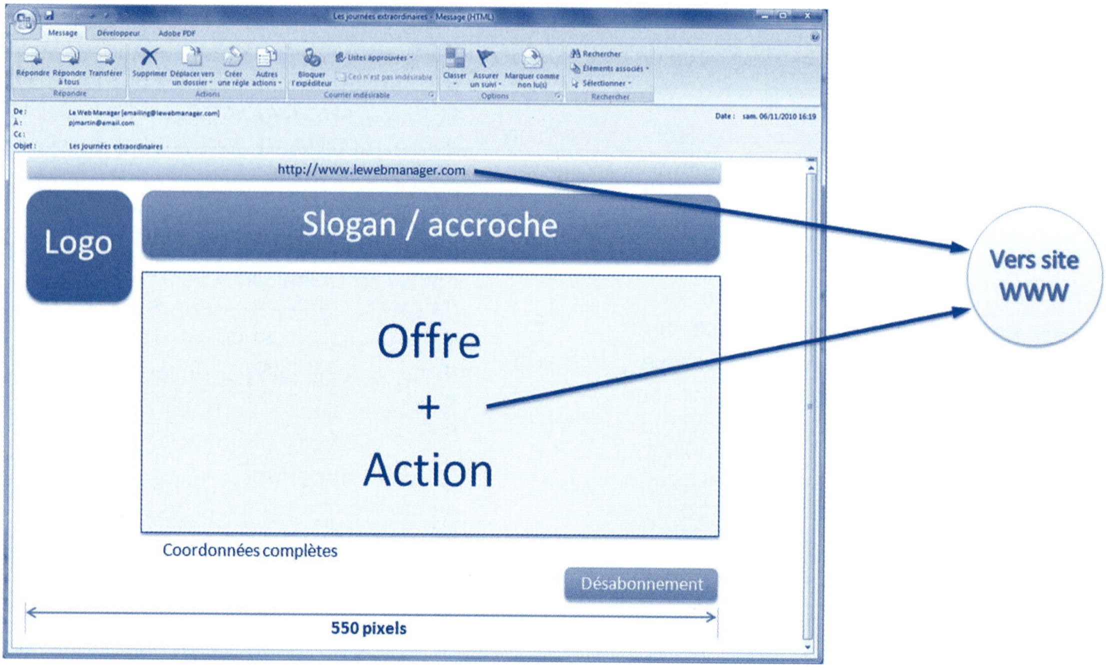

En résumé

Le **bénéfice consommateur** de l'offre est matérialisé par un visuel et un slogan qui vont **déclencher le « clic »** (*call to action*).

L'**identité de l'émetteur** sera évidente, dans le corps du message et dans le champ « De : ».

Le champ « A : » doit être **personnalisé**, à l'adresse du destinataire.

Le champ « objet » comporte le **message** essentiel de l'offre. Attention à ne pas employer de mots qui puissent faire penser à un spam (*gratuit*, *promotion*, *offert*, *argent*, etc.).

Un **lien de désabonnement** est obligatoire.

Insight

*The **consumer-profit** of the offer is materialized by a visual and a slogan intended **to trigger the « click » (call to action)**.*

***Identity of sender** is obvious in the message itself and in the field "From".*

*The "To" field must be **personalized**, including the address of the recipient.*

*The "Object" field details the essential **message**. Be careful not to use words inducing to think that it is a spam (free, promotion, money...).*

*An **opt-out link** is mandatory.*

Pourquoi l'utiliser ?

Objectif

Le e-mailing fonctionne sur une mécanique *push-pull* : en envoyant un message par courrier électronique, on invite le prospect ou le client à **se rendre sur le site**.

Le premier objectif du e-mailing consiste à recruter de nouveaux clients et générer des ventes en ligne.

Le second objectif vise à **fidéliser** les destinataires en leur envoyant des messages commerciaux ou informatifs, généralement sous la forme d'une newsletter (voir outil 24).

Contexte

Pour optimiser les actions de e-mailing, il convient d'intégrer cet outil dans une **stratégie multicanal**. En effet, le e-mailing ne saurait plus aujourd'hui être utilisé comme unique moyen de communication commerciale mais constitue une composante indispensable d'un dispositif complet de communication à 360°: courrier postal, SMS, téléphone et, bien sûr, réseaux sociaux (voir dossier 8).

Les e-mails dont les objets contiennent le nom de la marque ou de l'entreprise ont un taux d'ouverture de 50 % supérieur aux autres.

Comment l'utiliser ?

Étapes

- Établir et vérifier la base de données d'adresses e-mail.
- Définir l'offre de la campagne (réduction, promotion, etc.).
- Rédiger le message en fonction des cibles.
- Tester la campagne e-mailing.
- Procéder à l'envoi de la campagne.
- Analyser et effectuer le reporting de la campagne.
- Apurer le fichier en fonction des retours.

Méthodologie et conseils

Le texte est primordial car les images peuvent être bloquées par les logiciels de messagerie.

Testez votre campagne e-mailing et sa réception sur les différents logiciels de messagerie et webmails (*Gmail, Yahoo!, Hotmail*, etc.).

Le contenu du e-mailing doit figurer sur une « **page miroir** » du site, accessible par le lien « Si vous ne visualisez pas cet email, cliquez ici », situé en haut du message.

Trouver le bon dosage dans la fréquence d'envoi ; en B to B (*business to business*), pas plus de deux messages par mois, pour ne pas sursaturer la cible ; en B to C (*business to consumer*), les envois peuvent être plus rapprochés.

Techniquement, rester sur des formules simples, en respectant le code HTML standard sans utiliser de langage CSS (voir outil 47).

Placer un formulaire de souscription sur son site, pour proposer aux visiteurs de recevoir des messages. C'est encore le meilleur moyen de recueillir des données fiables et de constituer une base de données avec des adresses mails de personnes intéressées par l'activité de l'entreprise.

Avoir recours à des prestataires spécialisés en e-mailing est souvent plus efficace (notamment grâce à leurs accords avec les fournisseurs d'accès à Internet) que de se lancer soi-même dans des actions de e-mailing. Toutefois des solutions légères et fonctionnelles existent comme *Sarbacane* ou *Wanewsletter*. ■

Avantages

- ✔ Coût très modique quand on possède les bases de e-mailing.
- ✔ Réalisation des campagnes sur des échantillons très ciblés.
- ✔ Facilité de mise en œuvre des actions de e-mailing.

Précautions à prendre

- ✔ Veiller à la qualité des fichiers et des bases de données, point primordial pour une campagne réussie.
- ✔ Respecter les standards pour passer les barrières anti-spam.

Outil 14 La publicité en ligne

Le choix des formats

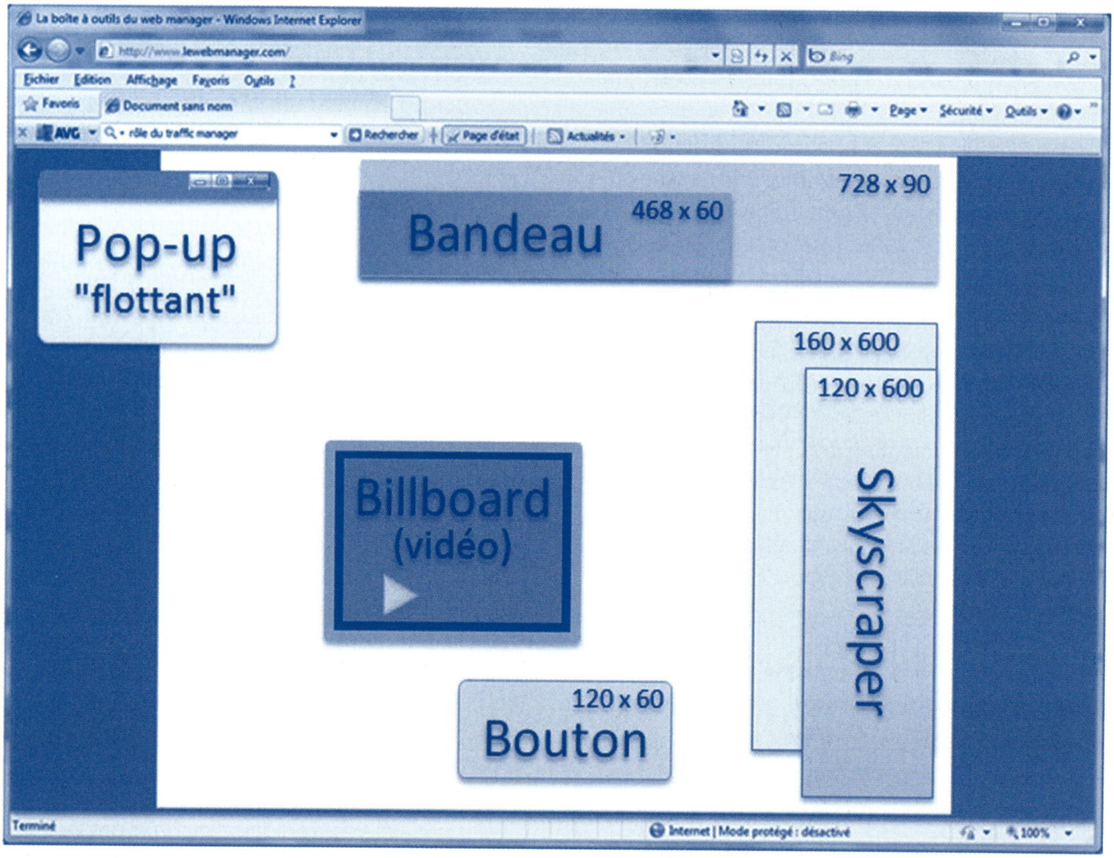

En résumé

Les **annonces *display* (affichage)** prennent la forme de **bannières publicitaires** horizontales, verticales ou rectangulaires ; de **boutons publicitaires** plus petits et plus discrets que les bannières ; ou encore d'**interstitiels** qui se superposent sur la page consultée ou au moment de son chargement.

L'Interactive Advertising Bureau (iab.net) définit précisément les recommandations et les usages des différents formats publicitaires.

Insight

Display ads *can be horizontal, vertical or square* ***advertising banners*** *;* ***advertising buttons****, smaller and more discreet ; or* ***interstitials*** *superimposing upon the page or while it is downloading.*

The Interactive Advertising Bureau (iab.net) details recommendations and uses for diverse advertising formats.

Pourquoi l'utiliser ?

Objectif

Le rôle de la publicité en ligne est de générer, à partir d'autres sites, du trafic ciblé vers son propre site, de recruter de nouveaux prospects et de vendre en ligne.
Les campagnes d'affichage publicitaire en ligne (***display***) sont plus adaptées aux événements, aux promotions produits qu'aux campagnes institutionnelles, plus efficaces sur les canaux classiques.
Une campagne on-line se résume à acheter de l'espace publicitaire sur des sites web, partenaires, dénommés « éditeurs », rémunérés grâce au versement d'une commission selon un taux et des modalités définis. Ces achats d'espace se monétisent *via* une **régie publicitaire** (il en existe une centaine en France, un syndicat des régies Internet les regroupe : Sri-france.org).

Contexte

Le coût d'une publicité en ligne se détermine de la façon suivante :

- Le **CPM** (coût pour mille pages affichées) permet de facturer l'**affichage** de la publicité sur l'écran des internautes.
- Le **CPC** (coût par clic) permet de facturer le **clic** d'un internaute sur la bannière.
- Le **CPL** (coût par *lead*) permet de facturer le coût d'une **identification** (l'internaute remplit un formulaire).
- Le **CPA** (coût par action) permet de facturer une **action** effective de l'internaute (une vente en ligne, par exemple).

Les campagnes « à la performance » (CPL et CA) garantissent un meilleur retour sur investissement.

Comment l'utiliser ?

Étapes

- Identifier les sites web que le public est le plus susceptible de visiter et élaborer, en conséquence, un **plan média**.
- Cibler par emplacement : les **catégories** de sites (en fonction de son secteur, professionnel et géographique, puis par sous-catégories, ou directement par sites).
- Définir des **mots-clés** (de 5 à 15) pour cibler les annonces sur la page appropriée.
- Créer une **annonce** (texte, bannière, vidéo) à l'aide des modèles.
- Définissez une **enchère** au CPM ou CPC.
- **Contrôler** la campagne avec les outils d'analyse et de reporting (Google Analytics, AT Internet/Xlti, etc.).

Méthodologie et conseils

Pour améliorer l'efficacité d'une campagne, les régies utilisent la technique du **ciblage comportemental**. Elle s'appuie sur les comportements de l'internaute (historique des pages visitées, recherches effectuées sur les sites, produits mis en panier et/ou achetés, etc.) pour déterminer les centres d'intérêt d'un internaute et afficher des annonces correspondant à ses motivations.
La technique du **reciblage publicitaire** est également utilisée. Elle permet d'exposer à nouveau un internaute à une publicité, alors qu'il a quitté un site Internet sans réaliser de conversion. Des bannières publicitaires adaptées s'affichent lorsqu'il visite d'autres sites.
Enfin, associer une campagne *display* avec une campagne *search* (voir outil 10) augmente de plus de 20 % les taux de conversion. ■

Avantages

✔ Les outils des régies publicitaires on-line permettent un réglage très fin des cibles visées.

Précautions à prendre

✔ Les formats intrusifs (interstitiels) provoquent davantage le rejet que l'adhésion.

Le marketing viral

Six degrés de séparation

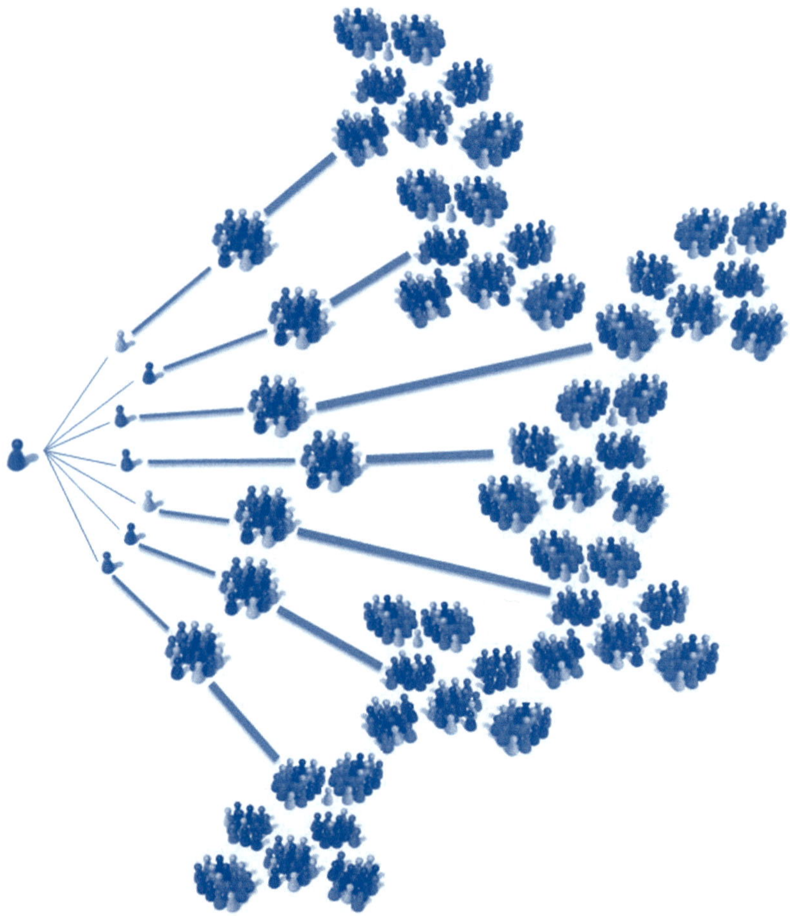

En résumé

Toute personne, sur Terre, est reliée à toute autre, au maximum, à six degrés de séparation. Cette théorie de l'auteur hongrois Frigyes Karinthy semble, de jour en jour, se vérifier avec l'essor des **réseaux sociaux** et du **marketing viral**.

Il s'agit d'une technique qui vise à diffuser et amplifier une action ou un message pour le propager rapidement, comme une épidémie, un virus. Les internautes servent eux-mêmes de relais d'information.

Le marketing viral est voulu et conçu par la marque, à la différence du **buzz** (positif ou négatif) qui peut être initié par tout internaute.

Insight

Everyone on Earth is linked to others with a maximum separation of six grades. It is a theory by Frigyes Karinthy, a Hungarian author. It seems to be verified day after day by the development of ***social networks*** *and* ***viral marketing****.*

This technique intends to broadcast and amplify an action or a message in order to spread it very quickly, as if it was a virus or an epidemic. Web surfers themselves handing over information.

Viral marketing is designed by the brand, which makes it different from a buzz (positive or negative), initiated by any web surfer.

Pourquoi l'utiliser ?

Objectif

Plutôt que d'entamer une campagne de communication coûteuse en employant les médias traditionnels, le marketing viral permet d'offrir une large résonance à une action marketing. Il s'agit de créer un message ou un objet dont les internautes prendront eux-mêmes en charge la diffusion.

Le point de départ d'une action de marketing viral est souvent une **vidéo**. D'abord diffusée par mail ou sur des plate-formes de partage vidéo, elle est ensuite reprise à leur compte par les internautes qui la propagent autour de leurs proches, amis, voisins, collègues, etc.

Le marketing viral s'appuie sur le plus vieux média du monde : le bouche-à-oreille.

Contexte

Jusqu'aux années 1970 les marques utilisaient la communication du nombre, *via* les **médias de masse** (télévision, radio, presse) en visant des cibles globales et définies, à grande maille, selon des catégories générationnelles, sociales et professionnelles connues et reconnues.

Dans les années 1980, le marketing a pu individualiser la communication, en passant du média de masse au marketing **one-to-one**, à l'aide de base de données renseignées, de critères plus précis, permettant d'affiner le message, à l'aune de publics mieux cernés ; en utilisant des outils de marketing direct : mailing, marketing téléphonique, etc.

Les années 2000 et l'arrivée d'Internet ont clairement conduit les marques à développer le dialogue avec leurs consommateurs ; elles amènent avec elles les techniques d'un marketing **relationnel** qui s'appuient sur les « influenceurs » et les réseaux sociaux, notamment *via* le marketing viral.

Comment l'utiliser ?

Étapes

- **Cerner le public** que l'on vise au final, et les objectifs poursuivis par l'opération de marketing viral.
- **Définir le message** véhiculé, le format et l'objet de l'action (mail, vidéo, etc.).
- **Lancer la campagne** de marketing viral auprès de relais d'opinion : un événement réunissant des blogeurs influents permet d'accélérer le phénomène.
- **Mesurer le retour d'influence**, sur le web, avec les outils d'analyse (voir outil 12), et les médias traditionnels.

Méthodologie et conseils

Si la vidéo reste le « virus » marketing le plus utilisé, il ne faut pas négliger pour autant les autres modalités du marketing viral : un simple message e-mail peut servir de point de départ (annonce d'événement, réduction, invitation, etc.), un livre blanc gratuit et téléchargeable, un *goodie* ou cadeau publicitaire, etc.

Les actions jouant sur le registre de l'humour ou du décalage sont évidemment celles qui connaissent le plus de succès sur le web. ■

Avantages

- ✔ L'investissement repose sur la création et l'idée de départ. Aucun « plan média » (ou presque) n'est à prévoir puisque les internautes *sont* les médias.
- ✔ Une action de marketing viral crée un lien direct de proximité entre la marque et ses consommateurs.
- ✔ Un phénomène de marketing viral prépare le terrain à une action de communication, plus large, sur les médias traditionnels.

Précautions à prendre

- ✔ Le marketing viral peut tout à fait… ne pas prendre. Il faut que le public soit au rendez-vous et apprécie l'objet de l'action pour en démultiplier l'audience.
- ✔ Une action de marketing viral peut aussi entraîner un *bad buzz* et des commentaires négatifs de la part des internautes.

La Structure et l'ergonomie

La conception et la mise en œuvre des aspects fonctionnels, architecture de l'information et ergonomie du site, passent d'abord par le point de vue des utilisateurs. Ce processus de conception se déroule en quatre étapes :

- recueil des besoins utilisateurs ;
- définition de l'architecture de l'information ;
- mise en place d'un prototype ;
- séquences de tests.

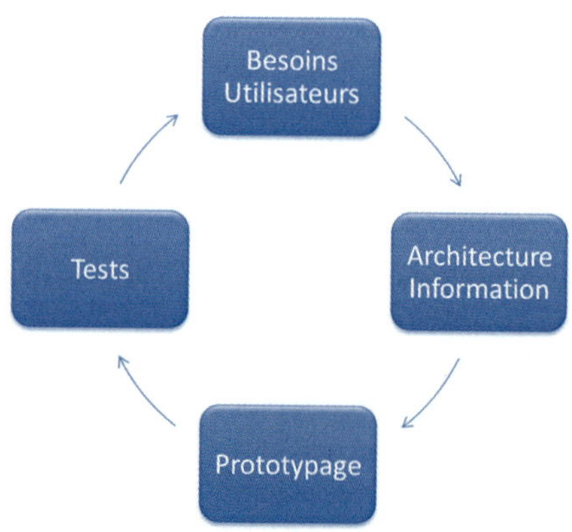

Les besoins utilisateurs

La règle d'or en matière de conception de site est de « penser utilisateur ». L'organisation des rubriques et de la navigation doit être élaborée **en fonction des usages** qu'en auront les vrais utilisateurs. Les sites sont trop souvent conçus en laboratoire, dans une tour d'ivoire réunissant quelques experts et décideurs. Les conséquences sont inévitables : le site ne rencontre pas son public ou reste sous-utilisé. Il est indispensable d'ouvrir la réflexion au moment de la conception du site aux principales personnes concernées : les utilisateurs, internautes ou intranautes. On déterminera d'une part leur profil socioculturel et technique car il peut avoir une influence sur le contenu et l'organisation du site. On se préoccupera d'autre part de leurs besoins : pourquoi viennent-ils sur le site ? Qu'en attendent-ils ? Dans quel contexte ? Quelles questions se posent-ils ?

Plusieurs méthodes sont envisageables pour mener à bien ce recueil de besoins, à commencer par l'interview utilisateur. Un questionnaire permettra de récolter les informations nécessaires à l'élaboration du site. Une autre méthode consiste à réunir un panel représentatif d'utilisateurs et de les interroger en commun lors d'un *focus group*. Les deux méthodes ne sont d'ailleurs pas antinomiques et peuvent s'avérer complémentaires : l'une individuelle, l'autre collective.

Une séance de créativité de type *brainstorming* peut également être un bon moyen de démarrer la réflexion sur la conception du site. Une analyse des sites concurrents, ou proches par leurs fonctionnalités et services, donnera également un éclairage enrichissant lors de la phase de conception.

Bien sûr, les attentes des internautes ne sont pas les seules à prendre en compte ; les objectifs du site pour l'entreprise restent primordiaux mais ceux-ci ne doivent pas être envisagés sans une confrontation à la réalité des usages.

L'architecture de l'information

Deuxième étape du processus de conception orienté utilisateur : l'architecture de l'information.

Le prototypage

Une première maquette fonctionnelle est établie pour permettre de tester le site dans ses principes de fonctionnement. L'état d'aboutissement de ce prototype peut être très variable : plus il sera réaliste et proche de la réalité, plus il sera parlant en terme de retour d'expérience. Mais une première version simple, avec Powerpoint, par exemple suffira à mettre en évidence les caractéristiques principales.

Les tests

Des expérimentations utilisateurs doivent être mises en place pour valider la structure et le fonctionnement du site. Les réactions d'un panel de cinq à six utilisateurs suffisent à rendre compte des qualités et des défauts d'une interface web. Le test se déroule en binôme : un testeur et un observateur. L'observateur doit rester neutre et ne pas interférer avec les actions du testeur. Le principe consiste à donner aux cobayes des consignes de recherche sur le site. L'observateur note les actions du testeur et les problèmes qu'il rencontre. Il faut évidemment laisser le testeur se tromper si cela arrive, pour détecter et pouvoir remédier ensuite à la cause de ce problème.

Dossier

Les OUTILS

L'arborescence

Organiser les contenus

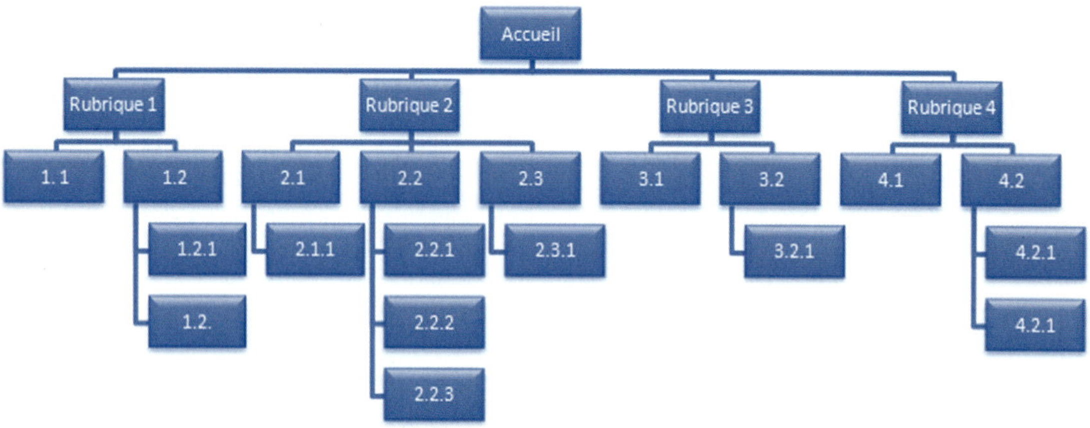

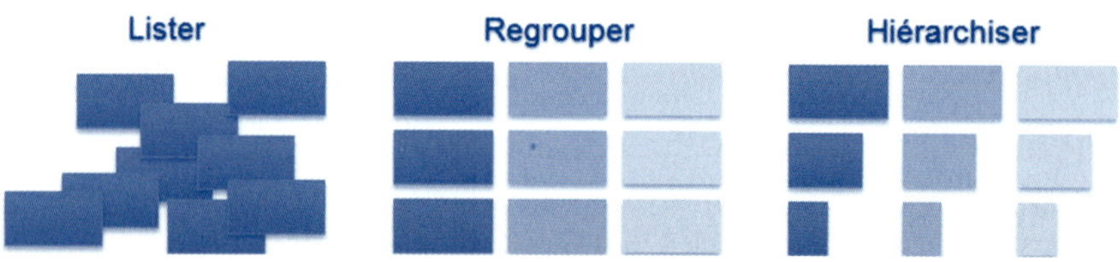

En résumé

L'arborescence forme la structure du site. La page d'accueil constitue le point de départ du site, organisé en rubriques, sous-rubriques et pages. Les sites complexes devront être séquencés en plusieurs sous-arborescences.

Une méthode, souvent appelée « tri de cartes », permet de construire l'arborescence du site.

On demande aux utilisateurs de lister les fonctionnalités et services qu'ils souhaitent trouver sur le site (une idée par carte). On les aide ensuite à les regrouper par ensemble et sens logique, puis à les hiérarchiser en fonction de l'importance et de l'ordre des sujets.

Insight

Site's structure *takes the form of a tree diagram. Home page is the entrance and the site is then subdivided into sections, sub-sections and pages. Complex sites must be subdivided in more than one tree diagram.*

A method, often called « card sorting » is a useful approach for designing information architecture. Ask to users to list fonctions and services they want to see (one idea per card). Help users to group similar cards. Organize and prioritize subjects in order of importance.

Pourquoi l'utiliser ?

Objectif

Comme le plan d'une maison ou le scénario d'un film, l'arborescence pose les fondations d'un site. Elle permet d'organiser les contenus et l'information de manière rationnelle et pratique. Après la définition stratégique des objectifs et des cibles, la construction de l'arborescence est la **première étape opérationnelle** de la création de site. C'est une phase décisive car sa bonne réalisation garantira une navigation optimisée pour les internautes et un bon référencement dans les moteurs de recherche.

L'arborescence constitue la première étape de la conception et reste un document utile tout au long de la vie du site.

Contexte

L'arborescence doit être « **orientée utilisateur** ». Autrement dit, le contenu du site doit s'adapter au public visé et non l'inverse. L'arborescence doit être construite en fonction de ses attentes et comportements. À ce titre, la constitution et la consultation d'un groupe utilisateur s'avèrent toujours très utiles pour la création d'une arborescence.

L'arborescence du site, telle qu'elle se présente à l'internaute (*front office*) matérialisée par les menus de navigation, ne reproduit pas nécessairement l'arborescence technique du site (*back office*) mais doit dans la mesure du possible en conserver sa logique (voir outil 44).

Comment l'utiliser ?

Étapes

Avant toutes choses, garder en mémoire l'objectif de référencement du site… Tenir compte, pour concevoir les rubriques du site, des **mots-clés** définis (voir outil 9). Cette étape est déterminante pour la visibilité future du site.

- **Lister l'ensemble des contenus**. Rassembler tous les éléments que l'on souhaite voir figurer dans le site. Consultez un groupe d'utilisateurs pour être certain de ne rien oublier d'important.
- **Organiser les rubriques**. Regrouper les éléments que l'on a listés dans des catégories cohérentes, en se plaçant toujours du côté « utilisateur ». Le choix des rubriques est le plus souvent défini par thématiques, mais peut l'être aussi par cibles ou d'autres critères (géographique, actions utilisateurs, etc.).
- **Structurer l'information**. Les éléments rassemblés en rubriques doivent ensuite être hiérarchisés pour définir les contenus prioritaires et créer les sous-rubriques.
- **Représenter l'arborescence** du site. Prendre soin de rester dans un schéma d'arborescence **pyramidale**, c'est la forme la plus lisible par un moteur de recherche.

Méthodologie et conseils

Penser « utilisateur » et éviter de reproduire l'arborescence à l'identique de la structure « réelle » de l'entreprise (défaut fréquent sur les sites Intranet).

Dans la mesure du possible, privilégier une architecture plate : plus large (nombre de rubriques accessibles depuis la page d'accueil) que profonde (nombre de sous-rubriques accessibles depuis une rubrique).

Avantages

- ✔ L'arborescence permet de bien structurer les différents niveaux de navigation.
- ✔ La représentation de l'arborescence sous forme de carte (*sitemap*) peut également être proposée aux internautes comme outil de navigation.

Précautions à prendre

- ✔ Au moment de la conception, ne pas oublier les rubriques et fonctions essentielles : recherche, contacts, mentions légales, etc.

• • •

Comment être plus efficace ?

Il est important de connaître des règles d'organisation et de structuration des dossiers et fichiers d'un site, pour son bon fonctionnement, son éventuelle portabilité d'une plate-forme à une autre (en cas de changement d'hébergeur, par exemple, voir outil 46) et simplement pour aider chaque intervenant à s'approprier facilement l'organisation du site.

Techniquement, un site web est un **dossier** à l'intérieur duquel sont rangés des sous-dossiers, contenant eux-mêmes des fichiers, exactement comme n'importe quelle organisation de dossiers dans un ordinateur – à cette différence près que les fichiers principaux d'un site sont des fichiers au format HTML (.html).

Le dossier principal constitue ce que l'on appelle la « racine » du site.

Voici quelques bonnes pratiques.

Regrouper les dossiers par thème : les premiers niveaux de l'arborescence des dossiers peuvent être basés sur les **principales rubriques** proposées dans le site ; les sous-dossiers correspondront ensuite aux sous-rubriques.

Il est également judicieux de créer et nommer, à l'intérieur de ceux-ci, des dossiers en fonction de leur contenu :

- images ;
- vidéos ;
- scripts, etc.

Rappelons que, dans un site web, les images (.gif, .jpg, .png) sont des fichiers distincts des fichiers HTML. Il en va de même pour les autres médias comme les animations Flash (.swf) ou les documents Acrobat (.pdf). Les **regrouper par nature** clarifie l'ordonnancement du site.

Attention toutefois à rassembler les images utilisées sur l'ensemble du site (logo, signature, boutons, puces graphiques, etc.) dans un même dossier situé à la « racine ».

De la même manière, le fichier HTML de la page d'accueil sera impérativement placé à la « racine » du site et nommé « index.html ». Les navigateurs ouvriront ainsi automatiquement cette page lorsque l'URL générique (www.lewebmanager.com) sera saisie ou sélectionnée par l'utilisateur.

Placer également la feuille de style CSS (*Cascading Style Sheet*) à la « racine ». C'est elle qui détermine les aspects graphiques du site web. Cette feuille CSS est attachée à toutes les pages web. Les sites importants utilisent souvent plusieurs feuilles de style CSS. L'intérêt de ces feuilles réside dans le fait qu'une modification (couleurs, polices, mise en page, etc.) apportée une fois dans la feuille se répercute automatiquement sur toutes les pages du site.

Les pages à vocation temporaires, comme un mini-site événementiel par exemple, doivent être rassemblées dans un même dossier : rien ne sera oublié au moment où l'on souhaitera le déplacer ou le supprimer.

Enfin, il est important de définir les **règles de nommage** pour permettre aux intervenants (prestataire, webmaster, contributeurs) d'identifier plus facilement les fichiers, leur emplacement et leur contenu (voir outil 52).

Cas d'Un site de services

Dans cet exemple, les dossiers correspondent aux rubriques principales du site ou à des types de contenu. L'arborescence des dossiers d'un site web doit paraître intuitive même lorsqu'on la visualise pour la première fois. Les personnes ayant à intervenir sur un site doivent facilement et rapidement s'y retrouver. À cette fin, il est fortement recommandé de documenter clairement et précisément l'organisation de son site.

Un site professionnel peut contenir des milliers de pages web et des dizaines de milliers de fichiers divers et variés. Au-delà d'une organisation rigoureuse des dossiers, il s'avère indispensable d'assurer la « traçabilité » des modifications effectuées sur le site.

Ce suivi peut être réalisé soit à l'aide d'un tableau (Excel) soit grâce à une base de données spécifique.

Il convient alors de s'astreindre à renseigner son fichier de suivi lorsque des modifications sont réalisées, l'ensemble des contributeurs devant avoir accès à ce fichier.

Si des modifications doivent être faites sur des dossiers déjà présents dans l'arborescence du site, s'assurer que l'outil servant à faire ces modifications effectue bien les mises à jour automatiques nécessaires, notamment au niveau des chemins d'accès aux fichiers et des hyperliens. ■

Outil 17 Le système de navigation

Un repère pour les visiteurs

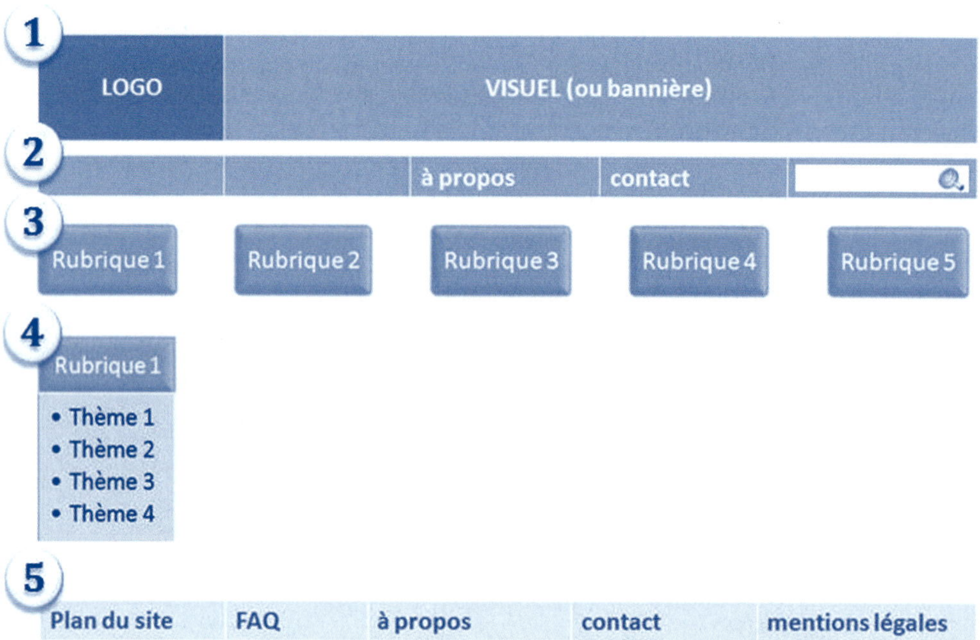

En résumé

Le **système de navigation** permet d'utiliser le site et de se déplacer dans l'arborescence. Il s'articule généralement autour de cinq grandes parties :

1. Identité visuelle : élément graphique permettant de « reconnaître » le site sur lequel on est, le logo sert de lien permanent vers la page d'accueil.

2. Navigation fonctionnelle : ensemble d'outils ou d'informations (recherche, contact, etc.) permettant l'utilisation du site.

3. Navigation thématique : accès aux principales rubriques du site.

4. Navigation secondaire : depuis une rubrique principale, permet d'accéder aux thèmes de sous-rubriques.

5. *Footer* : les outils de bas de page permettent de retrouver des éléments de navigation fonctionnelle plus complets. La navigation thématique principale peut également y être rappelée.

Insight

*The **browser** helps using the site and moving in the tree diagram. Generally it is made of 5 main parts :*

***1 Visual Identity** : graphic element intended to « recognize » the site. The logo is the permanent link to home page.*

***2 Functional Browser** : a set of tools and information (search, contacts...) for using the site at its best.*

***3 Thematic Browser** : direct access to main sections.*

***4 Secondary Browser** : accessing sub sections themes from a main section.*

***5 Footers** : located at the bottom of pages they help to find more complete information. You can also install there the main Thematic Browser.*

Pourquoi l'utiliser ?

Objectif

Le système de navigation vise à faciliter l'accès aux contenus du site et à en définir la structuration globale, pour aider l'internaute à mieux se repérer et à trouver au plus vite l'information ou le service qu'il recherche.

Le système de navigation constitue une sorte de **table d'orientation**, avec ses codes et ses conventions ainsi que ses icônes qui définissent un véritable « contrat d'utilisation » avec le visiteur du site.

Contexte

Quand il arrive sur un site, le visiteur a d'abord besoin de vérifier « où » il est. À cet égard, l'identité visuelle (logo, nom, bannière) doit être signée et évidente.

Dans un deuxième temps, il a besoin de comprendre, en un coup d'œil, le « mode d'emploi » du site, d'où la nécessité de structurer la navigation et d'indiquer très clairement menus et boutons, de façon constante sur le site.

Après avoir vérifié « où il est » et compris « comment ça marche », l'internaute cherche évidemment à se déplacer à l'intérieur du site et à savoir « où il va ». La barre de navigation principale doit donc être affichée en permanence, sur toutes les pages, et la rubrique dans laquelle il se trouve, signalée et mise en évidence (par une couleur accentuée, par exemple).

Mieux encore, un fil d'Ariane, ou *breadcrumb* (miettes de pain), situé en haut de page, permet à l'internaute de se repérer dans l'arborescence du site et de naviguer aussi par ce biais puisque ces éléments sont cliquables.

rubrique 1 > sous-rubrique 1.1 > thème 1.1.1

Clair, évident, intuitif, le système de navigation doit rendre le visiteur intelligent.

Comment l'utiliser ?

Étapes

- **Créer le système de navigation** en s'appuyant sur la structure de l'arborescence (voir outil 16).
- **Schématiser la matrice de navigation** : comme sur l'illustration de la page précédente, indiquer les emplacements et les thèmes des différents menus et outils de navigation.
- **Réaliser une maquette fonctionnelle** du système de navigation : à l'aide d'un outil de maquettage spécialisé comme Axure (ou plus simplement Powerpoint).
- **Tester** la maquette fonctionnelle auprès d'un groupe d'utilisateurs, vérifier leurs comportements et leurs actions à partir de consignes de recherche qui leur seront fournies. Corriger et améliorer les outils de navigation pour la version définitive.

Méthodologie et conseils

Selon la règle de 7±2 éléments de George A. Miller, le cerveau humain ne pourrait identifier plus de sept à neuf éléments en un coup d'œil. Au-delà, il doit dénombrer, un à un, ces éléments. Mieux vaut donc créer deux barres de navigations avec six éléments, qu'une seule avec douze... ■

Avantages

- ✔ Le respect d'un système de navigation rend le site facile à utiliser et familier pour le visiteur.
- ✔ Les outils fonctionnels apportent des réponses aux questions que peuvent se poser les internautes (questions fréquentes, à propos de, plan d'accès, etc.).

Précautions à prendre

- ✔ Penser aux néophytes comme aux utilisateurs avancés, en créant par exemple des raccourcis ou des menus déroulants pour fluidifier leur recherche.
- ✔ Prendre en compte la gestion des erreurs possibles en créant une page personnalisée (pour les erreurs « 404 » notamment).

Outil 18 Les informations indispensables

Les éléments clés attendus

En résumé

Tout site web doit proposer un minimum d'informations pour le visiteur.

Ces **éléments clés** répondent à la fois à une obligation d'information des internautes et à un souci de les accompagner dans leur navigation au sein du site.

Insight

*Each web site must propose a minimum of **key information**.*

It is an obligation of information as well as the desire to guide callers in their navigation inside the site.

Pourquoi l'utiliser ?

Objectif

L'internaute qui arrive sur un site web pour la première fois doit malgré tout y retrouver des **éléments connus**. Quelques informations indispensables à l'identification du site, à son objectif et à son contenu doivent lui être proposées dès la page d'accueil.
Il s'agit de mettre à disposition des visiteurs des informations réglementaires, des outils de navigation et de recherche, ainsi que la possibilité de communiquer avec le webmaster du site.

Contexte

Au-delà du rubriquage propre au site, certains éléments de navigation **standards** offrent aux visiteurs des moyens alternatifs pour accéder au contenu. Chacun ayant sa préférence en matière de recherche d'informations, il est judicieux de proposer à la fois la recherche par mots-clés (moteur classique) et la recherche thématique (plan de site, rubriques).
Un internaute expérimenté navigue sur un site web par réflexes. L'absence d'éléments clés sur le site et principalement sur la page d'accueil peut le dérouter et le faire quitter le site plus tôt que voulu. Quant au visiteur néophyte, il risque de s'égarer rapidement.

Le plan de site n'est pas redondant avec le moteur de recherche, il est complémentaire.

Comment l'utiliser ?

Étapes

- **Se présenter, communiquer** :
  - présenter l'entreprise et l'objectif du site ;
  - afficher le contact webmaster (obligatoire).
- **Créer un rubriquage pertinent** (voir outil 16) :
  - grandes thématiques ;
  - sous-rubriques directement accessibles ;
  - niveaux peu nombreux.
- **Mettre à disposition des outils de recherche** :
  - moteur de recherche par indexation de mots-clés ;
  - plan de site exhaustif ;
  - foire aux questions.
- **Afficher les informations obligatoires** :
  - mentions légales ;
  - règles d'accessibilité ;
  - charte d'utilisation du site (indispensable pour les sites collaboratifs ou participatifs).

Méthodologie et conseils

Aller visiter les autres sites et en faire une synthèse puis approfondir les contenus proposés afin de définir les informations à publier.
Respecter les conventions de navigation courantes, comme le retour systématique à la page d'accueil *via* le logo cliquable en plus du lien « Accueil » usuel. ■

Avantages

- ✔ Ce respect des bonnes pratiques rassure le visiteur et sa navigation n'en est que plus aisée.
- ✔ C'est un signe de professionnalisme qui sera apprécié.

Précautions à prendre

- ✔ Il faut positionner judicieusement les éléments en question pour ne pas parasiter l'information essentielle du site.
- ✔ Ces éléments doivent être visibles et accessibles mais ne constituent pas la priorité absolue.

Outil 19 Les règles d'accessibilité

Rendre un site accessible

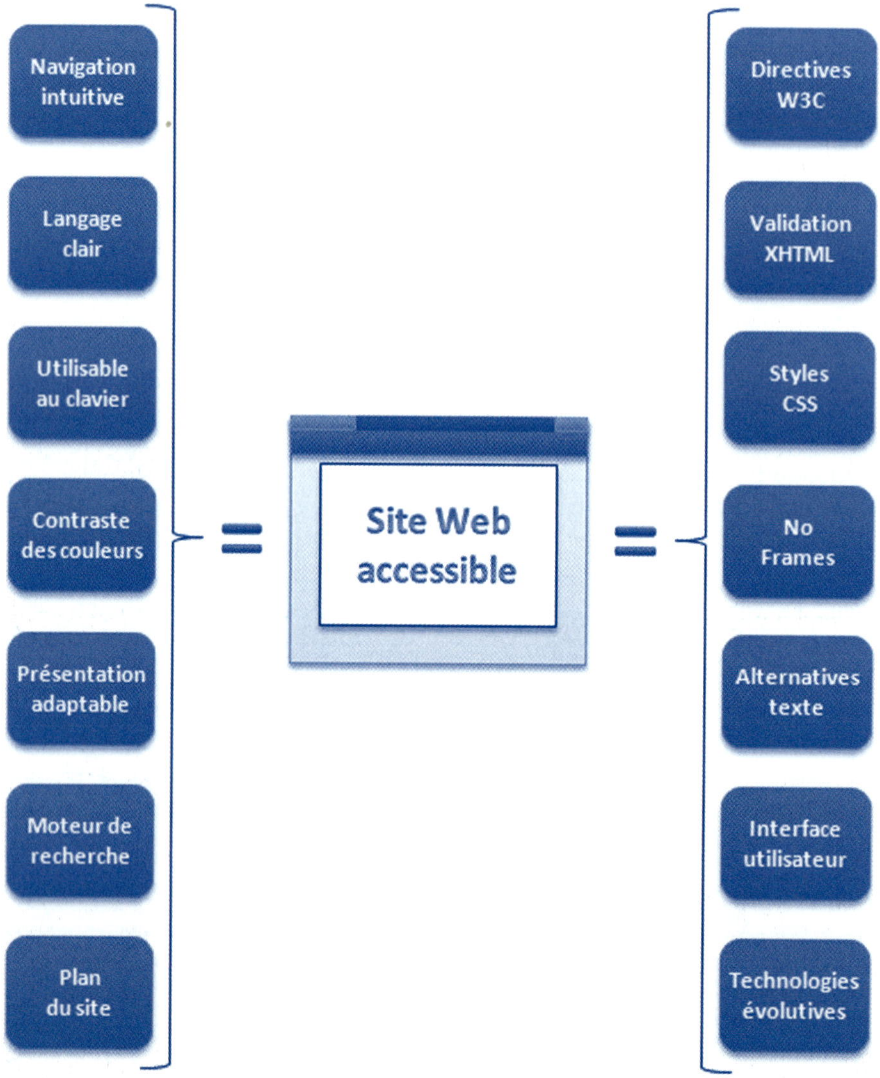

En résumé

Rendre un **site web accessible**, c'est tout d'abord s'astreindre à des règles de bon sens en matière d'ergonomie et de lisibilité.

Mais c'est aussi respecter les recommandations du W3C sur les techniques à employer pour la création des pages web.

Insight

*For enhancing the **accessibility of a web site**, you must follow common sense rules for ergonomic and readability.*

You must also apply W3C recommendations for pertinent techniques in web pages designing.

Pourquoi l'utiliser ?

Objectif

Un site web se doit d'être accessible à toute personne quel que soit son degré d'autonomie dans l'utilisation des nouvelles technologies. C'est la garantie de toucher tous types de publics y compris les personnes handicapées.

Contexte

L'accessibilité est définie comme un ensemble de règles et de normes techniques mises en place par le *World Wide Web Consortium* (W3C) au sein de la *Web Accessibility Initiative* (WAI).

Des recommandations sont émises par cet organisme international afin de préciser les techniques à utiliser dans la construction d'un site web. Pour les web managers, La WAI propose un document, le *Web Content Accessibility Guidelines* (WCAG) dont une synthèse en français est disponible sur le site Wikipédia (fr.wikipedia.org/wiki/Accessibilit%C3%A9_du_Web).

« Le pouvoir du web est son universalité. Qu'il soit accessible par n'importe qui quel que soit son handicap est un de ses aspects essentiels. »
Tim Berners Lee (inventeur du web)

Comment l'utiliser ?

Étapes

Douze directives réparties selon quatre principes fondamentaux.

- **Principe 1 : l'information doit être perceptible** :
  - alternatives textuelles aux contenus non textuels ;
  - versions de remplacement aux éléments vidéo et audio ;
  - contenu adaptable quelle que soit sa mise en forme ;
  - arrière-plan et avant-plan contrastés pour une meilleure perception.
- **Principe 2 : l'information doit être utilisable** :
  - fonctionnalités utilisables au clavier ;
  - délai suffisant pour lire et exploiter le contenu ;
  - l'accès au contenu ne doit pas être empêché par des technologies non compatibles ;
  - navigabilité et ergonomie adaptées aux utilisateurs handicapés.
- **Principe 3 : l'information et l'interface doivent être compréhensibles** :
  - texte lisible et compréhensible par tous ;
  - apparition et fonctionnement des pages web de façon prévisible ;
  - aide à la saisie.
- **Principe 4 : le contenu doit être compatible (avec les normes W3C)** :
  - compatibilité optimale avec les navigateurs web actuels et futurs.

Méthodologie et conseils

Ne pas hésiter à s'informer sur les bonnes pratiques en vigueur en visitant les sites web dédiés à ce thème et ceux ayant déjà mis en œuvre ces règles.

En France, la loi n° 2005-102 du 11 février 2005 instaure, au titre de l'article 47, l'obligation pour les services de communication publique en ligne des services de l'État, des collectivités territoriales et des établissements publics qui en dépendent d'être accessibles aux personnes handicapées.

Un guide, le *Référentiel général d'accessibilité pour les administrations* (RGAA), a été rédigé en ce sens et s'appuie sur les standards internationaux en vigueur W3C/WAI/WCAG (www.references.modernisation.gouv.fr/rgaa-accessibilite). ■

Avantages

✔ Les règles d'accessibilité, si elles sont contraignantes, offrent l'avantage d'être applicables à tous et tendent vers la simplification et la normalisation technique des sites web. En les respectant, le web manager ne peut que s'y retrouver.

Précautions à prendre

✔ Prendre en compte, dès le début du projet web, les questions d'accessibilité.

✔ Se fixer comme objectif la simplicité de réalisation et d'utilisation.

La protection des contenus

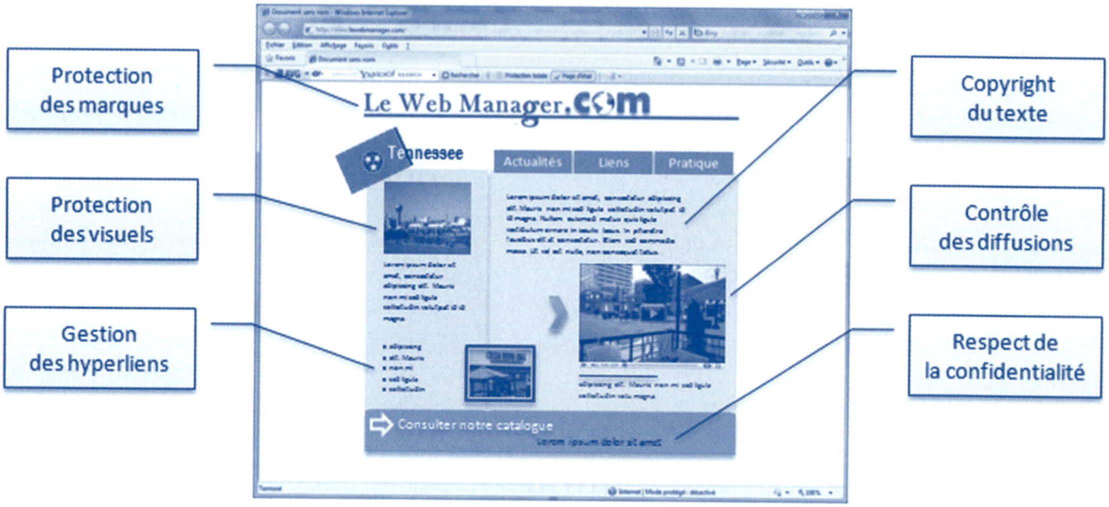

En résumé

Les **bons usages du web** et le **droit** permettent de protéger les contenus.

Des actions préventives (dépôts et contrats juridiques) sont à mener pour que cette protection soit complète.

Le système de protection diffère selon les types de contenu.

Insight

*Content is protected by **web good practices and civil law**.*

Preventive actions (official registrations and agreements) must be carried on to complete this protection. The protection procedure varies in accordance to content specifics.

Pourquoi l'utiliser ?

Objectif

Un site web est une publication et, à ce titre, soumis aux mêmes contraintes réglementaires et légales qu'une version papier avec, en plus, quelques spécificités.
C'est aussi une « œuvre de l'esprit », car il y a création de contenus originaux. Il convient dès lors de les **protéger**.

Contexte

Il faut distinguer les règles liées aux **bons usages** (la « nethiquette ») et celles relevant du droit.
Les aspects juridiques touchent à la fois le droit d'auteur (protection des visuels et des textes) que le droit des marques ou la protection des données personnelles.
Dans certains cas, l'aide d'un expert juridique peut s'avérer utile.

Le web est un espace de liberté réglementé. Le droit s'y applique comme partout ailleurs, l'improvisation juridique est une activité à risque.

Comment l'utiliser ?

Étapes

- **S'assurer de posséder le droit de diffusion des différents contenus** :
  - parce que l'on en est l'auteur ;
  - parce que les droits ont été acquis auprès de l'auteur ;
  - ou parce qu'il s'agit d'un simple extrait et que la source est citée.
- **Obtenir l'autorisation de publier une photographie dont on est l'auteur** :
  - droit à l'image des personnes physiques ;
  - droit d'auteur des photographies de bâtiments.
- **Protéger les contenus dont on est l'auteur ou le propriétaire** :
  - par un dépôt légal (INPI, notaire, etc.) ;
  - licence *Creative Commons*.
- **Proposer des liens hypertextes externes autorisés** :
  - demander systématiquement l'autorisation au webmaster du site concerné ;
  - respecter les règles imposées *via* les mentions légales du site ;
  - bien faire la distinction entre un lien vers un page d'accueil et un lien profond.
- **Maîtriser la diffusion d'informations en provenance de sources externes** :
  - fil d'information externe *via* un flux RSS.
- **Modérer les espaces collaboratifs ouverts aux visiteurs** (problème de copyright ou de diffamation) :
  - forums de discussion ;
  - salon de « chat » ;
  - zone de commentaires.

Méthodologie et conseils

Intégrer la dimension juridique dans le projet de site web et faire appel à une expertise externe si nécessaire.
Ne pas perdre de vue que le web est un **espace public** et donc soumis aux règles liées à cet environnement.
Évoquer aussi l'aspect légal avec les prestataires, tant pour la partie développement que pour l'hébergement lorsque les contenus l'exigent.
Concernant l'agence web, vérifier à qui revient la propriété des développements du projet web (applications, code source, documentation).

Avantages

- ✔ Travailler en préventif, en identifiant au préalable tous les aspects légaux de la mise en ligne d'un site.
- ✔ Défendre sa marque et protéger ses contenus, tout en respectant ceux des autres.

Précautions à prendre

- ✔ Se méfier des rumeurs et des on-dit : le droit est un domaine technique.
- ✔ S'informer sur la jurisprudence en la matière (par exemple gestion des liens externes ou flux RSS).

Comment être plus efficace ?

Réaliser un contrat

La protection intellectuelle du contenu de son site web peut faire l'objet d'un contrat juridique opposable en cas de non-respect du droit d'auteur.

Un juriste spécialisé peut aider à la définition de ces règles et produire un document juridiquement valable. Cette solution permet de bénéficier des conseils d'un expert qui saura envisager tous les cas susceptibles de se présenter.

Recourir au Creative Commons

Toutefois, la protection d'une œuvre (site web) n'empêche pas un auteur de vouloir partager ou diffuser ses contenus. Dans ce cas, il peut avoir recours à un contrat d'accès ouvert *Creative Commons* (fr.creativecommons.org). La particularité de ce type de contrat est qu'il permet à l'auteur propriétaire de l'ensemble des droits de son œuvre de mettre celle-ci à disposition des internautes tout en la protégeant.

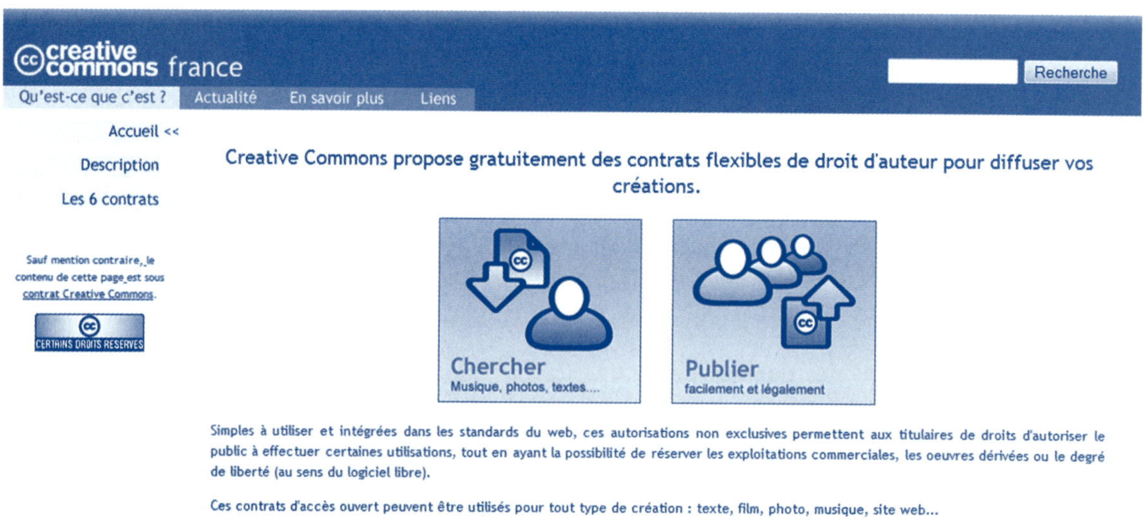

Les **Contrats Creative Commons**

Le site *Creative Commons* permet de créer et de publier le contrat de son choix en quelques minutes. *Creative Commons* propose six modèles de contrats pour lesquels la sélection s'effectue en répondant à de simples questions.

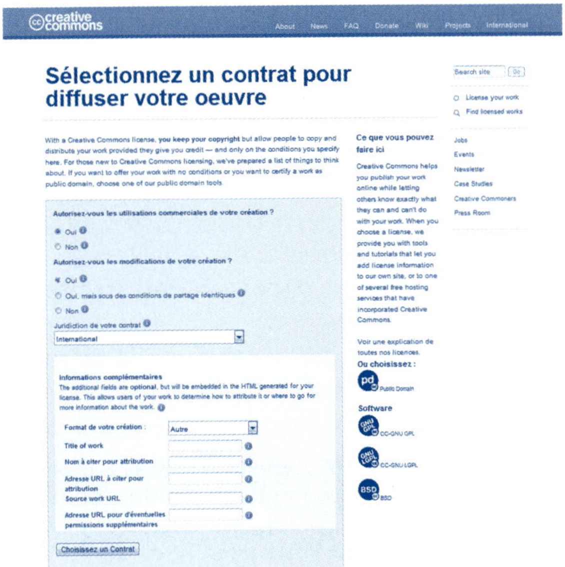

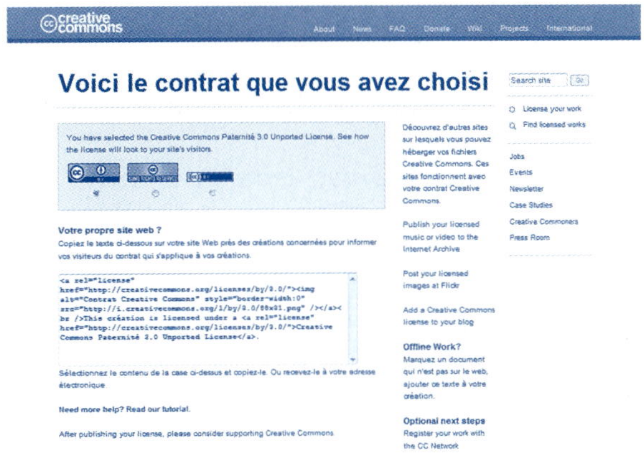

Le contrat ainsi créé est matérialisé sous la forme d'un logo cliquable à insérer dans une page web de son site. Il suffit pour cela de choisir un modèle de logo, puis de copier le code html correspondant dans le code source de sa page.

Lorsqu'un visiteur clique sur le logo *Creative Commons* présent dans la page, une synthèse du contrat reprenant les critères choisis s'affiche.

La licence *Creative Commons* ne se substitue évidemment pas au droit français en matière de propriété intellectuelle qui protège déjà l'auteur ; elle complète la loi en permettant à l'auteur de diffuser son œuvre de manière simple. ■

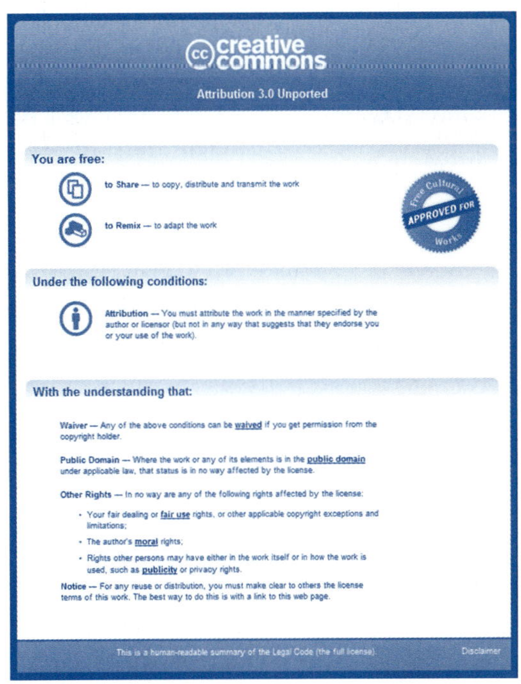

Le Contenu éditorial

Le texte est évidemment l'élément le plus important d'un site puisqu'il procure sens et contenu, mais aussi parce ce sont essentiellement sur les mots que les moteurs fondent leurs recherches. Il convient donc de prendre tout particulièrement en compte l'importance des aspects rédactionnels d'un site, et tout d'abord de commencer par la définition de la ligne éditoriale.

La grille présentée ci-après permet de mieux cerner les enjeux d'un site et de développer des contenus en connaissance de cause. La ligne éditoriale est un repère permanent, qu'il ne faut jamais perdre de vue. C'est cette réflexion préalable, posée, qui permettra de garder le cap ensuite.
Cette définition de ligne éditoriale est bien sûr applicable à un **site web** mais aussi à tout support de communication on-line, en particulier pour les **newsletters** et les **blogs**.

Au-delà de la ligne éditoriale, il est indispensable de tenir compte des règles spécifiques de l'écriture web. Si beaucoup nous viennent du journalisme de presse, d'autres sont directement liées au média web, tout particulièrement la notion d'hypertexte.

Ligne éditoriale	
Stratégie	
Cibles Quelles sont les cibles prioritaires ? Secondaires ? Clients, prospects ?	
Objectifs stratégiques Quelle est la vocation du site ?	
Objectifs éditorial Que souhaite-t-on dire ? De quoi va-t-on parler ?	
Bénéfice entreprise Quels avantages pour l'entreprise ? Quels résultats en attend-on ?	
Bénéfice lecteur Quel est l'intérêt pour le lecteur ?	
Positionnement Quels sont les sites concurrents ? Comment positionner le site par rapport aux autres ?	
Contenu	
Structure éditoriale Quel serait le site idéal ? À quoi ressemblerait le futur site ? Quels sont les types de contenus ? (articles, enquêtes, quizz, interview, vidéos)	
Tonalité Quel est le ton du site ? De quelle manière s'adresse-t-on aux lecteurs ?	
Sources d'info Comment va-t-on alimenter le site ? Quelles sont les sources ?	
Périodicité Quelle serait la fréquence de mise à jour du site ? (se mettre à la place de la cible, de l'actualité, des sujets traités)	
Équipe éditoriale Quel est l'investissement en temps et en tâches ? (veille informative, analyse, synthèse, sélection, rédaction) Quelles tâches sous-traiter ? Qui fait quoi ?	
Mots-clés Quels sont les mots-clés du site ? Sur quels expressions ou mots principaux doit-on trouver le site ?	

Les OUTILS

Outil 21 La charte éditoriale

Charte éditoriale	
1	REDACTION
2	REFERENCEMENT
3	FICHIERS
4	ORGANISATION
5	PROCESS
6	JURIDIQUE

En résumé

La **charte éditoriale** est un recueil de bonnes pratiques à l'attention des webmasters et des contributeurs.

1. **Rédaction** : consignes d'écriture pour le web, écrire court, simple, précis.
2. **Référencement** : écrire pour les moteurs de recherche (mots-clés, titre, description, etc.).
3. **Fichiers** : règle de nommage des fichiers, format, taille, accessibilité.
4. **Organisation** : outils de mise à jour, procédure FTP, formulaire de mise en ligne, etc.
5. **Process** : circuits de validation, droits et habilitation, comité éditorial, etc.
6. **Juridique** : droits d'utilisation, copyright, mentions légales, droit à l'image, etc.

Insight

*The **house style book** presents good practices to be respected by webmasters and contributors.*

*1. **Wording** : writing instructions for web, clear, concise, simple.*

*2. **Referencing** : writing for search engines (keywords, titles, description…)*

*3. **Files** : naming rules, format, size, accessibility.*

*4. **Organization** : updating tools, FTP procedure, laying on-line forms…*

*5. **Process** : validation procedure, rights and accreditation, editorial committee…*

*6. **Legal** : rights of use, copyright ; legal comments, rights to the use of image…*

Pourquoi l'utiliser ?

Objectif

Le site doit, globalement, respecter un traitement éditorial **homogène** et **cohérent**, sans que tout le travail de rédaction repose sur une seule et même personne (le responsable du contenu ou le webmaster éditorial). C'est pourquoi la constitution d'une charte éditoriale, à l'attention de tous les contributeurs, est indispensable, à la fois pour délivrer des **recommandations** et pour pouvoir déléguer la rédaction auprès de la personne la plus proche de la source de l'information.

Contexte

La charte éditoriale se destine à des contributeurs qui n'ont pas la main sur la structure du site ni son organisation visuelle – privilège réservé à l'administrateur du site ou au webmaster – mais uniquement à une partie du contenu, une rubrique, une sous-rubrique et parfois même seulement une page à mettre à jour. Ces contributeurs ont généralement accès à un formulaire, *via* une **interface d'administration** (*back office*), qui leur permet de modifier simplement le contenu d'un article et de le publier. Le mode d'emploi de cette interface peut utilement figurer dans la charte éditoriale.

Dans certains cas, les contributeurs ont un accès plus large aux modifications des pages *via* un éditeur de pages web (de type Dreamweaver). La charte éditoriale devra alors être plus précise et complète encore, pour maintenir l'homogénéité du site et en respecter la ligne générale.

La charte éditoriale garantit des bonnes pratiques de rédaction et facilite la mission des contributeurs.

Comment l'utiliser ?

Étapes

- **Définir les rubriques** de la charte sur le modèle proposé ici et la compléter éventuellement.
- **Intégrer les consignes** de rédaction générale, décrites plus loin, et ajouter les règles spécifiques à l'entreprise.
- **Préciser les règles techniques** (nommage des fichiers, formats, etc.) ; décrire les process à suivre et les modes de validation de votre entreprise.
- Diffuser la charte à l'ensemble des contributeurs.

Méthodologie et conseils

Ne pas oublier d'inclure une partie consacrée aux **aspects juridiques** : en particulier en ce qui concerne les photos et les illustrations, nombre d'utilisateurs considèrent en effet, à tort, que les images disponibles sur le web sont gratuites et libres de droit, par défaut – ce qui n'est évidemment, presque jamais le cas… Il est prudent de donner accès aux contributeurs du site à une photothèque de qualité, constituée par le manager du site lui-même, en toute légalité, auprès de photographes ou de banques d'images. ■

Avantages

- ✔ La charte éditoriale établit des règles communes à tous, sur des critères objectifs.
- ✔ Elle garantit la qualité éditoriale des textes publiés sur le site.
- ✔ Elle permet au manager du site ou au webmaster de déléguer l'essentiel de la rédaction.

Précautions à prendre

- ✔ Concevoir le document comme un guide, non comme un règlement intérieur.
- ✔ Proposer des consignes simples et faciles à appliquer. Attention à ne pas imposer trop de règles… au risque de n'en voir aucune appliquée !

Outil 22 Les niveaux de lecture

Organiser le texte

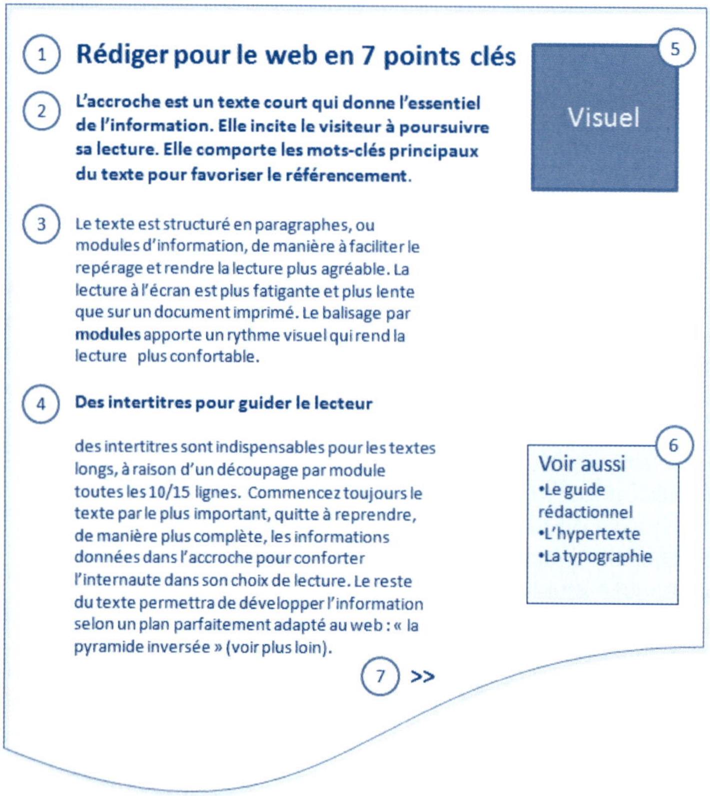

En résumé

1. **Le titre** : court, explicite et contenant les mots-clés.
2. **L'accroche** : l'essentiel en trois lignes.
3. **Les modules** : le texte doit être structuré en courts paragraphes, avec une seule idée par module.
4. **Les intertitres** : ils annoncent la suite, donnent du relief à la page et contiennent les mots-clés.
5. **Le visuel** : il valorise ou complète le titre. Par sa faible surface, il n'a pas autant d'impact que sur un document imprimé.
6. **Les références** : des liens vers des documents connexes permettent d'approfondir ou de compléter l'information.
7. **La section** : un texte ne doit pas excéder trois longueurs d'écran.

Insight

1. ***Title*** *: short, plain, including key-words.*
2. ***Attention Catcher*** *: a summary of the bulk in three lines.*
3. ***Modules*** *: the text must be divided in short paragraphs. A single idea in each module.*
4. ***Subheadings*** *: introducing the following and highlighting the page. They include key-words.*
5. ***Visual*** *: enhancing or completing the title. Hence its small surface, it has less impact than on a printed document.*
6. ***References*** *: links to related documents in order to deepen or complete information.*
7. ***Section*** *: always less than three screen lengths.*

Pourquoi l'utiliser ?

Objectif

L'organisation du texte en niveaux de lecture offre à l'internaute un **repérage rapide** et permet une compréhension immédiate de l'information. Pour le rédacteur, c'est la garantie que le visiteur ne passera pas à côté de l'information principale, du message que l'on souhaite délivrer en priorité.

Structurer le texte en paragraphes de 10 à 15 lignes et les mettre en valeur par des intertitres.

Contexte

Sur une page web, l'internaute a tendance à adopter une **lecture en « F »**, balayant les repères de lecture matérialisés par le titre, l'accroche (aussi appelé chapô, dans le jargon journalistique) et les premiers intertitres. Il ne s'engagera qu'ensuite dans une lecture continue du texte.

Sur le web, le texte reprend une importance nouvelle, mais le visuel (photo, graphique, schéma) ne doit pas pour autant être négligé car il constitue toujours un point d'attrait sur la page, même si sa valeur informative, ou émotionnelle, devient secondaire, du fait du moindre espace qui peut lui être réservé.

Comment l'utiliser ?

Étapes

- **Identifier les différentes parties** du texte, les structurer en modules distincts.
- **Hiérarchiser l'information** en commençant par le plus important selon le plan de la « pyramide inversée » (voir plus loin).
- **Rédiger le titre et l'accroche** en résumant le message essentiel.
- **Illustrer le texte** avec un visuel qui soit en cohérence avec le titre.
- **Rédiger les intertitres** relatifs à chaque module d'information en utilisant les mots-clés du texte.
- **Proposer des liens** vers des contenus complémentaires ayant trait au sujet traité.

Méthodologie et conseils

Le titre et l'accroche doivent contenir l'information principale. Le lecteur ne doit pas être contraint de lire la totalité du texte pour y trouver l'information qu'il cherche, et d'ailleurs… il ne le fera pas. Plutôt que de le décourager, mieux vaut l'inciter à lire la suite en lui donnant, au plus tôt, le meilleur de l'information. Il sera ainsi plus enclin à lire la suite, pour obtenir des détails et des compléments.

Des éléments visuels, comme des mots ou des phrases mis **en gras**, vont également attirer l'œil et amener le lecteur à s'arrêter sur ces « accidents graphiques ». Il convient de les utiliser, sans les multiplier, pour faire ressortir les points clés du texte. Ils aideront au repérage mais aussi à la mémorisation de l'information. Dans le même registre, les **listes à puces** sont à recommander sur le web. Elles attirent et fixent l'attention du lecteur.

Avantages

- ✔ La structuration en modules avec des niveaux de lecture correspond à la manière dont le lecteur souhaite naturellement aborder un texte.
- ✔ Les niveaux de lecture donnent du relief à la mise en page et la rendent plus esthétique.

Précautions à prendre

- ✔ Ne pas dépasser un volume de 3 000 à 4 000 signes de texte sur une même page. Au-delà, penser à découper le contenu en plusieurs pages.
- ✔ Rédiger des titres factuels, explicites et sans ambiguïtés : ils seront reconnus par les moteurs de recherche.

• • •

Comment être plus efficace ?

La structuration d'un texte n'est pas toujours évidente et il est parfois difficile de savoir par où commencer. Une des méthodes les plus efficaces pour les textes d'information consiste à appliquer la grille de Quintilien, plus communément appelée les « **5 W** » dans l'univers journalistique. Il s'agit de dégager l'information principale du texte ou des documents dont on dispose, à partir d'une grille de questions. Cette technique permet de mettre en évidence le « message essentiel » qui fournira la matière à votre titre et votre accroche.

Les 5 W

Who	*Qui.* Quel est le « sujet » au sens propre du terme : l'acteur de l'information (qui peut tout aussi bien être un être humain ou un objet qu'un phénomène naturel...). Il s'agit bien de définir ici de « qui » on parle.
What	*Quoi.* On parle de l'action, de « ce qui se passe », de l'événement lui-même.
Where	*Où.* Le lieu de l'événement.
When	*Quand.* La date précise. Sur le web, il est important de préférer une date exacte : le 21 juin 2012, plutôt qu'une indication temporelle relative : demain, le mois dernier, etc.
Why	*Pourquoi.* Les causes et les raisons de l'événement. On donne les explications du fait signalé, principalement par le *qui* et le *quoi*.
How	*Comment.* Les circonstances de l'événement, la manière dont se sont produits les faits. La réponse à cette question éclaire le déroulement de l'événement.

Les 5 W permettent de résumer l'information principale à la manière d'une brève. C'est d'ailleurs cette technique que l'on utilise pour les rédiger... Elle est très efficace, puisque le lecteur saisit immédiatement l'information à la simple lecture des premières lignes.

Appliquer cette grille de questions reste le meilleur moyen de bien démarrer un texte. On évite ainsi de commencer par rédiger une longue introduction, ce qui est souvent un réflexe, avant d'aborder les faits principaux. En rentrant directement dans le vif du sujet, on aura toutes les chances de mettre le lecteur de son côté.

Le plan en **pyramide inversée**

Le plan en « pyramide inversée » consiste à partir du plus important… pour aller vers le moins important. Sa structure est au fond très simple, puisqu'il s'agit de hiérarchiser l'information. En partant du message essentiel, c'est-à-dire des « faits », tel que l'on a pu le définir à l'aide de la grille de questions proposée sur la page précédente, pour finir par les informations secondaires, en ordre décroissant ; en fonction bien sûr des centres d'intérêt du lecteur.

Ce plan est très adapté au web et au phénomène de *scrolling* (défilement vertical). On sait que nombre d'internautes ne franchissent pas le « pli » ou la « ligne de flottaison » (le bas de l'écran) et se contentent de l'information contenue dans le premier écran de la page. En plaçant en tête les informations principales, le plan en pyramide inversée convient donc tout à fait aux pages web.

Ce plan sert de modèle à la plupart des dépêches d'agence de presse dans le monde. Les journalistes, qui ont à traiter un flot continu d'informations, peuvent ainsi en un coup d'œil juger de la pertinence et de l'importance de l'information contenue dans chacune des dépêches. Aujourd'hui, les internautes, confrontés à une masse d'informations, ont finalement des exigences qui se rapprochent assez de celles des professionnels du journalisme : accéder rapidement à l'essentiel de l'information. Grâce au plan en « pyramide inversée », le lecteur peut se contenter d'une lecture rapide des premiers paragraphes. Le reste du texte étant composé d'informations accessoires ou annexes.

En incitant à aller à l'essentiel, ce plan hiérarchise l'information selon un ordre d'importance mais aussi selon un ordre temporel. On commencera ainsi par les informations les plus récentes pour finir par les informations les plus anciennes. Les informations les plus « neuves » sont toujours celles qui intéressent le plus le lecteur. Les plans chronologiques s'avèrent beaucoup moins efficaces que les plans qui placent l'information la plus récente au début ; quitte à remonter le fil du temps au cours de l'article. ■

Outil 23 Les techniques rédactionnelles

Une lecture « zapping »

Le lecteur fait l'état des lieux, il tente de comprendre l'interface

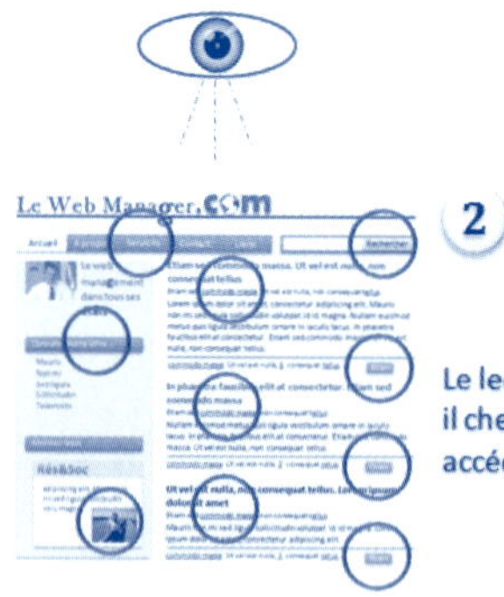

Le lecteur scrute l'écran, il cherche les liens pour accéder à l'information

Le lecteur lit au moins les premières lignes pour confirmer ou non son intérêt

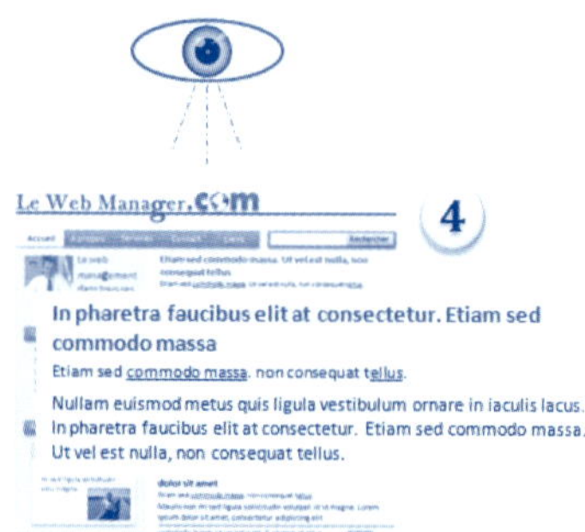

Le lecteur effectue une lecture linéaire, approfondie, détaillée

En résumé

La lecture est plus difficile et plus lente sur le web. La raison en est d'abord physique : l'exposition à la lumière directe ; la définition de l'écran (72 dpi) ; le balayage électronique ; le rayonnement électromagnétique ; le plan vertical et fixe de l'écran ; et... le bruit de l'ordinateur.

Le rédacteur web doit compenser ces obstacles et en surmonter d'autres :

- l'internaute cherche une information ;
- il « tombe » sur une page ;
- il en valide ou non l'intérêt ;
- il « scanne » le texte ;
- sans vraiment... le lire.

L'objectif du rédacteur consiste à répondre à cette demande : **informer en peu de mots**.

Insight

Reading is more difficult and slower on the web. There are some physical explanations : exposition to direct light ; screen definition (72 dpi) ; electronic scanning ; electromagnetic radiations ; vertical and set position of the screen ; and... computer noise.

– You have to compensate for these obstacles. And overcome some others :

– The web surfer is looking for an information ;

– He "stops" on a page ;

– His interest is raised, or not ;

– He "scans" the text,

– Without really... reading it.

*The goal of the writer is answering this demand : **give pertinent information in a few words**.*

Pourquoi l'utiliser ?

Objectif

Écrire simplement pour une **lecture rapide**. Appliquer les techniques éprouvées de l'écriture journalistique.
Les textes doivent être plus courts et le ton plus chaleureux que sur les supports traditionnels de la communication d'entreprise.

Contexte

Retravailler le style en agissant sur ces points :

- Des **phrases courtes** :
  - construire des phrases courtes, exprimer une idée par phrase ;
  - quinze mots par phrase, en moyenne ;
  - utiliser des constructions simples : sujet, verbe, complément ;
  - utiliser la voix active plutôt que passive : *le lecteur lit le texte* plutôt que *le texte est lu par le lecteur* ;
  - éviter et supprimer les tournures impersonnelles : *il convient de noter que* ;
  - pour éviter d'écrire des phrases longues, remplacer les subordonnées par deux phrases successives ;
  - éviter les incises, les phrases entre parenthèses ;
  - introduire des signes de ponctuation : les points d'interrogation ou les deux points (attention au point-virgule, qui rallonge les phrases) ;
  - scinder les phrases quand apparaissent des mots tels que « qui, que, dont, lequel, etc. », aux articulations logiques des phrases (*Mais où est donc Ornicar*) et en présence de participes présents.
- Des **mots simples** :
  - employer des mots courts, (trois ou quatre syllabes maximum) ;
  - trouver des synonymes ou des équivalents aux mots longs : une *enquête* plutôt qu'une *investigation* ; un *achat* plutôt qu'une *acquisition* ;
  - varier le vocabulaire en cherchant des mots justes et précis (attention aux mots banals comme *avoir, donner, faire, choses, nombreux*, etc.) ;
  - éviter les constructions nominales (il vaut mieux *modifier* que d'*apporter des modifications* ; *suggérer* plutôt *que faire une recommandation*, etc.) ;
  - éviter les adverbes (*généralement, principalement*, etc.) et limiter le nombre d'adjectifs.

Sur le web, le lecteur se heurte à la profusion des sources. Un texte factuel et clair fera la différence.

Comment l'utiliser ?

Étapes

- **Trouver et poser le message essentiel** (voir outil 22).
- **Rédiger un premier jet**, en organisant les idées et les informations.
- **Laisser le texte « au repos »** pendant au moins deux heures.
- **Relire le texte « à froid »** en se mettant à la place du destinataire, en vérifiant :
  - le contenu ;
  - l'orthographe ;
  - le style.
- Modifier, peaufiner, simplifier le texte.

Méthodologie et conseils

Utiliser la fonction « Statistiques de lisibilité » de Word qui donne de précieuses indications sur la longueur des phrases et la complexité du vocabulaire.
À l'écran, les fautes n'apparaissent pas aussi visiblement que sur le papier : imprimer le texte. ■

Avantages

✔ Une information pertinente, exprimée dans un texte simple et condensé conviendra à tous les publics, et aura toutes ses chances d'être relayée sur la Toile par des blogueurs.

Précautions à prendre

✔ Sur le web, l'internaute à tendance à survoler le texte. Des points clés mis en évidence (gras, puces, etc.) faciliteront la lecture.

Outil 24 Les liens hypertextes

Les fonctions des liens hypertextes

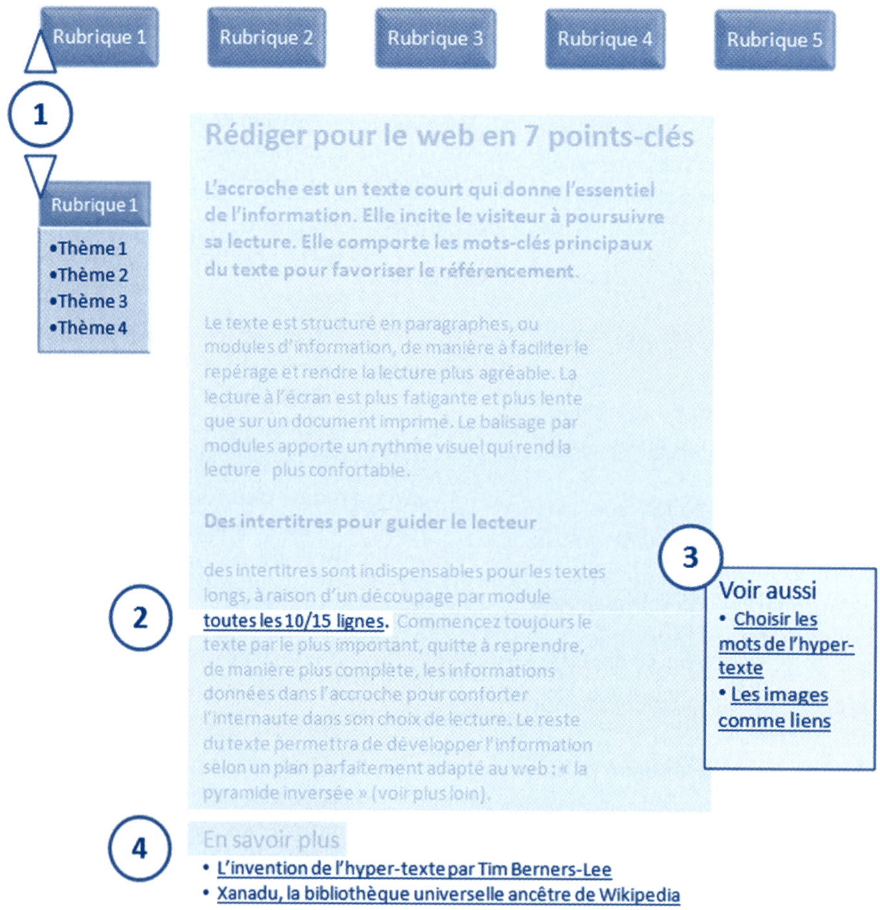

En résumé

1. Les **liens de navigation** : ils correspondent aux rubriques et sous-rubriques du site.

2. Les **liens sémantiques** : placés dans le texte, ils renvoient au développement particulier du sujet souligné.

3. Les **liens contextuels** : à côté du texte, ils renvoient vers des pages traitant de sujets connexes avec le sujet principal (généralement des contenus existant sur le site).

4. Les **liens de référence** : sous le texte, ils renvoient à un approfondissement du sujet traité dans la page (sources, référence, etc., généralement des sites externes).

Insight

*1. **Browser links** : corresponding to sections and sub-sections.*

*2. **Semantic links** : embedded in the text, they point to a particular development of the item.*

*3. **Contextual links** : on the side, they steer to pages presenting related subjects to the main item (often existing content on the site).*

*4. **Reference links** : located under the text, they steer to deepening the item (roots, references, often on external sites.)*

Pourquoi l'utiliser ?

Objectif

Les liens hypertextes permettent de **naviguer** dans le site web et s'organisent en quatre principales catégories (voir résumé).

Les liens servent bien sûr à accéder à d'autres sites web sur la Toile. Dans ce cas, il convient d'ailleurs d'ouvrir une seconde fenêtre dans le navigateur, pour indiquer à l'internaute le changement de site.

Les liens peuvent avoir pour objectif de guider le lecteur dans ce parcours (processus d'achat, par exemple) ou au contraire de lui laisser la liberté de découvrir la richesse du site. Il est important de favoriser cette démarche en proposant des liens en nombre suffisant pour permettre au visiteur de poursuivre son parcours de lecture sur le site.

Contexte

Les liens doivent se distinguer du texte statique par leur apparence (couleur) ou leur position dans la page. Le **libellé du texte** doit être explicite à propos du contenu vers lequel il renvoie (des mots, pas une adresse URL du type www.lewebmanager.com/H1/HTexte/liens.html). Le lien est en quelque sorte un « panneau indicateur » : sa destination doit être évidente. Idéalement, un lien doit comporter trois à cinq mots.

Le maillage multiple de la page avec des liens internes et externes favorise largement son référencement par les moteurs de recherche.

L'existence de liens entre les pages d'un site est un critère déterminant pour le référencement.

Comment l'utiliser ?

Étapes

- Identifier les contenus du site en rapport au contenu de la page pour créer des liens internes.
- Recenser et sélectionner les sites externes pour créer des liens de référence.
- Repérer dans le texte les mots-clés ou séquences de mots-clés les plus appropriés à renvoyer vers les contenus connexes.
- Créer les liens hypertextes : dans la même fenêtre de navigateur pour les liens internes au site, et dans une nouvelle fenêtre pour les liens externes.

Méthodologie et conseils

Les liens hypertextes enrichissent la lecture mais présentent aussi le risque de la dispersion, et de perdre le lecteur… Il faut donc limiter le nombre de liens dans les pages :

- jusqu'à cinq liens pour les contenus de référence (en marge du texte) ;
- pas plus de cinq liens sémantiques à l'intérieur du texte ;
- un lien maximum par paragraphe.

Éviter d'une manière générale de placer des liens dans la première moitié du texte. Ils offrent une possibilité d'approfondissement et doivent donc logiquement arriver « plus loin ».

Distinguer visuellement les liens de navigation des liens d'action (téléchargement ou achat, par exemple). ■

Avantages

- ✔ Les liens apportent une dimension interactive propre au web : l'internaute y est, aussi, acteur de sa lecture.
- ✔ Grâce aux liens, les informations peuvent être réparties sur différentes pages, avec des contenus très spécifiques.
- ✔ Les liens permettent de recentrer, de condenser un texte et d'éviter les digressions.

Précautions à prendre

- ✔ Séparer visiblement les liens, ne pas les laisser « collés » les uns aux autres.
- ✔ Utiliser exclusivement le souligné pour les liens. Pour mettre un texte en évidence, utiliser le gras.
- ✔ Quand c'est le cas, spécifier que le lien ouvre vers une autre application (PDF, Word, vidéo, etc.).

La newsletter

Un outil relationnel

En résumé

La **newsletter** est une lettre d'information envoyée par e-mailing.

L'objectif est d'établir une relation privilégiée avec les clients, les partenaires ou les salariés.

Les lecteurs apprécient les textes courts (10 lignes maximum) et un langage direct. À la fin des descriptifs, ajouter un lien vers l'article complet sur le web ou l'Intranet.

Insight

A ***newsletter*** *is an information letter sent by e-mail.*

The aim is to establish a privileged relation with customers, partners or employees.

Readers appreciate shorts texts (maximum 10 lines) and direct language. At the end of descriptions, you must add a link to the full article on the web or Intranet.

Pourquoi l'utiliser ?

Objectif

La newsletter permet de garder le contact et de fédérer les consommateurs autour d'une marque. C'est une manière simple et efficace d'entretenir la « **relation client** ». La lettre doit avant tout tenir les lecteurs au courant de **son activité**. Miser sur une lettre qui informe des tendances du marché, rappelle les événements importants, présente l'actualité des produits ou services, les formations organisées, etc.

On peut envisager d'aller au-delà des offres promotionnelles et de l'actualité commerciale… et tenir un véritable **rôle de conseil** auprès de ses clients. Une agence immobilière proposera par exemple une newsletter avec des informations connexes à son activité (crédits, prix du m^2, conseils juridiques, etc.). À chacun de trouver le sujet qui intéressera le plus ses clients. Sur un autre registre, la newsletter électronique constitue un excellent moyen de communiquer en interne…

Une newsletter permet de constituer, de tenir à jour et de développer une base de données clients.

Contexte

En communication **interne**, la newsletter peut venir compléter le journal interne, voire s'y substituer. La vocation d'une newsletter se résume toutefois à la diffusion d'une information de court terme, plus tactique que stratégique.

En communication **externe**, la newsletter est un outil de fidélisation qui s'inscrit sur le long terme : c'est une publication périodique et non une suite de e-mailing ponctuels. Il est donc important d'établir une politique éditoriale solide et un planning de publication sur l'année.

Comment l'utiliser ?

Étapes

- **Rédiger les articles complets** correspondant à la newsletter, avec titres et descriptifs, qui seront mis en ligne sur le site web ou l'Intranet.
- **Reprendre les titres et les descriptifs** de chaque article, qui figureront dans la newsletter en classant les informations par ordre d'importance.
- **Mettre en page la newsletter en HTML**, à l'aide d'un logiciel approprié comme Dreamweaver.
- **Envoyer la newsletter en recourant un outil de diffusion e-mailing** (voir outil 13).

Méthodologie et conseils

Conserver un style journalistique à chaque publication, le contenu informatif doit primer sur le contenu commercial, même si celui-ci a sa place de manière incidente et discrète. La newsletter apporte un premier niveau d'information **factuel et synthétique**, des liens renverront vers un contenu plus exhaustif et approfondi sur le site web de l'entreprise.

Veiller à l'homogénéité des textes, du registre de vocabulaire et du ton employé. La newsletter est un support d'information en soi, un e-mail ne doit pas servir à envoyer une pièce jointe au format PDF… ■

Avantages

✔ La newsletter est un moyen efficace de générer des retours : les prestataires de marketing direct s'accordent sur un taux de clic moyen de 3 %. Ce taux peut toutefois grimper à 20 % pour une lettre et un fichier bien ciblés.

Précautions à prendre

✔ Une newsletter peut être assimilée à du spam par le lecteur… Pour éviter ce risque, penser à donner un titre explicite dans l'« objet » du message et dénomination claire de l'« émetteur » pour être facilement identifiable par le destinataire.

Le Web design et le graphisme

Le design constitue un élément essentiel de la composition d'un site, et plus largement de l'univers graphique d'une marque dans l'environnement Internet au sens large (médias sociaux, newsletters, etc.).

La charte graphique

La charte graphique définit l'identité visuelle du site, elle fixe les règles en matière d'utilisation des couleurs, de typographie, de visuel, de mise en page et de navigation. Elle a pour objectif de garantir une homogénéité à l'ensemble des pages du site, de faciliter l'accès à l'information et de mettre en valeur le contenu. La charte graphique apporte bien sûr une plus-value esthétique au site. Elle constitue une traduction graphique et visuelle des objectifs de communication du site. Elle est élaborée en **complément de l'arborescence** du site (voir outil 16). Elle **sert** d'une part à la conception du site, et d'autre part de document de référence en interne ou à destination des agences et prestataires. Elle servira au développement de rubriques nouvelles ou de sites associés et aujourd'hui aux pages spécifiques sur les médias sociaux. Elle règle de cette manière les usages « autorisés » et « interdits » du logo, de la mise en page, des couleurs, etc.

Des consignes à respecter

Les aspects web sont généralement traités comme un prolongement de la charte graphique globale de l'entreprise, destinée aujourd'hui encore prioritairement à la papeterie et aux publications, elle peut tout à fait constituer un document spécifique. En allant jusqu'à comporter des **kits graphiques** avec des gabarits de pages préformatés et des feuilles de style CSS (voir outil 48) correspondantes.
Les éléments techniques, comme les formats d'image, les références couleurs du web, y sont bien sûr consignés.

Il n'est pas rare non plus que la charte web, outre les aspects graphiques, traite également des règles et des pratiques rédactionnelles à appliquer aux textes. Les chartes les plus complètes abordent même les procédures et mode d'emploi des mises à jour des pages, notamment lorsque celles-ci sont faites grâce à un CMS (voir outil 53).

La composition d'un site

D'un point de vue graphique, un site repose sur une **structure visuelle** : la grille de mise en page. Comme un journal ou un magazine, structuré en colonnes et en modules, une « page » web est tout aussi construite. Aucun élément n'est placé au hasard mais se situe sur des lignes de force, justement établies par cette grille, en cohérence avec les autres éléments figurant eux aussi sur la page : texte, images, vidéos, etc. D'abord pensée, imaginée, dessinée, cette grille se cale ensuite sur des critères techniques, établis par les nouvelles normes **CSS**, les feuilles de style en cascade, dont il sera beaucoup question dans ce dossier. Une lecture préalable de l'outil consacré aux langages du web (outil 48) sera utile à la compréhension des références qui y sont faites.

La typographie

Au-delà de la grille de mise en page, le web design fait évidemment appel à la **typographie**, élément fondamental de valorisation du texte. Longtemps limité par les contraintes techniques du HTML, le choix des polices de caractères devient, depuis l'avènement du **HTML5** et des **CSS 3** – les dernières normes en vigueur du web – beaucoup plus riche. En particulier avec la propriété *@font-face* réintégrée à CSS 3 qui permet d'afficher une police spécifique sur l'écran des internautes. Il faudra pourtant se méfier de ces nouvelles possibilités, et respecter des règles simples et élémentaires de lisibilité.

Les couleurs

Les **couleurs** du web elles, n'ont plus de limites. Longtemps réduites à une palette *websafe* de 216 couleurs normalisées, elles prennent aujourd'hui tout leur éclat, à condition, là aussi, de conserver une certaine mesure dans leur emploi et en restreindre leur utilisation à l'essentiel : servir le **sens** et la lisibilité. Le choix et la pondération permettront de résister à l'effet « sapin de Noël », réservé aux seuls sites de *hard discount*... et de rester particulièrement vigilant sur les contrastes fond/forme, pour encore une fois, mettre la forme au service du fond, et non pas le contraire.

Le multimédia : vidéo, audio, animation

Le multimédia apporte une dimension complémentaire, interactive et souvent ludique qui enrichit les fonctionnalités d'un site web. Le plus souvent, ces animations sont réalisées avec le logiciel Flash, pour illustrer un propos technique ou simplement divertir l'internaute, avec un jeu par exemple. La réalisation de ces animations peut revenir assez onéreuse car il faut faire appel à un graphiste spécialisé, un « flasheur », et le temps de développement peut être long. Le format Flash est également employé pour diffuser la vidéo sur un site car il est à la fois de très bonne qualité et autorise un fort taux de compression.

Les OUTILS

Outil 26

La grille de mise en page

La maquette

En résumé

Avant de se lancer dans la réalisation d'un site, on en prépare la **maquette**, soit avec un papier et un crayon… soit avec un **logiciel spécifique**. Les outils sont nombreux, du basique *PowerPoint* à des outils dédiés comme *Axure*, *Balsamiq Mockup* ou encore *Pencil project*.

La **phase de maquettage** permet de représenter de façon schématique les gabarits et les fonctionnalités des pages d'un site.

Insight

Before designing a site you have to prepare the ***mockup****, either with a pencil on paper, or using* ***specific software****. You can find a lot of tools, from basic* PowerPoint *to very dedicated* Axure, Balsamic Mockup *or* Pencil Project.

This ***modeling step*** *allows presenting some pages of the site in a schematic fashion, formats and functioning.*

Pourquoi l'utiliser ?

Objectif

La grille de mise en page sert à structurer l'espace visuel de manière harmonieuse et à agencer entre eux les différents éléments qui la composent (textes, images, menus, etc.). Elle sert de modèle à l'ensemble des pages qui seront construites sur cette base. Elle permet de ne pas placer les contenus au hasard dans la page mais au contraire de les accrocher, les uns par rapport aux autres, sur des **lignes de forces** définies par les repères horizontaux et verticaux.

La structure des pages est toujours identique même si les contenus et la composition changent eux, d'une page à l'autre. La grille donne une unité globale et cohérente au site.

La grille de mise en page est l'armature qui porte le site et met en valeur les contenus.

Contexte

Une fois élaborée, la grille de principe est ensuite traduite en termes techniques. Et le travail du web manager ou du graphiste laisse généralement la place à celui du développeur. Pour mettre en œuvre la grille, ce dernier s'appuie sur les **feuilles de style CSS** (*Cascading style sheet,* voir outil 48) qui servent à réaliser le design des pages, notamment à l'aide de *frameworks* CSS. Ce sont des environnements ou cadres de travail, comportant des collections de feuilles de style prédéfinies et adaptables. Ces modèles permettent de concevoir rapidement une mise en page et de respecter au mieux les positionnements et les alignements.

Comment l'utiliser ?

Étapes

- **Dessiner** la maquette des pages principales en définissant :
  - les zones structurantes de la page,
  - les fonctionnalités,
  - la navigation.
- **Créer** une grille de mise en page CSS (ou utiliser un *framework*).
- ***Tester*** la grille en réalisant plusieurs pages types.
- **Valider** la grille de mise en page.

Méthodologie et conseils

Beaucoup de graphistes utilisent Photoshop comme outil de maquettage. Pourtant les logiciels cités dans le résumé sont très pratiques et permettent d'ébaucher rapidement une maquette. Les web managers « non graphistes » y trouveront justement là un moyen simple de concevoir ou d'imaginer les pages de leurs sites – au moins sur le plan fonctionnel – et de *briefer* un web designer.

Pour le graphiste ou le web designer, connaître les grilles et les ***frameworks*** CSS, avant de concevoir la maquette, constitue évidemment un avantage. Il peut ainsi, dès le départ, s'appuyer sur une grille de mise en page CSS existante, pour préparer la maquette. Le graphiste et l'intégrateur peuvent d'ailleurs s'accorder sur la grille technique à utiliser pour le site. L'utilisation de ces *frameworks* est très courante (mais pas obligatoire).

Exemples de *frameworks* : 960.gs ou www.blueprintcss.org ■

Avantages

- ✔ Les grilles de mise en page matérialisent les concepts.
- ✔ Elles aident les différents intervenants à prendre des décisions et accompagner les *briefs* du graphiste et du développeur.

Précautions à prendre

- ✔ Si les aspects fonctionnels de la maquette peuvent être traités par le web manager, les aspects graphiques et techniques sont à réserver aux spécialistes.

Le choix des polices

Sans Serif	Serif
Arial	Times
Tahoma	Baskerville
Verdana	Georgia

En résumé

Il existe deux grandes catégories de **police** : avec empattements (*serif*) ou sans empattements (*sans serif*).

Les polices sans empattements sont plus adaptées à une lecture web, comme : Arial, Verdana, Tahoma, etc.

Toutefois cette préférence de principe est à nuancer en fonction de la vocation du site.

Insight

*You can use two main styles of **fonts** : with footings (*serif*) or without (*sans serif*).*

Sans serif fonts are more adapted to a web reading : Arial, Verdana, Tahoma…

Nevertheless it is only a principle asking to be adapted in accordance to the aim of the site.

Pourquoi l'utiliser ?

Objectif

La typographie est synonyme d'identité. Une police affiche le « **caractère** » d'un site web, au sens propre comme au figuré. La typographie doit le renforcer. Sur Internet, le célèbre moteur de recherche Google, se distingue aussi par ses simples lettres multicolores, sans recourir au visuel. S'ils doivent représenter l'identité du site, les caractères employés dans les textes sur le web doivent aussi faciliter la lecture.

Pas plus de trois polices différentes dans un même site.

Contexte

Sur le web, il est difficile de choisir des polices spécifiques : seules celles installées sur l'ordinateur de l'internaute seront affichables. Les concepteurs ont donc recours aux polices les plus courantes (Arial, Times, Verdana, etc.).

Pour conserver une police spécifique, il faut transformer le texte en **image**, *via* un logiciel de retouche d'images (on réserve cet usage aux textes de navigation et de titrage).

texte **typo** **image**

Une autre technique existe aujourd'hui pour afficher des polices spécifiques : le *World Wide Web Consortium* (W3C) vient en effet d'adopter un format de police de caractère standard pour les pages web, le **Web Open Font Format** (Woff). Il permet de télécharger directement des polices associées à une page web spécifique. Ce format est accepté par les versions les plus récentes des navigateurs (Internet Explorer 9 ; Firefox 4, etc.).

Comment l'utiliser ?

Étapes

- **Définir l'univers** de communication du site et sélectionner une police, ou deux, de caractères qui lui correspondent.
- **Établir un protocole typographique :** attribuer à chaque niveau de lecture (titre I, titre II, texte courant, légende, etc.) une police définie, une taille et un style approprié (gras, italique).
- **Créer la feuille de style :** concrètement, les paramètres choisis seront enregistrés dans une feuille de style CSS qui s'appliquera à l'ensemble des pages du site.

Méthodologie et conseils

Contrairement aux publications papier, sur le web il est impossible de couper automatiquement les mots en fin de ligne. On recommande donc d'éviter les alignements justifiés (qui créent des espaces irréguliers dans le texte) et de préférer le mode « fer-à-gauche » (ou en drapeau).

justifié **fer à gauche**

La longueur des lignes doit être comprise entre 35 et 65 signes par ligne (espaces compris).

Le corps de lecture, pour le texte courant ne doit pas être inférieur à 8,5 et ne pas excéder 12 points.

Éviter l'usage des majuscules qui sont plus difficiles à lire que les minuscules (bas-de-casse). ■

Avantages

- ✔ Par sa très grande richesse, la typographie permet d'exprimer les valeurs les plus variées. Le *web open font format* (WOFF) élargit la palette typographique à disposition des concepteurs web. Elle améliore la lisibilité, l'accessibilité et l'internationalisation (caractères non latins).

Précautions à prendre

- ✔ Certaines polices peuvent être délicates à afficher sur le web, penser à faire des essais.
- ✔ Respecter le « code typographique » : règles d'utilisation des espaces, des guillemets, des majuscules, de l'italique, etc.

Outil 28

Les couleurs

La symbolique des couleurs

Couleurs	Évocations	Secteurs
Blanc	La pureté, la légèreté	Santé, recherche, nouvelles technologies, enfance
Noir	Le luxe, l'autorité	Institutions, finances, luxe, bâtiment, marketing, négoce
Gris	La neutralité, la sobriété	Bâtiment, services, juridique, finances
Bleu	La vie de l'esprit, la pensée	santé, recherche, organismes publics, services à la personne, technologies, recrutement, négoce, juridique
Vert	L'apaisement, le repos	santé, recherche, organismes publics, recrutement, ressources humaines, tourisme, développement durable
Jaune	La lumière, la gaieté	Jeunesse, alimentation, divertissement, tourisme, nouvelles technologies
Orange	L'expansion, l'irradiation	Alimentation, divertissement, recrutement, jeunesse, nouvelles technologies
Rouge	La force, l'énergie	Alimentation, habillement, cosmétiques, divertissement, immobilier, marketing, relations publiques, sport
Marron	Le réalisme, le matérialisme	Industrie, bâtiment, finances, immobilier
Violet	Le mysticisme, l'utopie, la rêverie	Soins corporels, cosmétiques, luxe, paramédical

En résumé

Les **couleurs** ont un effet sur notre psychologie et influencent nos comportements.

Chaque couleur dégage sa propre ambiance. Par la compréhension de la symbolique des couleurs, on peut choisir celle(s) qui exprime(nt) le mieux l'identité du site.

Insight

__Colors__ have an incidence on our psychology and an influence on our behavior.

Each color creates its typical atmosphere. When understanding the symbolism of colors, you can select the pertinent ones to best express the site identity.

Pourquoi l'utiliser ?

Objectif

Les couleurs d'un site évoquent une atmosphère, un univers graphique, et ont pour mission d'en renforcer la vocation et les valeurs. Le choix des couleurs dépendra de l'activité, des objectifs ou des principes que l'on souhaite mettre en avant. Il n'y a pas de bonnes ou de mauvaises couleurs, mais chacune exerce un **pouvoir d'évocation** partagé par tous. Une couleur appropriée renforcera l'identité du site. Il s'agit d'opter pour une dominante de couleurs **chaudes** (rouge, orange, jaune) qui **attirent l'attention** (car elles stimulent le système nerveux) ou de couleurs **froides** (bleu, vert, violet) qui sont au contraire apaisantes et **inspirent le calme et la sécurité**. Les couleurs neutres (blanc, gris, noir, beige) sont plutôt utilisées en complément d'autres couleurs, pour nuancer l'impact de la couleur principale.

Les couleurs apportent un sens d'un point de vue symbolique mais aussi pratique : elles permettent, par exemple, de caractériser des catégories, des niveaux, des sous-ensembles.

L'internaute fonde sa première impression à la vue des couleurs d'un site.

Contexte

Les trois couleurs primaires utilisées en informatique sont le rouge, le vert et le bleu (**RVB**). Les couleurs définies sur les sites web utilisent les couleurs RVB, mais adaptées au langage HTML. On parle alors de couleurs **hexadécimales**. Chaque couleur est représentée par 6 caractères (sur le modèle : #FFFFFF), les deux premiers emplacements représentent la valeur du rouge, les deux emplacements suivants la valeur du vert et les deux derniers la valeur du bleu. Toutefois les **feuilles de styles CSS** (*cascading style sheet*), aujourd'hui en vigueur sur le web, adoptent un codage direct en RVB.

Comment l'utiliser ?

Étapes

- **Définir ce que la couleur doit « dire »** : créer une liste d'adjectifs qui caractérisent les valeurs censées représenter l'activité et l'entreprise (par exemple : sérieux, enthousiaste, évolutif, etc.).
- **Repérer la ou les couleurs** qui conviennent le mieux aux **adjectifs** que l'on a trouvés.
- **Créer la palette** de couleur du site, en s'inspirant de celle d'un tableau, d'une photographie ou en allant sur le site Kuler.adobe.com qui propose une gamme complète de palettes.

Méthodologie et conseils

Pour rester cohérente, la palette de couleurs d'un site web ne doit pas excéder cinq à six couleurs dont chacune revêtira une importance relative en fonction de son rôle :

- dominante : elle donne la tonalité générale,
- complémentaire : elle ajoute la nuance,
- tonique : elle donne un accent sur des zones ou des points particuliers ;
- texte : préférer un gris très foncé au noir,
- liens : doivent être d'une couleur différente du texte courant,
- fond : le blanc reste une valeur sûre. ■

Avantages

✔ Une palette étudiée confère cohérence et harmonie au site.

✔ La couleur participe à la communication de l'entreprise avec les internautes.

Précautions à prendre

✔ Les entreprises opérant à l'international doivent tenir compte des symboliques liées aux différentes cultures du monde.

Le multimédia

Les animations intégrées

En résumé

Le web permet aujourd'hui d'intégrer des **« objets » multimédias et interactifs** sans avoir à les héberger sur son propre site. Une séquence **vidéo**, une **carte** interactive ou un **diaporama** PowerPoint peuvent par exemple être insérés dans une page du site web, *via* un serveur de vidéo comme Youtube, de cartographie comme Google Maps ou encore de partage de diaporama comme Slideshare. Cette technique du *mash-up* a facilité et popularisé l'intégration de l'animation et du multimédia dans les sites web.

Insight

*You can nowadays install, in the web, **multimedia and interactive « objects »** without having to host them on your own site. For instance a **video sequence**, an **interactive map** or a PowerPoint slide-show can be inserted on a page through a video server as You-Tube, cartographic as Google Maps or picture sharing as Slideshare. This so-called* mash-up *technique made easier and popularized integrating animation and multimedia on web sites.*

Pourquoi l'utiliser ?

Objectif

Enrichir un site avec des animations ou de la vidéo reste une **possibilité**, pas une fin en soi, à moins que la nature même du site en exige le développement : site de jeux en ligne, plate-forme de partage vidéo, e-learning ou *serious games*.

Dans la grande majorité des cas, le multimédia permet de rendre un site plus attrayant, d'enrichir un contenu, de le compléter par une animation qui deviendra plus explicite qu'une description, au format texte. Les modes d'emploi, les processus ou les démonstrations sont des sujets parfaitement adaptés à une illustration vidéo ou une animation Flash.

Contexte

Le web permet la publication en ligne de contenus interactifs, qu'il s'agisse de textes, d'images ou d'hyperliens, répondant ainsi, le plus souvent, aux attentes premières des internautes. Le web est, nativement, statique et inadapté aux contenus multimédias. C'est d'ailleurs pourquoi de nouveaux formats et langages se sont adjoints et imposés, pour amener l'animation sur le web – **Flash**, principalement.

Ajouter des séquences animées apporte sur un site une plus-value indéniable :

- le son (podcast) ;
- la capture d'écrans (*screencast*) ;
- la vidéo (*vodcast*) ;
- l'animation (Flash).

Le HTML 5 permet l'intégration de la vidéo sans passer par des logiciels externes comme Flash.

Comment l'utiliser ?

Étapes

- **Définir la nécessité de produire un contenu multimédia** : le texte suffit-il ? Quel avantage à développer un contenu multimédia ?
- **Choisir le média approprié** : séquence vidéo, animation Flash, podcast, etc.
- **Développer la séquence avec les outils appropriés** (Flash, Camstudio, etc.) ou intégrer cette séquence depuis un serveur externe (Youtube, Slideshare, etc.) en copiant le code HTML correspondant.
- **Intégrer la séquence dans la page web**.

Méthodologie et conseils

Attention toutefois à ne pas abuser des animations et du multimédia. Les animations dans un site web se justifient lorsque la valeur ajoutée est réelle. Par exemple, une page d'introduction animée, avant de pouvoir accéder à la page d'accueil, a-t-elle toujours un sens ?

Les **animations** peuvent même présenter un véritable handicap : les sites *full-flash*, entièrement réalisés dans ce format propriétaire d'Adobe, sont très beaux… mais à proscrire car ils posent des problèmes de référencement et ne s'affichent pas du tout sur des terminaux mobiles tels que l'iPhone ou l'iPad.

Les **podcasts** restent, eux, des outils multimédias très accessibles, faciles à réaliser et peu coûteux. Il en est de même pour les **vodcasts** qui nécessitent pour leur part une bonne maîtrise des techniques de prise de vue et de la lumière pour un résultat professionnel.

Les **screencasts**, enregistrements vidéos d'un écran d'ordinateur, accompagné la plupart du temps d'une narration audio (pour démontrer l'utilisation d'un logiciel, par exemple) sont un moyen simple d'intégrer du multimédia. ■

Avantages

✔ Le multimédia enrichit l'aspect graphique du site et lui donne une dimension ludique et attractive.

Précautions à prendre

✔ La création d'animation suppose un budget conséquent.

✔ Il faut éviter le déclenchement automatique du son lors d'une animation et laisser à l'internaute la liberté de l'ajouter ou non.

L'Univers des médias sociaux

Les médias sociaux regroupent des individus qui souhaitent échanger et partager du contenu qu'ils ont eux-mêmes créé. C'est le principe de l'intelligence collective.

Sur le web, les médias sociaux sont composés des différentes plates-formes sur lesquelles les internautes se retrouvent pour :

- échanger des informations ;
- partager, comparer des avis, des opinions ;
- discuter autour de centres d'intérêts communs ;
- jouer, effectuer des rencontres.

Le membre d'un réseau social peut ainsi s'exprimer et affirmer son appartenance à une communauté. Le réseau social, nouvel outil de communication, permet de rester en contact avec son entourage, de tisser de nouveaux liens et de partager ses centres d'intérêts.

D'après une étude Médiamétrie d'août 2010, plus de 20 millions d'internautes français sont inscrits sur des sites communautaires et plus de 8 millions s'y rendent régulièrement. Les jeunes de moins de 25 ans sont les plus nombreux à fréquenter les réseaux sociaux mais les 35-49 ans y sont également très présents. Quant aux femmes, elles représentent désormais 49 % des internautes inscrits.

Le panel des médias sociaux est vaste mais des passerelles existent et une information publiée sur un site communautaire peut se propager vers d'autres sites communautaires. L'information se diffuse très rapidement et peut, dans certains cas, créer un véritable buzz.

Les médias sociaux se répartissent en fonction des typologies suivantes :

- réseaux sociaux personnels ou professionnels (Facebook, Linkedin) ;
- sites de publication et de partage (Wikipédia, Wikio) ;

- espaces de discussion (Skype, MSN) ;
- zones de diffusion audio, vidéo (Youtube, Last.fm) ;
- micro-blogging (Twitter, bebo) ;
- sites de jeux MMO ou *Massively Multiplayer Online* (Everquest, World of Warcraft) ;
- mondes virtuels (Habbo, Second Life).

Il existe aussi des réseaux sociaux verticaux, à la thématique plus restreinte, en fonction d'une profession ou d'une passion donnée. C'est le cas de Zolve pour les agents immobiliers ou de l'Annuaire des vignerons, un portail viticole français.

L'internaute d'aujourd'hui est actif, mouvant, il dialogue directement avec les autres internautes ou avec les marques. Il partage, il diffuse. Il devient donc un vecteur de communication incontournable. Des entreprises de plus en plus nombreuses développent une stratégie d'intervention au sein des médias sociaux. Reste à savoir quel sera le véritable retour sur investissement d'une telle stratégie. Une chose est certaine, ignorer cet univers constitue pour une entreprise un très gros risque de ne maîtriser qu'une partie de sa communication et de perdre son marché.

Les OUTILS

Outil 30 Les types de réseaux sociaux

Les trois types de réseaux sociaux

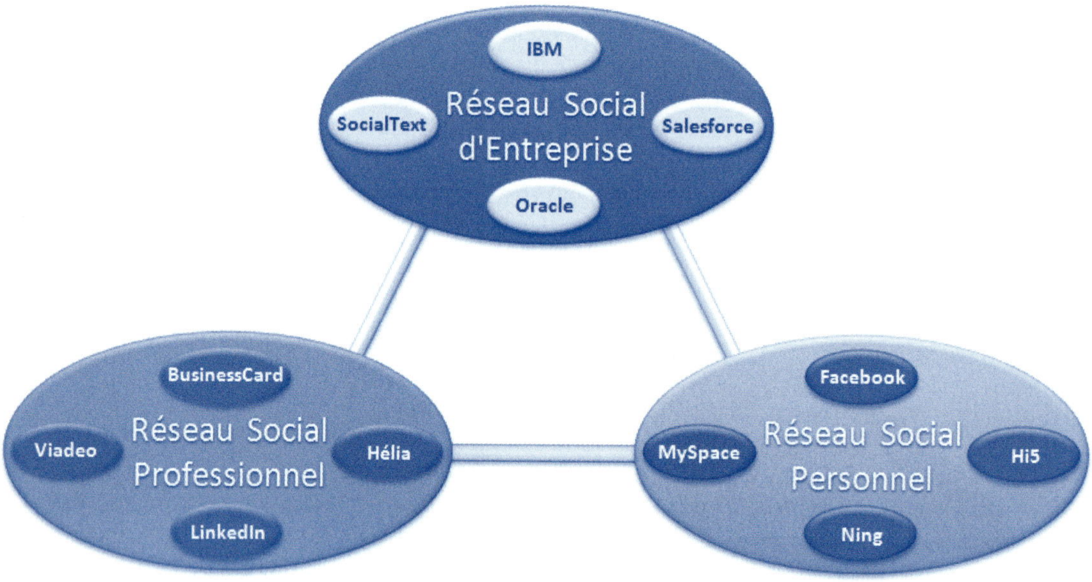

En résumé

Trois types de réseaux sociaux sont clairement identifiables :

– les réseaux personnels majoritairement destinés aux particuliers ;

– les réseaux professionnels qui permettent de se créer une liste de contacts utiles au « business » ou à la recherche d'un emploi ;

– les réseaux d'entreprises qui offrent aux salariés la possibilité de partager leurs expériences au travers d'un espace de collaboration interactif.

Insight

*You can clearly identify **three families of social networks** :*

– Personal networks for individuals ;

– Professional networks intended to create useful contacts for business deals or for finding a job ;

– Company networks allowing employees to share their experiences through an interactive and collaborative space.

Pourquoi l'utiliser ?

Objectif

Se constituer une communauté, qu'elle soit personnelle ou professionnelle, partager ses centres d'intérêts, communiquer.

« Réseauter », se créer un carnet d'adresses professionnel pour faire fructifier son activité, trouver un nouvel emploi ou un collaborateur.

Profiter des expériences communes, échanger au sein d'un espace moins formel et plus interactif que le *groupware* d'entreprise.

Contexte

Chacun des trois types de réseaux sociaux offre à l'entreprise un panel de possibilités :

- Les échanges et les contacts professionnels *via* le web sont de plus en plus nombreux. Ces nouveaux liens directs sont une source de développement potentiel pour les professionnels, que ce soit pour le recrutement ou pour la recherche de clients ou de fournisseurs.
- Au sein des réseaux sociaux personnels, on voit désormais se mettre en place une forte activité de communication de la part des entreprises auprès des membres de ces réseaux. Ils offrent notamment la possibilité d'établir un relationnel direct avec les clients de la marque ou de l'entreprise et d'anticiper leurs attentes.
- Les solutions de *social network* pour les entreprises proposent de nouvelles perspectives de mise en valeur des collaborateurs. La richesse de l'entreprise s'en trouve accrue. On peut ainsi y détecter des ressources non encore identifiées sur des compétences transverses et confier de nouvelles tâches à ces salariés. Ces derniers pourront y voir un signe de reconnaissance et d'évolution de la part de leur entreprise.

Nous sommes entrés dans l'ère de la « socialisation » des systèmes d'information d'entreprise.

Comment l'utiliser ?

Étapes

- **Définir ce que l'on recherche** :
  - des contacts partenaires pour développer son activité ou étendre son offre ;
  - des contacts directs auprès des internautes pour se faire connaître ou améliorer son image.
- **Identifier les communautés influentes** :
  - quelles thématiques choisir ?
  - qui sont les leaders ?
  - quelle stratégie de communication adopter ?
- **Tisser de nouveaux liens en respectant ses objectifs** :
  - utiliser ses contacts directs pour atteindre leurs propres contacts ;
  - participer à des forums, des rencontres ;
  - avoir quelque chose à offrir avant de demander.

Méthodologie et conseils

Utiliser les réseaux sociaux et y créer une communauté simplement parce qu'il faut « y être » ne relève pas d'une bonne stratégie. Chacun doit y trouver son intérêt (relation gagnant/gagnant). ■

Avantages

- ✓ Une communauté forte et active se révèle d'un soutien efficace et important en termes de notoriété.
- ✓ La communauté que l'on se crée peut devenir le premier support de la marque.
- ✓ Les réseaux sociaux permettent de mieux connaître son environnement professionnel (consommateurs, collaborateurs, partenaires).

Précautions à prendre

- ✓ Une communauté est mouvante, pas forcément facile à gérer car éprise d'indépendance.
- ✓ Si l'on souhaite créer une communauté, il faut proposer du contenu et l'enrichir en permanence.

La stratégie de veille en ligne

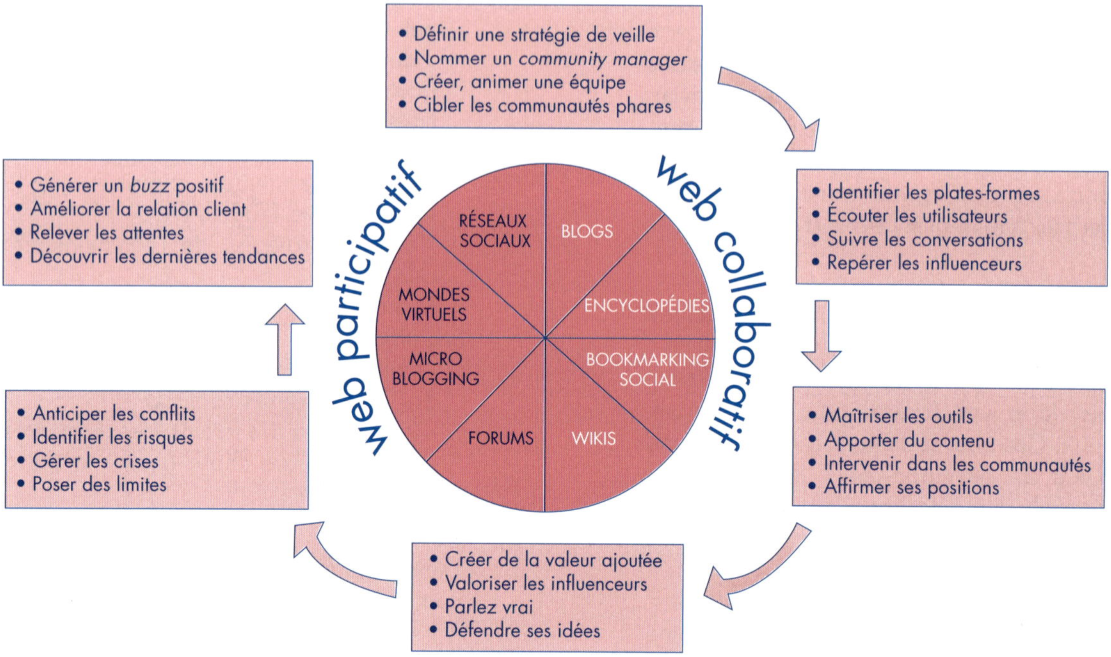

En résumé

La **veille** engage le cycle de la gestion de réputation en ligne. Diverses actions doivent être menées pour en assurer le bon fonctionnement :

– mettre en place une stratégie structurée et cohérente ;

– identifier les sources et collecter les informations ;

– devenir un acteur performant et reconnu ;

– affirmer la position de l'entreprise dans les communautés ;

– maîtriser la communication on-line en cas de crise ;

– développer le marché de l'entreprise au travers des réseaux.

Insight

Keeping watch *is the first step of managing the on-line reputation. In order to improve its fluent functioning, you have to develop a few actions :*

– Installing a structured and coherent strategy ;

– Identifying sources and collecting information ;

– Becoming a competitive and well known actor ;

– Affirming the company location in communities ;

– Managing the on-line *communication when a crisis arises ;*

– Developing company sales through networks.

Pourquoi l'utiliser ?

Objectif

Surveiller la réputation, l'image de marque de l'entreprise sur le réseau, dans les médias en général.

Anticiper les attentes des consommateurs et suivre l'évolution des tendances.

Se donner les moyens d'intervenir très rapidement en cas de buzz négatif.

Être capable de se servir des nouveaux médias et démontrer que l'entreprise sait faire évoluer ses modes de communication.

Contexte

La veille est un passage obligé pour toute organisation dont le nom, la marque, les produits ou services ont une visibilité « grand public ». C'est un outil précieux pour le département marketing, le service communication et même la direction qui, grâce à cette collecte d'informations, pourront plus clairement définir leurs orientations et prendre les bonnes décisions sur un marché en perpétuelle évolution. La stratégie de l'entreprise en dépend.

Ne pas intégrer la veille dans sa stratégie web risque de rendre l'entreprise sourde et aveugle sur le réseau.

Comment l'utiliser ?

Étapes

- **Préciser les méthodes d'action et les axes prioritaires** :
  - répartir les rôles ;
  - définir sa stratégie ;
  - cibler les communautés influentes ;
  - maîtriser les outils.
- **Être à l'écoute de ses clients, de leurs besoins** :
  - suivre les discussions ;
  - travailler avec les principaux animateurs
- **Participer activement aux communautés** :
  - animer les conversations ;
  - devenir un acteur important et respecté.
- **Valoriser l'image de l'entreprise** :
  - apporter de la valeur ajoutée ;
  - intervenir avec honnêteté et enrichir la discussion.
- **Maîtriser sa e-réputation** :
  - se réapproprier la communication autour de la marque ;
  - analyser sereinement les crises et gérer les offensives ;
  - adopter une démarche non agressive mais efficace.
- **Influencer positivement le marché** :
  - anticiper les attentes ;
  - devenir un précurseur.

Méthodologie et conseils

Il peut être utile de commencer toute démarche de veille par un constat sur le positionnement de l'entreprise ou de la marque dans son environnement en terme d'image et sa perception auprès des utilisateurs/consommateurs. Une réelle volonté de s'impliquer dans les nouveaux médias du web est nécessaire ainsi que la prise de conscience et l'acceptation du nouveau pouvoir des internautes vis-à-vis des marques.

Avantages

- ✔ Les nouveaux médias du web permettent d'intervenir en temps réel auprès des communautés influentes.
- ✔ L'impact d'une communication bien menée peut être très fort étant donné le potentiel et la rapidité qu'offre le réseau Internet.
- ✔ Les coûts d'une telle démarche s'avèrent négligeables face à ceux qui découleraient d'une forte dégradation d'une image de marque non maîtrisée.

Précautions à prendre

- ✔ S'assurer de sa capacité à synthétiser l'information recueillie et à l'analyser de façon pertinente.
- ✔ Organiser et structurer ses actions de veille en définissant ses cibles prioritaires.
- ✔ Éviter la dispersion de ses ressources auprès des communautés de faible influence.

• • • ▶

Comment être plus efficace ?

Parmi les divers outils de veille proposés sur le marché, certains sont accessibles gratuitement en ligne. Nombre de ces outils permettent de recevoir une information sélectionnée de manière systématique (*push*), mise à jour en temps réel.

Par exemple, l'information diffusée sous forme de flux RSS peut facilement être agrégée dans une interface web personnalisable comme Google Reader ou Netvibes (voir en détail outil 30).

L'intérêt n'est pas seulement de regrouper l'ensemble de ces flux d'information dans une page web unique mais aussi de pouvoir effectuer des sélections ou des classements thématiques. Ce pré-tri facilite le travail d'analyse.

Avant toute chose, il faut clairement définir sa stratégie de collecte d'information (voir outil 30). En effet, le volume de données disponible est tel que l'ensemble peut rapidement devenir inexploitable. Le choix des mots-clés est une étape fondamentale, car c'est de leur pertinence et de leur précision que dépendront les résultats obtenus.

Par cette méthode, il est possible de suivre en temps réel ce qui se dit à propos de la marque sur les blogs, les réseaux sociaux ou les sites de micro-blogging. Une telle veille attentive et permanente permet de réagir dans les meilleurs délais et d'entamer une action de communication appropriée.

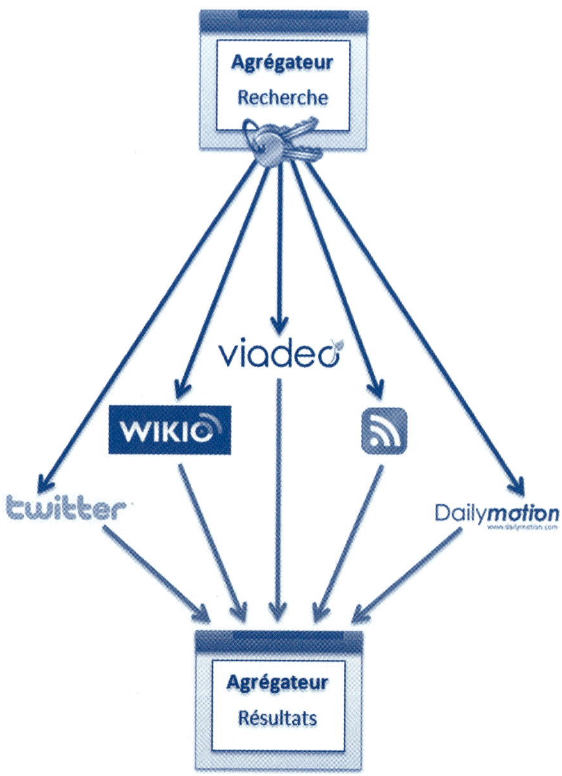

La **veille sur les médias sociaux**

La mission de veille est souvent confiée à un community manager (voir outil 33), car, au-delà de l'information visible ou invisible sur le web, ce sont aujourd'hui les médias sociaux qui alimentent le plus les commentaires, avis et conversations autour de la marque.

Un ou plusieurs logiciels peuvent être utilisés pour surveiller ces contributions sur la Toile (voir ci-dessous). Des tableaux de bord peuvent être édités pour observer et rendre compte des évolutions de l'opinion et des actions de communication lancées.

Il existe deux outils gratuits :

• *Google Alert*

Avec les alertes Google, le community manager est averti par e-mail lorsque de nouveaux articles correspondant aux termes recherchés seront publiés (web, actualités, etc.).

Exemples d'utilisation des alertes Google :

– suivi de l'évolution d'un sujet d'actualité ;

– réception d'informations sur les activités récentes d'un concurrent ou d'un secteur ;

– suivi de l'actualité d'une personnalité.

• *Alerti*

Le community manager crée des alertes à partir de mots-clés (par exemple nom de la marque ou des concurrents). L'information est collectée en fonction d'une sélection de sources choisie (blog, Twitter, forums, vidéos, etc.). Les contributions sont analysées et qualifiées selon leur **tonalité** : positif, négatif, neutre. Des tâches peuvent être assignées sur ces alertes et partagées avec d'autres utilisateurs grâce aux outils **collaboratifs** d'analyse. Les résultats sont également éditables sous forme de graphiques.

D'autres outils d'analyse payants, aux fonctionnalités similaires ou supérieurs, sont également disponibles sur le marché, **TrendyBuzz, BuzzWatcher (Xiti), Social Media Analytics**, etc. ■

Outil 32 # La méthode de collecte d'informations

Le cycle de la collecte d'informations

En résumé

Les informations visibles et gratuites du web ne sont pas les seules à rechercher et analyser.

Il existe un « web invisible » qui comprend un nombre énorme de pages d'une extraordinaire richesse. Inconnu des moteurs, ce « web invisible » est principalement constitué de bases de données dont la plupart sont payantes. Pour être totalement efficace, la **collecte d'informations** doit également porter sur ce dernier.

Insight

Visible and free information available on the web are not enough. You have also an "invisible web" containing lots of fabulously rich pages. Unknown by search engines, it is mainly constituted by paying data bases. To be really effective, ***collecting information*** *must include this "invisible web".*

Pourquoi l'utiliser ?

Objectif

La masse d'informations disponible sur le web les rend difficilement exploitables en ligne. De plus, les informations proposées ne sont pas toutes fiables et de qualité équivalente. Une fois correctement classée et analysée, l'information doit être adressée aux bons destinataires. Ce principe de la diffusion sélective de l'information (DSI) permet son exploitation par la ou les personnes qui en ont besoin et donne sa véritable valeur à l'information collectée. Les acteurs de la collecte d'information doivent donc dresser des profils personnalisés de ces destinataires pour établir une équation de recherche adaptée.

L'information trouvée sur le web doit être recoupée par plusieurs sources.

Contexte

Les discussions à propos d'une marque ou d'un produit peuvent être dispersées à travers la Toile ; il devient donc difficile de toutes les collecter et de s'en tenir informé en temps réel. C'est là qu'interviennent les outils de type *push* (information « poussée » vers l'internaute sans que celui-ci ait besoin d'aller la chercher) qui facilitent la recherche d'informations sur un thème précis en exerçant une surveillance active basée sur certains mots-clés.

Comment l'utiliser ?

Étapes

- **Définir précisément ce que l'on recherche** :
  - effectuer une veille concurrentielle sur l'image de marque de l'entreprise ou des produits ;
  - suivre les évolutions du domaine concerné (technique, environnemental, sociétal, etc.) ;
  - associer les mots-clés correspondants aux critères retenus.
- **Collecter l'information et créer une base de données** :
  - enregistrer les pages web, les fichiers de différents formats, les images et extraire les informations vraiment utiles ;
  - utiliser un classement approprié (thématiques, dates, importance, formats) ;
  - créer une base de données pour l'indexation des différents documents.
- **Analyser, recouper et synthétiser l'information** :
  - évaluer le degré de fiabilité de l'information, sa pertinence, son actualité, etc. ;
  - éliminer les doublons et conserver l'essentiel.
- **Diffuser et partager l'information** :
  - transmettre l'information aux demandeurs et à toute personne concernée ;
  - leur faire évaluer l'information transmise et la valoriser (en la commentant) ;
  - diffuser les éventuels compléments apportés.

Méthodologie et conseils

Cibler le plus précisément possibles les éléments recherchés et choisir avec soin les mots-clés adaptés au contexte. Utiliser les outils de recherche classiques et incontournables (par exemple Google) mais ne pas en négliger d'autres, plus spécialisés, et surtout ne pas oublier que seules 30 à 40 % des informations du web sont indexées et donc accessibles par ces outils.

Avantages

✔ La méthode cyclique permet un renouvellement permanent des données relatives à un sujet. L'information évolue avec le temps, les acteurs et son environnement (contexte).

Précautions à prendre

✔ La bonne exploitation des données est plus importante que leur collecte.

✔ Ce n'est pas la masse d'information récoltée qui en fait la qualité mais sa pertinence.

✔ Penser à recouper les informations pour vérifier leur fiabilité et au besoin faire appel aux experts.

• • •

Comment être plus efficace ?

La technique du *push* permet de collecter les informations sans avoir à les rechercher systématiquement. Toutefois, lorsque les sources sont multiples, il convient d'utiliser des outils autorisant la réunion de ces différentes sources au sein d'une même interface. C'est là l'utilité même des agrégateurs de flux.

Les agrégateurs de flux sont proposés sous deux formes : soit en tant que logiciel client (à installer sur son ordinateur ou terminal communicant), soit en ligne. Dans ce cas, il s'agit le plus souvent d'une page web personnalisable alimentée grâce à des modules applicatifs (les *servlets*), chacun étant relié à une source d'informations donnée.

Il existe de nombreux agrégateurs de flux en ligne tels Netvibes, Google Reader ou Wikio. Il suffit de s'y créer un compte gratuit et de définir sa recherche grâce à des mots-clés adaptés ou simplement en s'abonnant à une sélection de flux RSS (liens de syndication) parmi ceux proposés.

Certains sites proposent des options, comme le partage des liens ou la mise à disposition d'un bouton d'abonnement pour les visiteurs de son propre site.

http://www.wikio.fr/tools

Cas de **L'agrégateur de flux Netvibes**

Netvibes (www.netvibes.com) est un service web qui offre à tout internaute la possibilité de regrouper, sur une page personnalisée, de multiples sources et services internet de son choix :

- sites web ;
- actualités ;
- messagerie personnelle ;
- flux RSS ;
- réseaux sociaux, etc.

La création d'une page Netvibes se fait très simplement en quelques secondes. Une page (le *Dashboard*) peut comporter plusieurs onglets, chacun pouvant rassembler différents modules ou *widgets*. Chaque *widget* peut être édité et on peut ajouter d'autres *widgets* disponibles dans la très nombreuse liste proposée ou plus simplement renseigner l'URL de son choix afin d'y inclure le flux RSS correspondant.

Les *widgets* peuvent être déplacés afin d'organiser la structure de sa page. De nombreux thèmes de présentation sont également disponibles. ■

Intervenir sur le réseau

Le web est social depuis l'origine

Internet était, au départ, destiné à un usage non commercial. Les réseaux sociaux (Youtube, Facebook, Viadeo, etc.) n'étaient pas plus destinés, à l'origine, à devenir des plates-formes de commerce et de marketing, mais des outils proposés aux particuliers, pour partager, échanger.

Les réseaux sociaux ont permis la connexion entre les individus et les regroupements par affinités, dans un but tout à fait intime, amical, personnel, et en tout cas « relationnel ».

Valeurs d'échange, de partage, de gratuité, de non-profit…, peu à peu les « réseaux sociaux » se sont transformés en « médias sociaux » : ils sont devenus des **supports de communication** pour les annonceurs.

Un web « social », au sens originel, est destiné à créer du lien, du liant, entre les individus et former des communautés d'intérêt ou d'appartenance, professionnelles ou personnelles.

Les médias sociaux : de la publicité à la relation

Les budgets migrent peu à peu de la publicité en ligne (aux indicateurs de retour sur investissement [return on investment, ROI] sans cesse plus exigeants, voir outil 14) vers les médias sociaux.

À l'heure où chacun peut s'exprimer sur l'entreprise (voir outil 35) et même la définir sur Wikipédia, les médias sociaux forment un espace de liberté et de discussion dans lequel l'entreprise doit avoir son mot à dire. C'est un peu comme si les clients d'une entreprise participaient à l'écriture de son dossier de presse… et s'en faisaient aussi le relais, chacun devenant sur le web, un « **média individuel** », avec plus ou moins d'audience et de retentissement. La moindre des choses, pour une marque, une entreprise, c'est de pouvoir intervenir et se « réapproprier » son identité sur le web, au risque d'en être plus ou moins dépossédée de sa maîtrise. Une chose est sûre en effet : la seule communication *top-down* a vécu.

Un intérêt à mesurer

Toutes les marques n'ont pas les mêmes raisons d'investir les médias sociaux. Beaucoup d'entre elles n'intéressent personne, suscitent peu de « bruit » sur les réseaux, et ne réuniront jamais aucune communauté durable – du fait de leur activité même : une entreprise de pompes funèbres, un cabinet notarial, un fabricant de boulons, etc. –, à moins d'un scandale, d'une affaire, d'une crise… ou d'une invention, d'un événement révolutionnaire. Celles-là se contenteront de surveiller le réseau et d'intervenir au besoin, sans motif fondamental de chercher à fédérer les internautes autour d'une communauté nouvelle.

À l'inverse, les marques sensibles (santé, environnement, enfance, etc.) et les marques stars (sport, luxe, mode, techno, etc.) devront s'approcher, de très près, de leurs « fans », clients et consommateurs.

Toutefois, on ne saurait trop recommander à une entreprise d'affirmer son existence sur les réseaux sociaux, tout au moins de prendre, au plus tôt, la précaution d'installer une **présence institutionnelle**, en « réservant » comptes et pseudos au nom de l'entreprise sur les principaux réseaux sociaux : Facebook, Twitter, Linkedin, Viadeo, etc.

Quitte à patienter un peu, avant d'en utiliser le plein potentiel, après, bien sûr, qu'une stratégie de « com » sur les médias sociaux eut été élaborée… L'important, dans un premier temps, est de prendre pied sur ces nouveaux terrains de la communication d'entreprise.

Le web du dialogue

L'erreur serait de croire que les médias sociaux sont de nouveaux espaces d'affichage, des lieux où poser des panneaux publicitaires virtuels. L'enjeu est ailleurs : il s'agit de **tisser du lien**. En cela les médias sociaux s'apparentent davantage à la « relation client » (social CRM : *Customer Relationship Management*) qu'au « marketing » et à ses déclinaisons : promotion, ventes, communication, etc.

Les médias sociaux entrent en contradiction avec le modèle même du marketing et de l'entreprise, en général : la hiérarchie et le *command and control*, où tout se base sur la définition d'un plan puis l'exécution des tâches. Ce modèle d'organisation, efficace jusqu'à la fin du XXe siècle, l'est sûrement moins au début du XXIe, en tout cas en termes de marketing et de communication.

Pour être efficace, sur les réseaux, il faut désormais commencer par… écouter la rumeur de la masse, et caler sa stratégie de communication en fonction des comportements changeant des cibles : une stratégie mobile, changeante, adaptable, réactive.

Autrement dit, il faut adopter des comportements et un paradigme nouveau : écouter, analyser et agir.

Dossier

Les OUTILS

La stratégie social media

Le community management

En résumé

1. Créer un compte et un profil « corporate » sur les médias sociaux (Facebook, Twitter, etc.).

2. Être à l'écoute du web et des propos tenus sur la marque.

3. Réagir, si nécessaire, à ces propos pour les appuyer, les compléter, les rectifier ou les contredire au besoin (sur des forums ou des blogs).

4. Construire et consolider une communauté autour de la marque sur le web et les médias sociaux (comme l'animation d'une *fanpage* sur Facebook, par exemple).

5. Contrôler la marque numérique et faire du reporting : mesurer l'influence des conversations et l'action du community manager.

Insight

1. ***Creating a "corporate" account*** *and profile on social media (Facebook, Twitter...).*

2. ***Keeping watching*** *the web and listening to remarks on the brand.*

3. ***Reacting*** *to these remarks in order to emphasize, complete, rectify or contradict them if necessary (through forums or blogs...).*

4. ***Building and strengthening a community*** *around the brand on the web and social media (animating a* fanpage *on Facebook for instance).*

5. ***Checking*** *the digital brand and* reporting *: evaluating the influence of chats and of the* Community Manager*'s action.*

Pourquoi l'utiliser ?

Objectif

La stratégie *social media* repose sur l'entretien d'une relation avec le public de la marque et pas seulement sur la diffusion d'une communication corporate ou d'actions marketing produit. Le web social rassemble des internautes qui utilisent des outils de « **conversation** ». Il s'agit avant tout de chercher l'échange avec les internautes et de définir une stratégie de proximité, qui ne fonctionnera que grâce à la valeur et la qualité du lien entretenu avec eux.

Toutefois, si le web social n'est pas – en premier lieu – un support de communication ni un espace d'affichage, les annonceurs peuvent toutefois s'en servir aussi, et en complément, pour mettre en place une campagne à destination d'un public très ciblé.

75 % des acheteurs en ligne consultent les blogs et les réseaux sociaux (étude Nielsen 2010).

Contexte

Les marques ont toujours rêvé d'être plus proches de leur public et, jusqu'à présent, la radio, la télé ou l'affichage n'y suffisaient pas. Les réseaux sociaux ont permis aux marques grand public – et BtoB – de devenir presque aussi familières que des « commerçants de quartier » en entretenant une relation de proximité.

Pour se « rapprocher » de son public, l'entreprise met en place un dispositif d'alerte et de surveillance ainsi qu'une équipe, en s'appuyant sur un nouveau métier, voué aux réseaux sociaux : le **community manager** qui mènera des actions destinés à animer la communauté autour de la marque.

Comment l'utiliser ?

Étapes

- **Être à l'écoute des conversations** :
  - à propos de la marque, des concurrents, du marché, des clients.
- **Analyser** (voir outil 16) :
  - mettre en place des outils d'analyse et de contrôle ;
  - créer des tableaux de bord, des rapports.
- **Sélectionner ses communautés** :
  - viser les populations stratégiques ;
  - repérer les leaders d'opinion et les « influenceurs ».
- **Définir objectifs et messages** :
  - en fonction de ces communautés et de ces acteurs : de leurs valeurs, leurs pensées, leurs réactions, etc.
- **Intervenir** :
  - sur des blogs spécialisés, ou mieux.... en créer un !
  - sur les médias sociaux.
- **Intégrer un community manager** :
  - appliquer la stratégie ;
  - mesurer l'influence des actions entreprises.
- **Rédiger une charte des médias sociaux** :
  - définir un cadre pour les usages des médias sociaux de l'entreprise ;
  - inciter les collaborateurs à devenir des ambassadeurs de la marque.

Méthodologie et conseils

Sur le web social, la définition des objectifs ne peut se passer d'une analyse préalable de la présence de la marque sur les réseaux sociaux : qu'en dit-on ? Qui parle ? Sur quels médias ? En quels termes (positif/négatif) ? Sur quelle tonalité ? Avec quel volume ? etc. Il est nécessaire également de bien cerner ses besoins : relation client, vente, fidélisation, etc., et de fixer des indicateurs de performance (KPI, voir outil 11). ■

Avantages

✔ Contrôler et valoriser l'image de marque « numérique » de l'entreprise.

Précautions à prendre

✔ Ne pas trop attendre avant d'affirmer sa présence sur les médias sociaux... ou d'autres le feront à votre place !

Outil 34 La charte des médias sociaux

Encadrer les usages des médias sociaux

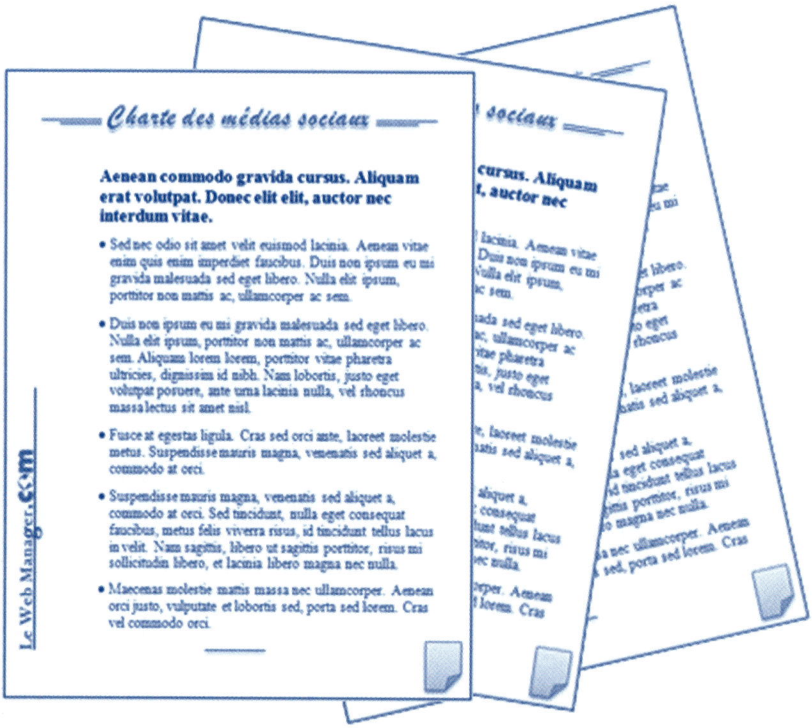

En résumé

Être transparent (ne pas se faire passer pour quelqu'un d'autre).

Ne pas diffuser d'informations internes ou confidentielles.

Prendre le temps de réfléchir avant de poster un commentaire (ne pas agir sous le coup de la colère).

Prendre la parole et répondre de manière appropriée (rester correct et bienveillant).

Parler en son nom propre et rester dans son champ d'expertise (ne pas parler au nom de l'entreprise), etc.

Insight

Being transparent *(don't pretend to be someone else ;*

Not broadcasting internal or confidential information *;*

Taking time for reflection *before posting a commentary (not acting on behalf of anger);*

Speaking *and answering in an appropriate fashion (being correct and kind);*

Speaking for oneself *and keeping inside one's field of expertise (not speaking in the company's name).*

Pourquoi l'utiliser ?

Objectif

La charte d'utilisation des médias sociaux permet à une entreprise d'encadrer l'usage qu'en font les collaborateurs. Il s'agit moins de « réglementer » leur utilisation en interne (comme l'usage du téléphone ou d'Internet) que d'indiquer les **bonnes pratiques** à suivre en externe, lorsque les membres de l'entreprise interviennent sur les réseaux. Sur la Toile, l'identité personnelle est de plus en plus confondue avec l'**identité professionnelle** ; il est évident que les informations données et les propos tenus par un salarié exposent, d'une manière plus ou moins directe, l'image et parfois l'activité de l'entreprise.

- Une charte des médias sociaux permettra de prévenir les **risques** et de responsabiliser les collaborateurs.
- Plus loin, ce document de référence pourra encourager les salariés à intervenir davantage sur les réseaux et à devenir de véritables « **ambassadeurs** » de la marque.

Encourager les collaborateurs à promouvoir l'entreprise *via* les médias sociaux.

Contexte

Les individus possédant une « identité numérique », c'est-à-dire un profil sur les réseaux sociaux, deviennent aussi des « médias individuels », véhiculant l'**image de leur entreprise**, dès lors qu'ils en font mention. Les entreprises doivent donc compter avec les contributions possibles (positives ou négatives) de leurs collaborateurs sur les réseaux.

L'attitude la plus restrictive consiste à interdire, purement et simplement, à un salarié de créer un profil personnel en lien avec son activité professionnelle (dans le domaine militaire, par exemple) ou de soumettre la création d'un profil à une autorisation hiérarchique (c'est le cas pour l'agence de presse Reuters).

Sans charte, « tout » peut être autorisé, laissant le collaborateur libre de ses propos, et de prendre ses propres **responsabilités**, au risque peut-être, d'encourir des sanctions graves (licenciement, etc.).

Une charte des médias sociaux permet justement de prévenir les dérapages et d'encourager les collaborateurs à véhiculer une image positive de la marque.

Comment l'utiliser ?

Étapes

- **Créer un groupe de travail** pour établir la charte :
  - prendre en compte la dimension RH et la législation du travail ;
  - s'inspirer de chartes existantes (socialmediagovernance.com/policies. php).
- **Publier et diffuser** la charte.
- **Accompagner** les collaborateurs :
  - créer des ateliers pédagogiques, des réunions ;
  - inciter les collaborateurs à devenir des ambassadeurs de la marque.

Méthodologie et conseils

La charte peut être perçue comme une contrainte, une interdiction, ou souvent comme une atteinte aux libertés individuelles, voire au contrat de travail. Il est donc très important d'en formuler les termes et les objectifs sous forme de « recommandations ».

Le contexte et la raison d'être de la charte doivent être rappelés dans l'introduction. ■

Avantages

✔ Une charte fixe les règles et crée un document de référence dans l'entreprise.

Précautions à prendre

✔ Ne pas confondre charte des médias sociaux et... règlement intérieur ! Ne pas être sur un registre « juridique » mais plutôt de « communication ».

Les blogs d'entreprise

Physionomie d'un blog

Tag cloud : nuage de points, rend visible les mots-clés les plus fréquents sur le blog (à chaque billet peut être associé un tag ou un mot-clé.)

Post : billet ou note

PermaLink : contraction de *permanent link*, adresse web (URL) de chaque billet publié sur un blog ou lien vers un billet archivé.

Trackback : lorsqu'un billet est publié sur un blog X, l'information est transmise à un blog Y.

Flux RSS : permet de s'abonner à un fil d'information en direct.

En résumé

Les entreprises peuvent utiliser les **blogs** comme outil de **relations publiques** et s'autoriser une communication interactive et directe avec leurs clients. Elles peuvent aussi, par des blogs internes, favoriser le dialogue entre les membres du comité de direction et les salariés.

Insight

*Companies can use **blogs** for public relations through an interactive and direct communication with their customers. They can, through internal blogs, render easy dialog between members of the Steering Committee and employees.*

Pourquoi l'utiliser ?

Objectif

Le blog d'entreprise permet d'établir une relation de proximité avec les lecteurs et de susciter leurs réactions. Le créateur du blog publie régulièrement des « billets » qui peuvent être commentés par les visiteurs.
En communication **interne**, un blog favorise le dialogue entre la direction et les employés. Les parties impliquées sur un sujet peuvent réagir rapidement aux questions ou problèmes soulevés.
En communication **externe**, un blog permet d'établir une relation directe avec les consommateurs, les partenaires ou les clients. La plupart du temps, le blog corporate est rédigé par le dirigeant.

Démontrer son expertise métier pour développer son activité professionnelle.

Contexte

Aux États-Unis, les **blogs corporate** ou CEO blog (ou blog de PDG [président-directeur général ou *chief executive officier*]) foisonnent. En France, les entrepreneurs du secteur technologique sont les plus enclins à les utiliser. Les blogs de dirigeants restent toutefois rares : le plus célèbre d'entre eux est sans doute celui de Michel-Édouard Leclerc (Michel-edouard-leclerc.com). Les limites culturelles, ou générationnelles, ne favorisent pas la propagation de ce mode de communication, pourtant largement adopté par les Français (il y aurait plus d'un million de blogueurs actifs !). Les leaders politiques en ont pourtant vite compris l'intérêt, notamment lors des campagnes électorales.

Comment l'utiliser ?

Étapes

- **Définir la ligne éditoriale** du blog : thème, cible, contenus… et le ou les personnes chargées de l'alimenter !
- **Choisir une solution technique** en ligne qui propose une assistance dans la création (Blogger, Typepad). Il existe aussi des solutions de blog à installer sur un serveur d'entreprise (Wordpress par exemple, voir outil 55), pratiques pour des blogs internes.
- **Publier des informations** à une fréquence au moins hebdomadaire.
- **Répondre** régulièrement aux **commentaires** des visiteurs.

Méthodologie et conseils

Le blog s'apparente plus à une « **conversation** » qu'à un « discours ». La tonalité d'un blog est intime, moins distanciée que celle d'un site web institutionnel. L'auteur du blog doit donc être clairement identifié et adopter un style rédactionnel personnalisé et humain, en accord avec la nature de l'outil. La langue de bois est à proscrire, pour laisser place au « **parler vrai** ». Il ne faut pas craindre de se tromper, ni d'être contredit… La périodicité des notes est très importante pour convaincre et fidéliser son public.

Avantages

✔ Le blog ne nécessite aucune connaissance technique. La publication d'un article est instantanée et à la portée de tous.

✔ Grâce à son ouverture et à son interactivité, le blog favorise l'obtention d'informations directes, difficiles à faire remonter autrement.

Précautions à prendre

✔ La parole étant libre, les risques de dérapages existent. Il convient donc d'établir une charte d'usage du blog, consultable en ligne. Il est également prudent et légitime de modérer le blog en s'autorisant à ne pas publier certains commentaires qui dérogeraient aux règles de la charte.

• • •

Comment être plus efficace ?

Seules 25 % des entreprises européennes disposent d'un blog, contre 34 % des entreprises américaines, selon une récente étude de Burson-Marsteller (www.bmparisblog.com). Le blog corporate reste donc une espèce assez rare dans l'écosystème de la communication d'entreprise. D'autant que la mode veut que les budgets du marketing digital glissent plutôt vers Facebook, Youtube et Twitter… Pourtant les **blogs d'entreprise conservent un énorme pouvoir d'influence**, justement parce qu'ils sont rares. Ils servent des objectifs plus fondamentaux pour la communication d'entreprise que les outils de diffusion – réseaux sociaux et micro-blogging. Il est évident que le « format » de ces différents médias ne permet pas de développer un travail de fond sur un sujet, une expertise. Seul un blog (ou un site) permet d'organiser des contenus, de tisser du lien et du sens entre ces contenus, de catégoriser, et surtout d'approfondir une information, de proposer un travail d'analyse qui peut, à son tour, servir de point d'appui, pour une diffusion sur les réseaux. En ce sens, le blog d'entreprise est la pierre d'achoppement du dispositif « social media » dont les autres médias sont aussi le relais.

Le blog est d'abord le **complément indispensable du site web**. Il peut s'agir d'une « tribune numérique » pour la direction de l'entreprise (vis-à-vis de ses salariés, des partenaires ou des consommateurs) comme on l'a vu plus haut.

Il peut aussi s'agir d'un blog de marque. Les blogs d'entreprise peuvent en effet renforcer l'image de marque, en développant un service d'information ou de conseil sur une thématique qui concerne l'activité de l'entreprise. Un blog de marque ne vise pas à promouvoir des produits mais à valoriser l'**expertise de l'entreprise** dans son domaine d'activité. C'est le cas par exemple, du blog de marque Yoplait, Bravolapetitefleur.com, qui apporte informations et conseils sur la thématique des produits laitiers.

Un blog de qualité trouvera ses lecteurs, sera cité sur la Toile et par voie de conséquence apparaîtra en bonne place sur les moteurs de recherche. Il est donc particulièrement utile pour une entreprise dont la notoriété est faible ou naissante, notamment les **TPE et PME**, et plus encore pour les entreprises individuelles et les auto-entrepreneurs, pour qui le blog est un des meilleurs moyens de se faire connaître, de se forger une réputation.

Attention cependant, nombre de blogs d'entreprise disparaissent au bout d'un an, voire moins… Plusieurs explications à cela : une sous-évaluation de la charge de travail, le manque de ressources en informations et… l'absence de ligne éditoriale. Avant de se lancer, il faut donc penser à se poser les bonnes questions et définir cette « ligne éditoriale » (voir l'introduction au dossier 6) : cibles, objectif, contenu, sources et moyens.

> Le but d'un blog de marque n'est pas de vendre, de « faire de la pub » ou de vanter l'entreprise mais bel et bien d'affirmer la compétence de l'entreprise dans son champ d'activité.

Cas des **blogs d'entreprise Cegos**

Le blog de la communication on-line : www.communication-web.net

Cegos, leader européen de la formation professionnelle, a depuis 2008 lancé six blogs thématiques : formation, finance, marketing, management, assistantes et communication on-line. La création de ces blogs d'entreprise répond à trois objectifs principaux : affirmer la multi-expertise de l'entreprise, par la publication de billets d'experts ; garder un lien avec les stagiaires ayant participé aux formations et entretenir le réseau des consultants externes. Au-delà de ces objectifs éditoriaux, les blogs permettent d'optimiser le référencement naturel de la marque et d'attirer de nouveaux lecteurs. Le premier blog sur la formation professionnelle a été créé en 2008 et le plus récent, sur le thème du management, en 2010. La fréquence de publication est d'environ un billet par semaine, rédigé par des managers Cegos qui ont en charge la responsabilité de l'offre de formation. Les blogs ne font pas la promotion des stages mais sont un relais d'information sur ces thématiques. Le blog Communication-web.net, par exemple, s'adresse en priorité aux responsables de communication intéressés par les nouveaux médias, les billets portent sur les médias sociaux, le community management, l'édition tactile, la réalité augmentée, etc. ■

Les plates-formes de partage vidéo

Une chaîne de télévision corporate

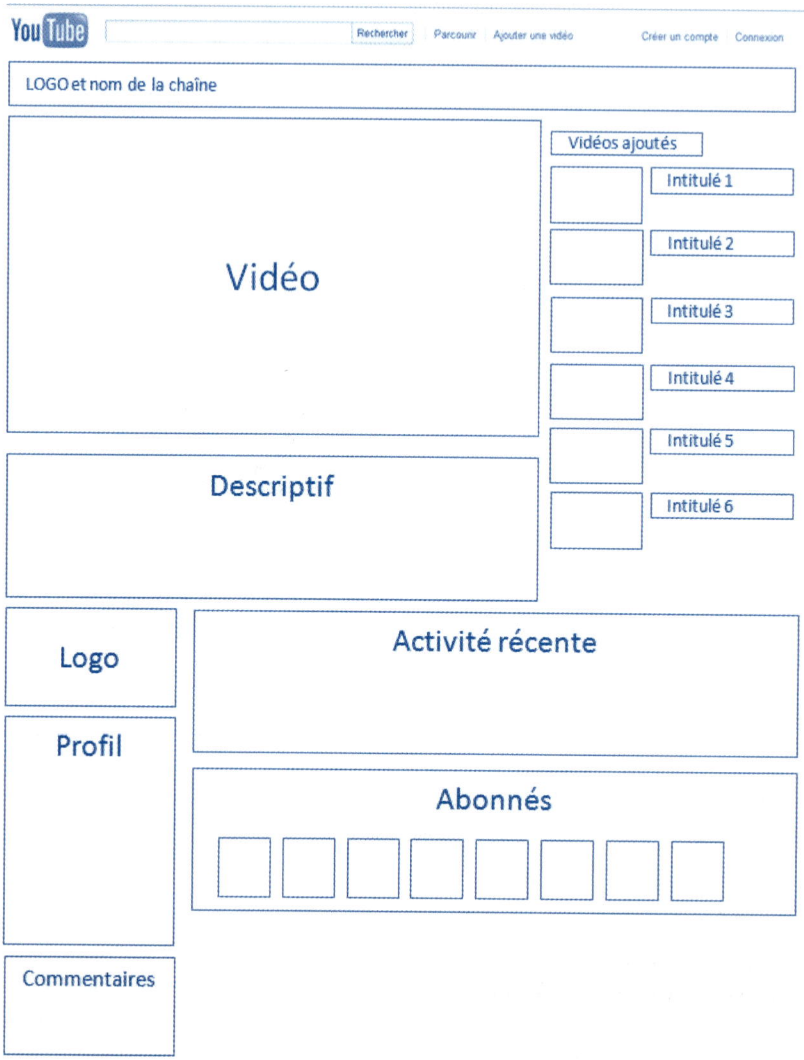

En résumé

Les **plates-formes** comme Youtube ou Dailymotion permettent de créer une **chaîne de télévision** dédiée à votre entreprise.

La création d'une chaîne standard est facile à mettre en œuvre, à partir d'un simple compte.

Les chaînes de télévision peuvent être personnalisées avec un habillage graphique propre à la marque.

Insight

__Platforms__ as YouTube or Dailymotion help designing a __TV channel__ specific to your company. Such creation is easy to realize from a simple account.

TV channels can be personalized with a graphic pattern specific to the brand.

Pourquoi l'utiliser ?

Objectif

Les vidéos déposées sur les plates-formes de partage et d'échange (Youtube, Dailymotion, Viameo, etc.) sont très bien référencées dans les moteurs de recherche. C'est un atout pour **doper la popularité d'une marque** (Youtube est l'un des cinq sites les plus visités au monde). Disposer de vidéos, voire d'une chaîne de télévision sur ce site peut apporter une grande visibilité à votre marque. D'autant que les vidéos se propagent facilement sur le web et restent le vecteur le plus propice au **marketing viral** (voir outil 15). Plus simplement, les vidéos permettent de partager une expertise, d'apporter un témoignage, de promouvoir un produit et de susciter le contact avec l'entreprise.

Plutôt qu'acheter à prix d'or des spots sur TF1... créez une web TV !

Contexte

Créer une chaîne de télévision d'entreprise sur un site de partage vidéo complète le dispositif de communication sur les médias sociaux, en ajoutant une dimension multimédia facilement diffusable sur un blog, Facebook ou Twitter, et bien sûr le site corporate. Ces plates-formes offrent en outre une solution technique très appréciable pour héberger et diffuser les fichiers vidéo, sans avoir à le faire depuis ses propres serveurs (voir outil 45).

Les liens établis entre les différents médias sociaux et plates-formes vidéo favorisent énormément le **référencement** : à chaque partage de vidéo, un lien est créé, augmentant d'autant la visibilité dans les moteurs de recherche.

Comment l'utiliser ?

Étapes

- Définir la **cible**, l'**objectif** et le contenu de la vidéo.
- Réaliser ou... confier la réalisation à des **professionnels**.
- **Ajouter des tags et un titre** adaptés au référencement (voir outil 9).
- **Déposer la vidéo sur la plate-forme d'échange**.
- **Partager la vidéo sur les médias sociaux** – copier le code HTML <embed> et le coller sur le site ou le blog.
- **Répondre aux commentaires apportés par les internautes**.

Méthodologie et conseils

Une entreprise peut démontrer son expertise ou son savoir-faire en diffusant des vidéos de présentations, d'interviews ou de conférences, ou simplement en proposant une présentation institutionnelle.

De courts clips avec des **conseils pratiques** attireront l'attention des clients et prospects. Il peut d'ailleurs être utile d'ajouter des témoignages clients ou des modes d'emploi des produits.

Personnaliser le compte utilisateur avec le nom de l'entreprise. De la même façon, penser à « **signer** » à la fin de la vidéo avec l'adresse du site (URL), un numéro de téléphone ou une adresse e-mail.

Consulter les outils d'analyse, comme Insight de Youtube, pour obtenir des statistiques sur les accès, la popularité, les données démographiques... et même le degré d'attention des internautes pendant le déroulement de la vidéo ! ■

Avantages

✔ Les plates-formes de partage de vidéos permettent une diffusion gratuite.

✔ La vidéo apporte un « plus » high-tech en termes d'image de marque.

Précautions à prendre

✔ Sur Youtube, la durée des vidéos est limitée à 15 minutes.

✔ La vidéo supporte mal l'amateurisme et nécessite une réalisation de qualité.

Les réseaux sociaux professionnels

Les hubs d'expertise : Linkedin et Viadeo

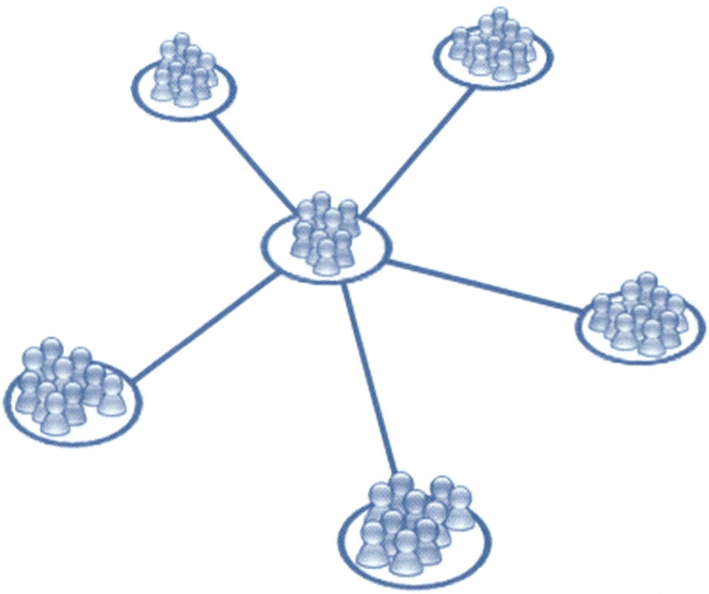

En résumé

La présence de la marque sur les **réseaux sociaux professionnels** passe d'abord par la création d'une **communauté au nom de l'entreprise**. Pour y fédérer l'ensemble des salariés sur le réseau, donner un point de repère identifié aux publics de la marque, et garder le contrôle sur une communauté « officielle ». Ce **hub (Linkedin)** ou **groupe (Viadeo)** devient un relais de communication corporate mais aussi un très bon outil de recrutement et d'image valorisant la « marque employeur ».

Insight

In order to install the presence of the brand on ***professional social networks****, you begin by creating a community in the name of the company.*

In order to federating employees on the network, you must give to the public of the brand an identified landmark and closely follow this "official" community. This hub (LinkedIn) or group (Viadeo) becomes a corporate communication relay, a very efficient tool for recruiting and an image valorizing the "employer brand".

Pourquoi l'utiliser ?

Objectif

Créer un profil d'entreprise sur les réseaux sociaux professionnels (Linkedin, Viadeo) est tout simplement indispensable, d'abord pour sécuriser la présence de la marque et aussi pour fédérer les employés sur ces réseaux, au-delà des murs de l'entreprise. Linkedin ou Viadeo sont d'abord d'excellents outils de **recrutement**, puisque beaucoup de membres utilisent ces réseaux à des fins de mobilité professionnelle. Un autre objectif consistera à diffuser une **actualité** sur l'entreprise et à annoncer des **événements** proposés dans la « vie réelle » (petits-déjeuners, conférences, etc.). Les réseaux sociaux permettent également de communiquer en participant à des **communautés** professionnelles (groupes ou hubs), sur des thèmes spécialisés ou des sujets d'expertise. Mieux encore, il est possible de créer une communauté, pour attirer un public spécifique, ou de vendre ou **prospecter** en contactant directement des profils très ciblés. Enfin, ces réseaux sont d'excellents outils de **veille**, pour être tenu au courant des actualités, des commentaires et des mouvements de personnel chez ses concurrents.

Les réseaux sociaux professionnels sont une source précieuse pour la veille marché et concurrentielle.

Contexte

Les deux réseaux sociaux professionnels principaux sont Linkedin et Viadeo. Linkedin est le plus vaste et à dimension internationale ; Viadeo est le réseau de référence pour en France. L'enjeu pour une entreprise consiste d'abord à faire connaître ou reconnaître son expertise dans son domaine d'activité et d'asseoir sa légitimité, mais aussi de faire connaître ses produits et donc de les vendre. Le simple fait d'« exister », en créant un compte et un profil pour l'entreprise, procure déjà une visibilité. Au-delà, Linkedin et Viadeo comptent des milliers de communautés, et donc des centaines de milliers de membres, rassemblés par affinités et centres d'intérêt à travers les groupes et les hubs. Il est donc relativement facile de qualifier des prospects sur ces groupes ou hubs, pour y appliquer des actions de notoriété ou de prospection commerciale.

Comment l'utiliser ?

Étapes

- **Créer et renseigner son profil entreprise**.
- **Définir ses objectifs** : notoriété, recrutement, veille, vente ?
- **Monter un plan d'action** : fixer des indicateurs chiffrés et contrôlables, choisir les cibles, évaluer le budget, analyser les résultats.
- ***Intervenir dans les communautés***.

Méthodologie et conseils

S'assurer que le profil de l'entreprise est complet (notamment en ajoutant des liens vers le site officiel et le blog d'entreprise) et également renseigné en anglais (Linkedin). Des mises à jour régulières sur son profil sont indispensables : augmenter le nombre de ses connexions, mettre à jour son statut, rejoindre de nouveaux groupes (il s'en crée tous les jours), intervenir en lançant des discussions ou en ajoutant des commentaires, etc. ■

Avantages

- ✔ Une présence active sur Linkedin et Viadeo accroît le trafic vers le site web de l'entreprise.
- ✔ Des interventions régulières sur ces réseaux augmentent considérablement la visibilité sur les moteurs de recherche.

Précautions à prendre

- ✔ Prendre le temps de bien vérifier les profils des personnes qui sont ajoutées aux contacts.

Les réseaux sociaux personnels

Les communautés Facebook

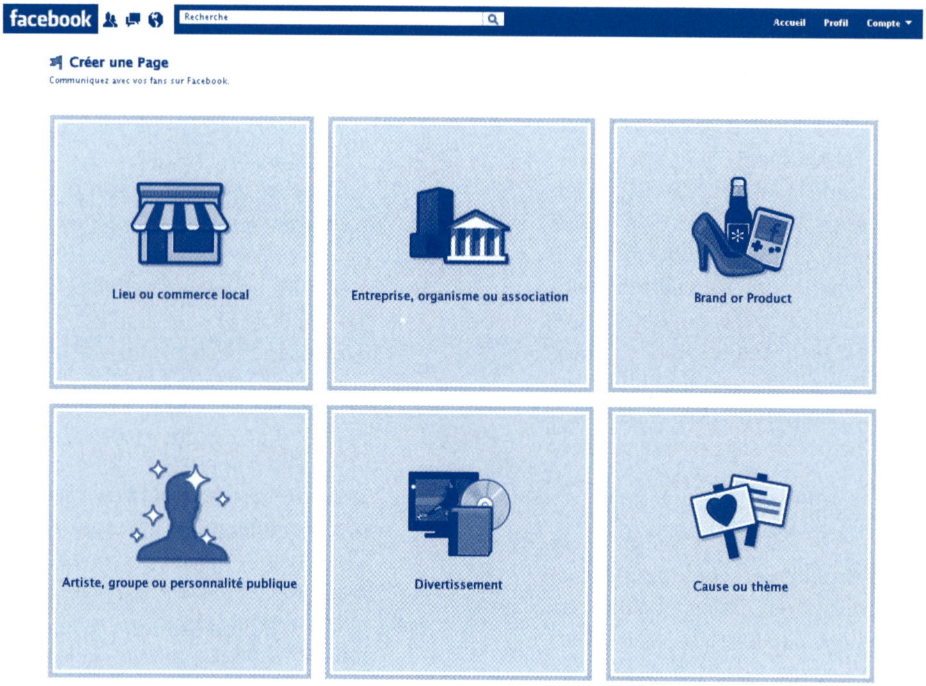

En résumé

Facebook propose de fonder deux catégories de **communautés** :

- les **pages professionnelles** permettent de communiquer avec clients et fans : pour en créer une, Facebook demande de certifier que vous êtes le représentant officiel de l'entreprise ;

- les **pages communautés** : une communauté peut être créée à l'initiative de chacun, sur le sujet de son choix. Sans pouvoir revendiquer le titre de « page officielle », une ou plusieurs communautés peuvent coexister avec une *fanpage* officielle.

Récemment refondus, et moins appropriés aux entreprises, les groupes Facebook offrent néanmoins une autre possibilité de constituer une communauté.

Insight

*Facebook proposes to launch two families of **communities** :*

*– **Professional pages** allowing communicating with customers and fans. To create one, Facebook asks to certify that you are the official representative of the company.*

*– **Community pages** : anyone can create a community on the subject of their choice. Without being an "official page", one or a few communities can coexist with an official "fanpage".*

Recently reshaped and less convenient for companies, Facebook groups offer another possibility to constitute a community.

Pourquoi l'utiliser ?

Objectif

En créant une **communauté** « officielle », grâce à une *fanpage*, l'entreprise communique directement avec ses publics pour entretenir une relation de **proximité** sur ce média mondial. Les réactions des internautes apportent de précieuses indications sur la manière dont l'**image de marque** est perçue par les « fans », mais permettent aussi de détecter des dysfonctionnements ou des insatisfactions, *via* les commentaires, dont on se servira pour améliorer la qualité des produits ou des services. Facebook est aussi une régie publicitaire (très concurrente du *Display* classique : voir outil 14) aux réglages de cible particulièrement performant, indispensable pour promouvoir son entreprise et développer son activité commerciale.

Au-delà de ces objectifs principaux, Facebook est un générateur de trafic important pour le site web de l'entreprise et un moyen essentiel pour améliorer son **référencement**.

Une *fanpage* est visible par tous sur le web, pas seulement pour les membres de Facebook.

Contexte

Facebook est « le » réseau social de référence. Mais il n'est pas le seul : Orkut est par exemple très populaire au Brésil. De nouveaux réseaux pourraient bien lui faire concurrence : Google Me et Diaspora, notamment.

Pour une entreprise, la *fanpage* est l'outil le plus approprié, même s'il reste prudent de créer également une communauté...

Contrairement aux supports classiques de communication, sur Facebook les messages sont bidirectionnels : l'entreprise n'est plus la seule à donner des informations, les « fans » sont aussi des contributeurs ; on y croise beaucoup d'enthousiastes, mais parfois aussi des détracteurs.

Comment l'utiliser ?

Étapes

- **Créer un profil et une fanpage** pour la communauté.
- **Définir ses priorités stratégiques** : notoriété, événementiel, relation client, promotion, etc.
- **Mettre en place un plan d'action** :
  - planifier les actions à mener en cohérence avec la stratégie globale de communication ;
  - confier l'animation de la page à un community manager.
- **Alimenter la fanpage** et intervenir sur le « mur » en réponse aux messages.
- **Créer des contenus spécifiques** : invitations VIP à des événements « réels », jeux concours, e-boutique, etc.

Méthodologie et conseils

Le premier objectif est **relationnel** : veiller à la pertinence des discussions que vous allez animer et aux interactions que vous allez mettre en place.

Penser à poser des questions, lancer des sondages, solliciter des témoignages, créer des avant-premières, etc.

Ne pas oublier d'intervenir sur les autres communautés en rapport avec l'activité de votre site.

Faire connaître sa page officielle en la relayant sur les autres médias et en particulier en l'indiquant sur votre site officiel, mailings, blog, etc.

Avantages

- ✔ Actualiser l'image de l'entreprise et toucher un public plus jeune.
- ✔ Identifier des « fans » qui peuvent devenir de véritables ambassadeurs de la marque.

Précautions à prendre

- ✔ La communication « institutionnelle » n'a pas de place sur le réseau : éviter la censure, adopter une tonalité plus familière et respecter une véritable transparence.

• • • ▶

Comment être plus efficace ?

Facebook représente un immense réservoir d'audience et permet de tenir informé votre public : vos fans reçoivent, dans leur fil d'actualité, les « news » que vous publiez sur votre page. Cette communauté peut très vite grandir grâce au phénomène **viral** : les boutons « J'aime » ou les liens « devenir fan » propagent la diffusion de votre message *via* les amis des amis... Par exemple, lorsqu'un internaute clique sur le bouton « J'aime » d'une page, un lien vers cette page apparaît sur son fil d'actualités Facebook. Ses amis seront plus enclins à cliquer sur ce lien.

L'objectif initial, rappelons-le, est de fédérer une communauté : rassembler des personnes qui se reconnaissent entre elles, dans le fait d'appartenir à un même **groupe social**. Toutefois, toutes les marques ne sont pas des « stars » (comme Apple, Starbuck ou Vuitton) et ne se prêtent pas forcément à des regroupements spontanés autour de la marque... Si vous n'avez pas la chance d'être une marque « star », il faudra donc que votre communauté vive et soit alimentée par des actions à valeur ajoutée : événements, avant-premières, réductions, promotions, etc. Il faut savoir que les utilisateurs de Facebook abonnés aux pages de marque réclament du divertissement et un traitement privilégié... À vous d'imaginer comment les séduire et les fidéliser.

La publicité

Plus loin, Facebook ouvre un **nouveau canal de vente**, plus réactif encore que le e-mailing, notamment grâce à des outils publicitaires relativement simples à mettre en œuvre. Avec un budget limité et un coût faible en comparaison de Google Adwords (voir outil 14), lancer une campagne publicitaire sur Facebook peut être payant.

Ces trois points sont à respecter :

- **définir le ciblage** en utilisant les fonctions de filtrage :
  - pays, sexe, âge, mots-clés, niveau scolaire, situation matrimoniale, etc. ;
- **fixer le budget et les modalités de campagne** : CPC ou CPM, montant de l'enchère, budget quotidien, calendrier, etc. ;
- **contrôler la campagne** sur le tableau de bord.

Concrètement, une publicité se crée facilement depuis un compte Facebook. en définissant le texte de l'annonce, son titre, une image et l'URL renvoyant vers une page d'atterrissage (la *landing page*).

Les API

Plus original et efficace encore, sur Facebook il est possible d'utiliser des mini-applications (API) et même d'en créer soi-même. Il en existe de toutes sortes, à titre d'exemple :

- partage de documents ;
- sondages ;
- organisation d'événements ;
- groupes d'utilisateurs, etc.

Certaines entreprises n'hésitent d'ailleurs pas à utiliser ces mini-applications pour créer sur Facebook un intranet ou un extranet !

L'une des API les plus utilisées est certainement celle qui permet de créer une boutique en ligne, dans Facebook.

Un principe de communication fondamental sur les réseaux sociaux : *Give to get*, on n'obtient pas l'attention ni la participation des internautes sans donner un peu...

Cas de **La Tribu des artistes sur Facebook**

Pour réaffirmer son expertise et se positionner en tant qu'acteur de référence sur un marché, il est souvent plus judicieux de créer une communauté d'intérêt autour d'un thème qu'autour d'une marque. Le fabriquant de papier **Canson** a choisi cette stratégie, dans une démarche de **mécénat culturel**, en créant une communauté destinée aux artistes : « la tribu des artistes ». La *fanpage* (www.facebook.com/latribudesartistes) apporte des informations ponctuelles sur le « mur », s'ouvre à des commentaires directs et crée des liens vers un site web dédié, Latribudesartistes.com. Ce site communautaire propose aux artistes de créer leur galerie virtuelle, d'échanger entre eux, de participer à des groupes.

Le dispositif est complété par un fil d'actualité Twitter, twitter.com/#!/tribu_artiste, et un clip de présentation de la communauté diffusé sur Youtube, visible aussi sur la chaîne thématique de l'Atelier Canson : www.youtube.com/user/AtelierCanson.

Beaucoup d'entreprises créent une *fanpage* de marque pour affirmer leur présence sur Facebook et utilisent le réseau comme une nouvelle vitrine. C'est évidemment une possibilité mais pas forcément le meilleur moyen d'aborder ce média social. L'initiative de Canson est en cela intéressante et originale car elle vise à bâtir et fédérer une communauté autour des valeurs que soutient la marque. Cette stratégie de communication est beaucoup plus en phase avec l'esprit communautaire du réseau. Elle permet en effet de répondre aux attentes d'une communauté de niche (ici les artistes) et de rejoindre leurs intérêts. En se positionnant sur le réseau comme un sponsor de communauté, la marque développe le sentiment d'une relation durable et fédératrice autour de l'activité même qui réunit les membres du groupe.

Facebook devient dès lors un des principaux outils d'animation de cette communauté, dans le prolongement du site web qui lui est dédié : www.latribudesartistes.com. Toutefois, celle-ci ne se cantonne pas à une présence affirmée auprès d'une communauté virtuelle. Elle vise au contraire à établir un pont entre le réseau en ligne et la communauté « réelle » des artistes. Canson invite ainsi les membres Facebook à participer aussi, à des événements, des salons, des expositions IRL (*in the real life*)… ■

Outil 39 Le micro-blogging

Twitter

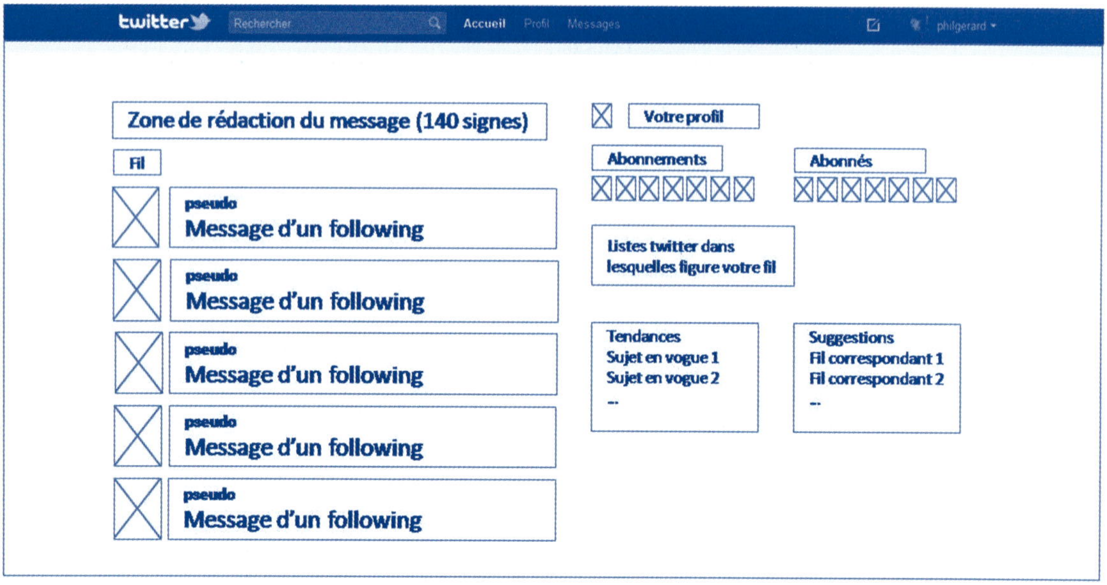

En résumé

Abonnements (*following*) : les membres que vous suivez (les abonnements peuvent être organisés sous forme de listes thématiques).

Abonnés (*followers*) : ce sont les membres qui vous suivent.

RT > : *Retweet*, message rédigé par un membre et retransmis à tous ses abonnés

@nomducompte > : répondre à un membre en particulier.

#nomdusujet : le signe # indique un *hashtag*, une catégorie regroupant les messages ayant trait au même sujet.

http://bit.ly/9rHlip : une URL raccourcie permet de renvoyer vers une page web avec une adresse plus courte. Ces *shorten* URL se créent avec un outil comme Bitly, par exemple.

DM : *Direct Message*, pour envoyer un message privé à un membre en particulier.

FF : *Follow Friday*, tradition du vendredi pour faire découvrir des Twitters de référence à vos *followers*.

Insight

Subscriptions *(Following): members you are following (subscriptions can be broken down in thematic lists).*

Subscribers *(Followers): members following you.*

RT *>: Retweet, message written by a member and transferred to every subscriber.*

@accountname>: *answering to a particular member.*

#subjectname *: the # sign indicates a hashtag, a family regrouping messages on the same subject.*

http://bit.ly/9rHlip *: a shorten URL sending back to a web page with a shorter address. You can create these using a tool as Bitly, for instance.*

DM *: Direct message, for sending a private message to a particular member.*

FF *: Follow Friday, a Friday custom used on Friday to have yours followers discovering Twitters.*

Pourquoi l'utiliser ?

Objectif

Twitter et les outils de micro-blogging occupent le créneau intermédiaire, jusque-là vacant, dans le temps des internautes, entre la messagerie instantanée et le blog. Pour une utilisation professionnelle, les objectifs de Twitter sont :

- **la veille** : exercer une veille concurrentielle, repérer des « fans » de la marque, recruter, etc. ;
- **la relation client** : dialoguer en direct avec ses clients et prospects, utiliser Twitter comme outil de service après-vente (SAV), etc. ;
- **le trafic** : générer du trafic vers le site principal, la *fanpage* ou le blog d'entreprise ;
- **le marketing direct** : proposer des promotions, des offres spéciales, etc.

L'atout de Twitter, c'est sa très grande réactivité : les actions et réactions sont immédiates et permettent de répondre très vite à une attente client. C'est aussi un bon moyen de contacter directement son public pour lui poser une question, lancer un sondage, etc. D'un point de vue marketing, Twitter est un excellent support pour des offres exclusives, limitées dans la durée. Par ailleurs, Twitter peut faire un très bon relais d'opinion, en entrant en contact avec des journalistes et des blogueurs influents.

Contexte

Twitter n'est pas un média « grand public ». Le nombre d'abonnés « actifs » reste très limité, en particulier en France. C'est en quelque sorte un média « branché », qui s'adresse en tout cas prioritairement à une population technophile et plutôt jeune.

Twitter est un **média tactique**, qui permet d'agir en temps réel. Il vient en appui des autres médias sociaux pour renforcer et générer du trafic sur la *fanpage* Facebook, les profils Linkedin, le site web.

Pour pouvoir être « re-tweeté » penser à écrire des messages de moins de 125 caractères.

Comment l'utiliser ?

Étapes

- **Créer un pseudo et remplir le profil Twitter** :
  – choisir un nom de profil évocateur.
- **Identifier les personnes à suivre** : contacts, réseaux professionnels, influenceurs, etc.
- ***Demander à tous vos contacts de vous rejoindre sur Twitter***.
- **Interconnecter vos médias** :
  – toute information publiée sur votre site le sera automatiquement sur votre compte Twitter ;
  – inversement, tout *tweet* sera reproduit sur le « mur » Facebook et les profils Linkedin et Viadeo.
- **Fixer des objectifs** quantitatifs (nombre de *followers*, de RT, etc.) ; suivre les statistiques du compte.

Méthodologie et conseils

Pour générer du trafic *via* Twitter, il faut publier régulièrement (quotidiennement) des *tweets*, sans toutefois inonder les abonnés, et apporter à chaque fois du contenu : un message, une offre, un lien, etc.

Comme avec le bouton « rejoignez-nous sur Facebook », il est important d'ajouter un bouton « suivez-nous sur Twitter », visible sur le site web de l'entreprise. De la même façon, penser à ajouter le compte Twitter dans la signature de e-mail.

Avantages

✔ Twitter est un outil relativement facile à mettre en œuvre et ne nécessite aucune infrastructure informatique ou logicielle.

Précautions à prendre

✔ L'outil est limité à une utilisation à petite échelle et à destination d'un public ciblé.

✔ Le micro-blogging réclame beaucoup d'attention et un travail rédactionnel très… réducteur.

Comment être plus efficace ?

Trouver des *followers*

Une des premières difficultés consiste à trouver et augmenter le nombre de ses *followers*. Au-delà des contacts connus, la méthode la plus simple consiste à utiliser… le moteur de recherche de Twitter. En saisissant les mots-clés qui vous intéressent, vous trouverez les messages correspondants et donc leurs auteurs… Par ailleurs, de nombreux **annuaires**, recensent et classent les possesseurs de compte existant sur le web, comme Quitwitte.fr, Twibs.com ou Wefollow.com. C'est un bon moyen de développer sa base de contacts et de repérer des « influenceurs ».

Plutôt que de chercher des abonnés directs, il est souvent plus efficace de construire ce réseau de **membres influents** qui peuvent à leur tour relayer et faire connaître votre fil d'actualité auprès de leurs nombreux abonnés.

Ne pas oublier de se faire connaître et apprécier en s'abonnant à des profils d'experts et en participant à des conversations de manière régulière afin d'avoir une visibilité dans l'historique des messages de ces leaders d'opinion.

Augmenter sa présence

Pour augmenter votre présence et votre influence, penser à faire des RT (*retweets*) en diffusant à votre tour des informations provenant de vos *followings* qui intéresseront vos abonnés. Penser à créer un *hashtag*, regroupant les *tweets* qui parlent d'un même sujet. En créer un du type *#monentreprise* vous permettra de suivre les messages où il est fait mention d'elle. Pour créer un *hashtag*, il faut donc choisir un mot-clé, précédé du symbole # (dièse), et le placer à la fin de votre message. Twitter reconnaît le symbole et rend automatiquement les *hashtags* cliquables pour faire apparaître les messages associés au mot-clé.

Améliorer sa productivité

L'essentiel des fonctionnalités est disponible sur Twitter mais il est parfois nécessaire de recourir à d'autres services pour améliorer sa productivité et exploiter davantage de fonctions. Il est par exemple possible de partager des photos et des vidéos avec Twitter : des outils comme Twitpic.com et Twitvid.com permettent de le faire facilement.

Les messages Twitter comportent fréquemment des liens vers d'autres sites, avec des adresses « raccourcies ». Pour les obtenir à partir d'une URL classique, on utilise des services comme Bit.ly, Goo.gl ou encore Tinyurl.com.

Alternatives à Twitter

Twitter est le plus connu mais pas le seul service de micro-blogging. Certains lui préfèrent Tumblr.com, parce qu'il n'impose aucune limite en nombre de caractères et permet également de mettre en ligne des photos, des vidéos et des fichiers, ou encore Yammer.com, qui restreint la diffusion des messages aux personnes disposant d'un e-mail avec le même nom de domaine : très utile pour un intranet !

Installer un « logiciel client » Twitter sur son ordinateur ou son mobile permet de gérer plus efficacement son compte Twitter (classements, raccourcis, photos, groupes, etc.). Les plus connus de ces outils sont Seesmic.com, Tweetdeck.com et surtout Hootsuite.com

Cas d'Orange Business Services et Twitter

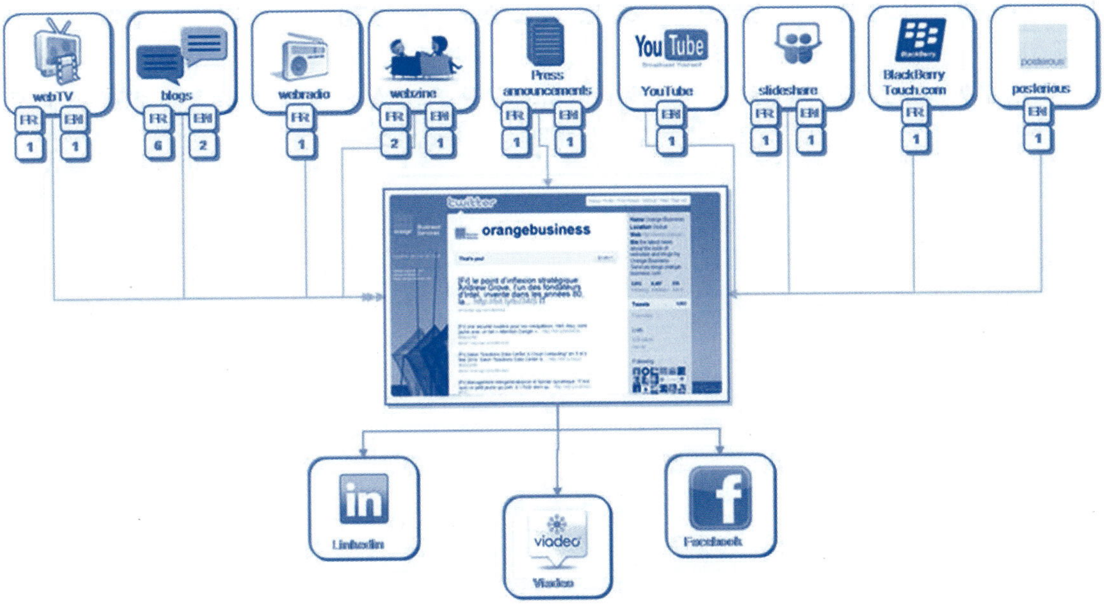

La branche Entreprise de l'opérateur télécom Orange Business Services place Twitter.com/orangebusiness au centre de son dispositif médias sociaux. Véritable tour de contrôle, le compte Twitter engrange les flux produits par les autres médias de la marque et les renvoie sur Linkedin, Viadeo ou Facebook. L'objectif est de faire rayonner la marque au-delà de son spectre habituel, de sortir du cadre des clients connus de cette entreprise BtoB, mais aussi d'atteindre des publics d'influenceurs, des blogueurs de référence, pour relayer l'information de la marque. Le contenu éditorial ne se limite pas aux informations corporate, mais traite aussi du marché, des nouveautés, et de l'avenir des technologies de l'information et de la communication (TIC). Twitter sert à engager le dialogue avec les *followers*, discuter avec eux et répondre à leurs demandes. « Le nombre de *followers* importe peu, ce qui compte, c'est la qualité de l'engagement à l'intérieur du compte » rappelle Yann Gourvennec, directeur du département Internet et médias numériques au sein de Orange Business Services. Cela dit, avec plus de 10 000 abonnés, le compte Twitter d'Orange Business Services est l'un des fils Twitter de marque les plus suivis en France. L'outil sert également de relais d'information dans la relation client, pour transmettre les demandes aux bons interlocuteurs dans l'entreprise en agissant comme une véritable plate-forme d'orientation. ■

Le dark site ou blog de crise

Anticiper la crise

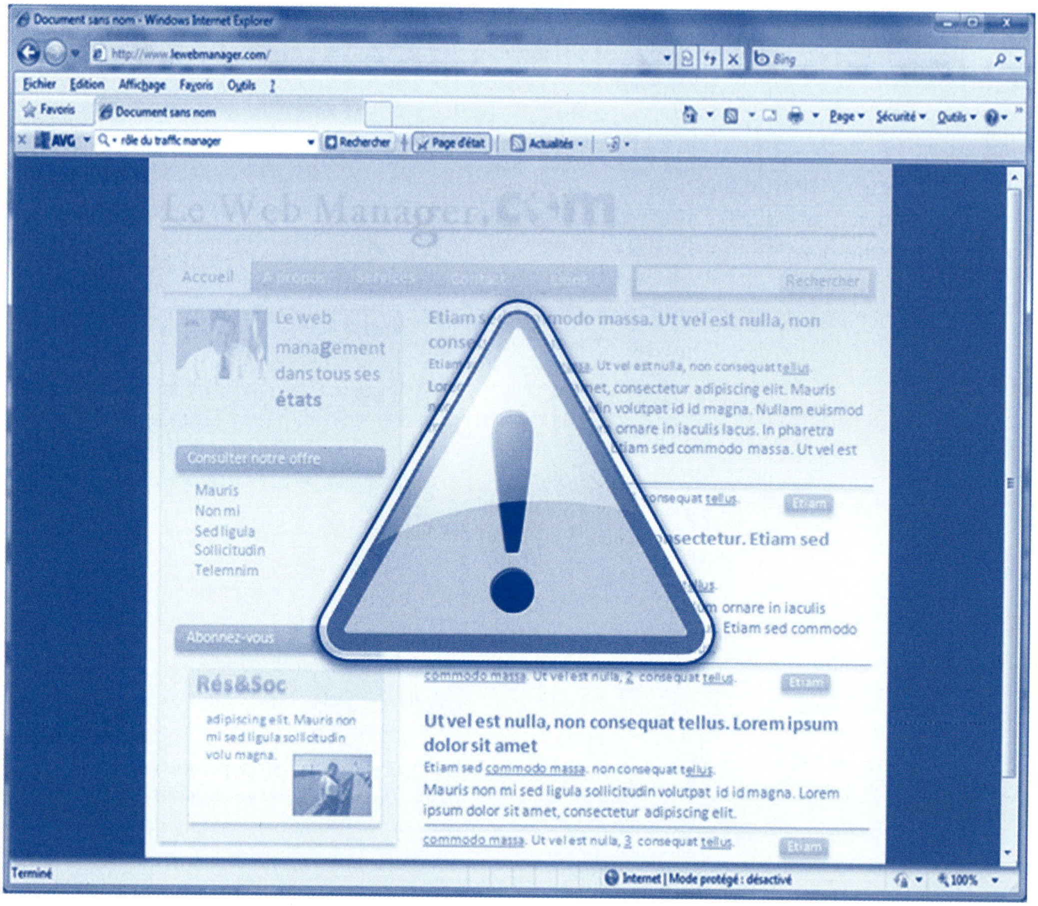

En résumé

Un **dark site** n'est pas visible par le public tant que la crise n'est pas déclarée, le site est **créé en avance** et constitue un des éléments du plan de communication de crise.

Son objectif est d'aider à la gestion de la crise en délivrant une information officielle mise à jour en **temps réel**.

Le dark site est « pré-développé » et contient des bases de données et des infos corporate mises à jour en permanence. Des pages types vides sont réservées aux informations de crise et ajoutées au moment de la publication du site.

Insight

A ***dark site*** *is not viewable to the public until a crisis breaks out. It is design in advance as part of the company crisis communication plan.*

Objective? Helping crisis management by supplying critical and updated information in real time.

A dark site is "pre-developed" and must include updated databases and corporate information. A few blank templates are kept for crisis information and added when the site is put on line.

Pourquoi l'utiliser ?

Objectif

Les *dark sites* ou « sites fantômes » sont des sites web ou des blogs créés pour répondre à des situations de crise. Préparés de longue date, ils ne sont activés qu'en cas d'urgence ett peuvent donc, dans le meilleur des cas, ne jamais voir le jour... Leur intérêt réside dans la mise en ligne immédiate (un *dark site* est activable en quelques heures) d'informations officielles visant à **désamorcer une crise** ou à enrayer la rumeur. Les *darks sites* permettent en outre de diffuser des informations pratiques sur la conduite à tenir en cas de problème. Ils présentent par ailleurs l'avantage de porter un même discours à l'égard de plusieurs cibles : les internautes eux-mêmes, mais aussi les partenaires de l'entreprise (fournisseurs, clients) et surtout les journalistes.

Contexte

Outils préventifs, ces sites sont déjà « pré-remplis » en grande partie, avec *a minima* les informations institutionnelles sur l'entreprise et souvent des éléments de réponses déjà préparés sur la situation de crise qui aura été convenablement anticipée. Le *dark site* est bien sûr évolutif et **mis à jour** au fur et à mesure des actions menées pour dissiper la crise.
Il est préférable de ne pas utiliser le site web de l'entreprise pour traiter la crise. La mise en ligne d'un *dark site*, spécifiquement dédié à la situation, permet de souligner le caractère exceptionnel de l'événement, et donc de le **dissocier du site web** institutionnel, tant sur le fond que sur la forme (la charte graphique est différente).

En cas de crise, l'opinion publique se forge dans les toutes premières heures. La réaction de l'entreprise doit être immédiate.

Comment l'utiliser ?

Étapes

Les étapes de mise en œuvre d'un *dark site* sont identiques à celle d'un **site web** (voir dossier 2). Toutefois, un ou plusieurs noms de domaine spécifiques devront être déposés.

Méthodologie et conseils

Au-delà de la préparation et de la conception du site, il est important de mettre en place un dispositif d'action pour gérer le lancement, la mise à jour des informations en ligne et les réponses à fournir aux courriers électroniques. Une **équipe** et des **modalités** d'intervention devront donc être mises au point pour piloter et gérer le *dark site*. ■

Avantages

- Le *dark site* permet d'apporter une réponse réfléchie et structurée à une situation de crise.
- Un support en ligne offre un accès rapide et direct à l'information, sans intermédiaire.
- La réalisation d'un *dark site* ne nécessite pas un budget important. Son efficacité est considérable par rapport aux investissements nécessaires.

Précautions à prendre

- La rumeur et les contre-informations se répandent très vite sur Internet. Il est vital d'être à l'écoute des propos tenus sur le réseau, voire d'intervenir sur les sites et blogs qui évoquent la crise et de proposer des liens vers le *dark site*.
- Le discours et les arguments tenus sur le *dark site* doivent être répercutés en interne. Un « manuel de crise » peut par exemple être mis à disposition sur l'intranet.

L'Internet mobile

Internet, c'est une multitude d'ordinateurs connectés *via* un réseau. Du moins, c'est ce que l'on croyait… jusqu'à l'arrivée de la 3G. Depuis, Internet a changé. Les appareils mobiles (smartphones, tablettes tactiles) s'apprêtent à remplacer les ordinateurs, fixes, d'ancienne génération.

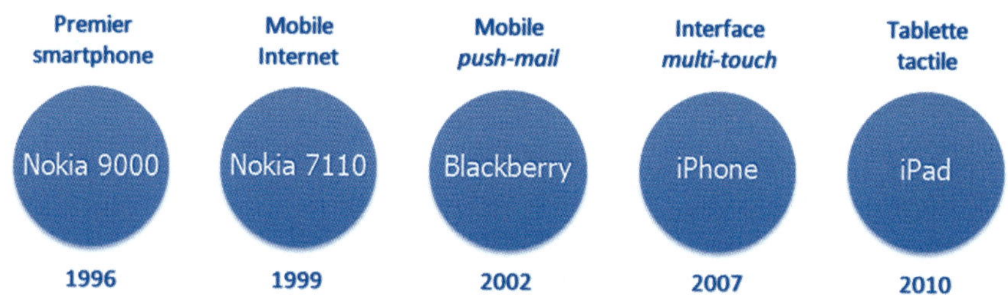

Les mobinautes

L'essor des terminaux mobiles doit conduire les web managers à reconsidérer les usages et les comportements d'internautes qui deviennent aujourd'hui des **mobinautes**.

Les besoins et le contexte de l'internaute nomade sont différents. L'utilisateur d'un terminal mobile veut une information choisie, à tout moment, mais surtout correspondant au lieu où il est, à l'instant présent. Le temps du mobinaute n'est pas celui de l'internaute, sa manière de le passer, non plus : l'ordinateur est dédié à un usage sédentaire, au bureau ou au domicile, à la recherche d'information professionnelle ou personnelle, dans un cadre établi et stable. Le mobile est utilisé en déplacement, souvent pendant des temps intermédiaires (transports en commun, files d'attente, etc.). L'intérêt de l'Internet mobile c'est de pouvoir concilier l'information du réseau et la présence en un lieu, de les faire coexister grâce à la géolocalisation et même de les superposer l'un à l'autre grâce à la réalité augmentée.

Les sites mobiles et les « app »

Pour les entreprises, c'est un défi. Quel service supplémentaire donner à un internaute mobile ?

La première action à entreprendre consiste à proposer un accès simple, clair et rapide au site web de l'entreprise, c'est-à-dire décliner une **version mobile du site web**. La seconde, c'est de fournir un service à valeur ajoutée, en créant une application spécifique, sans que l'utilisateur n'ait à passer par un navigateur Internet.

La mise en place d'un site mobile est plus simple et moins onéreuse que le développement d'une application propre, mais une « app » est évidemment plus conviviale qu'un site mobile. Autre avantage, elle peut être monétisée, les utilisateurs de smartphones n'hésitant pas à débourser de petites sommes pour obtenir un service à valeur ajoutée.

La commercialisation ou la simple **mise à disposition d'une application** doit être faite sur une plate-forme de téléchargement. Pour proposer une application iPhone sur l'AppStore, l'application doit d'abord être soumise à la validation d'Apple. Ce processus théoriquement rapide (trois jours) peut parfois s'avérer beaucoup plus long. L'application doit répondre aux conditions de validation technique, graphique et ergonomique d'Apple. Une fois acceptée, l'app est mise en ligne sur iTunes Store moyennant l'acquisition d'une licence (99 dollars pour un particulier et 300 dollars pour une entreprise). L'éditeur de l'app choisit librement le prix de mise en vente, Apple s'octroyant une commission de 30 % sur les ventes. Il n'y a aucun frais bancaire, ni d'hébergement, ni de marketing.

Ce processus est similaire pour les autres plates-formes et systèmes mobiles (Android, Symbian, Windows mobile, etc.).

En termes de marketing, le temps d'exposition d'une application dans l'AppStore est très limité : tout doit se jouer dans les sept jours. Après, l'application n'est plus guère visible... D'autant que la concurrence est rude : il faut savoir que, chaque jour, ce sont près de 300 applications qui sont lancées sur l'AppStore France. Les magasins d'applications des autres systèmes ne sont pas aussi développés, loin de là...

Le fossé pourrait bien se réduire face au succès rencontré par Android, le système d'exploitation mobile de Google. Les applications mobiles sont créées à l'aide d'un kit de développement (*Software development kit*), un ensemble d'outils permettant aux développeurs de les réaliser en fonction du système choisi (SDK iPhone, Android SDK, etc.).

Le mobile est évidemment l'avenir d'Internet. Il est probable que l'usage de l'Internet mobile dépassera celui de l'Internet fixe à un horizon de cinq ans. Le téléphone n'est déjà plus guère utilisé pour... téléphoner, mais pour envoyer des SMS, consulter la messagerie, se connecter à Internet et visionner des vidéos. La télévision sur mobile sera d'ailleurs un des usages les plus forts des smartphones et des nouvelles tablettes tactiles.

Les OUTILS

Les sites web mobiles

Un contenu simplifié

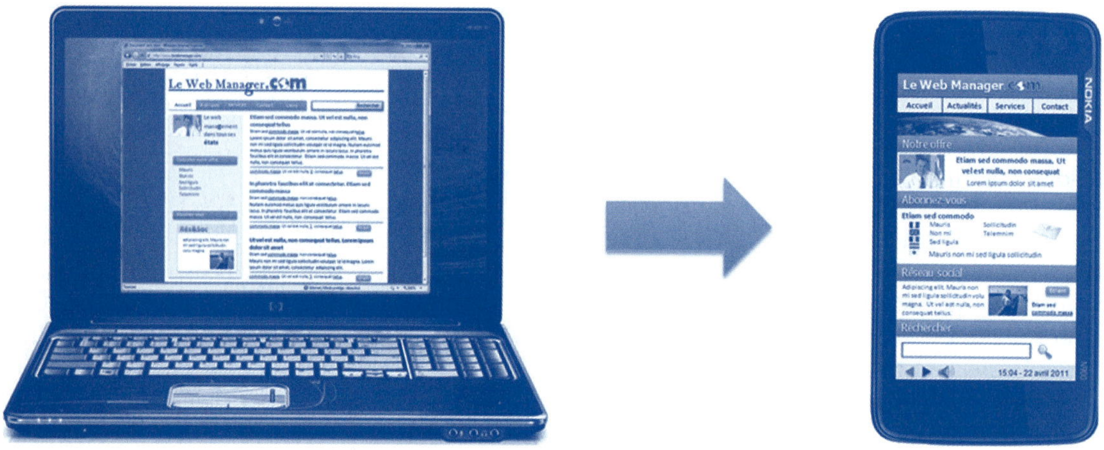

En résumé

Dans une **version mobile**, le format et les contenus sont verticalisés.

La page d'accueil doit proposer un accès direct, central et évident à la navigation.

Les **contenus doivent être simplifiés** et orientés sur les aspects essentiels et pratiques (contact, plan, etc.) dont l'internaute a besoin en situation de mobilité.

Les menus et zones de navigation seront repensés pour une utilisation tactile.

Insight

*In a **mobile version**, format as well as content follows a vertical lay-out.*

Home page must propose a direct, central and user friendly access to navigation.

***Content must be simplified** and giving access to practical and fundamental aspects (contact, map...) needed by the web surfer in mobility situation.*

Menus and navigation areas must be redesigned for a tactile use.

Pourquoi l'utiliser ?

Objectif

Les sites web conçus pour les navigateurs classiques ne sont pas adaptés à un affichage sur les terminaux mobiles. Une **déclinaison** du site standard pour les appareils tactiles comme l'iPhone et les autres smartphones s'avère indispensable pour proposer aux mobinautes un accès ergonomique et nomade aux informations du site. La mise à disposition d'une version mobile du site valorise l'image de marque et renforce le lien de **proximité** avec les utilisateurs.

L'Internet mobile occupe les temps morts du mobinaute, (attentes, transports…)

Contexte

Les pages d'un site ne sont pas à transposer dans leur intégralité dans la version mobile. À partir d'un téléphone, les visiteurs ont besoin de mener une recherche spécifique et précise sur le contenu essentiel du site. La **priorité** est donnée au **contenu et** à l'**utilité**, d'autant que les écrans des terminaux mobiles sont petits et que l'utilisateur ne dispose pas de souris pour activer les liens. Le poids des pages et des images doit aussi être adapté aux capacités réseau des mobiles. Les limites ergonomiques sont donc nombreuses. Ces raisons militent en faveur d'une version allégée du site et d'une interface simplifiée pour le mobile. Il ne s'agit toutefois pas de redévelopper entièrement le site Internet existant mais bien de l'adapter aux objectifs et au contexte de la navigation mobile.

Comment l'utiliser ?

Étapes

- **Faire un benchmark** des sites mobiles :
  – comparer les sites mobiles similaires ou concurrents (voir outil 5).
- **Définir et sélectionner le contenu** à adapter :
  – aller à l'essentiel ;
  – penser aux fonctionnalités utilisables au clavier.
- **Construire l'arborescence** :
  – limiter à trois niveaux de profondeur (voir outil 16).
- **Lancer le développement** :
  – faire appel à une agence (ou adapter soi-même le site grâce à des *frameworks* en ligne, parfois gratuits comme Onbile.com ou Mobify.me) ;
  – créer une adresse URL spécifique ou un sous-domaine du site Internet.
- **Tester le site mobile** sur :
  – différents types d'appareils ;
  – différents navigateurs.
- **Promouvoir le site mobile** sur :
  – le site Internet classique ;
  – les autres supports de communication.

Méthodologie et conseils

Il est important de prévoir une **redirection** vers le site mobile lorsque l'internaute consulte le site web classique sur un smartphone. Cette détection peut être configurée de manière automatique (grâce à un *user agent)*.

La dimension et les fonctionnalités tactiles des appareils mobiles sont évidemment une priorité à intégrer dans le développement. ■

Avantages

✔ Les sites web mobiles fonctionnent quelle que soit la marque du terminal mobile ou du navigateur. Un seul développement est nécessaire (contrairement aux applications, voir outil 41).

✔ Un site Internet mobile n'a pas besoin d'être validé par un constructeur ou une place de marché (de type AppStore).

Précautions à prendre

✔ Vérifier que les numéros de téléphone présents sur le site mobile puissent déclencher l'appel par un simple clic.

✔ Éviter les formats Flash et JavaScript, respecter les standards technologiques recommandés par le W3C, notamment le HTML5.

Outil 42 L'application mobile

Des technologies différentes

Prévisions des ventes de terminaux mobiles pour 2014 (en %)

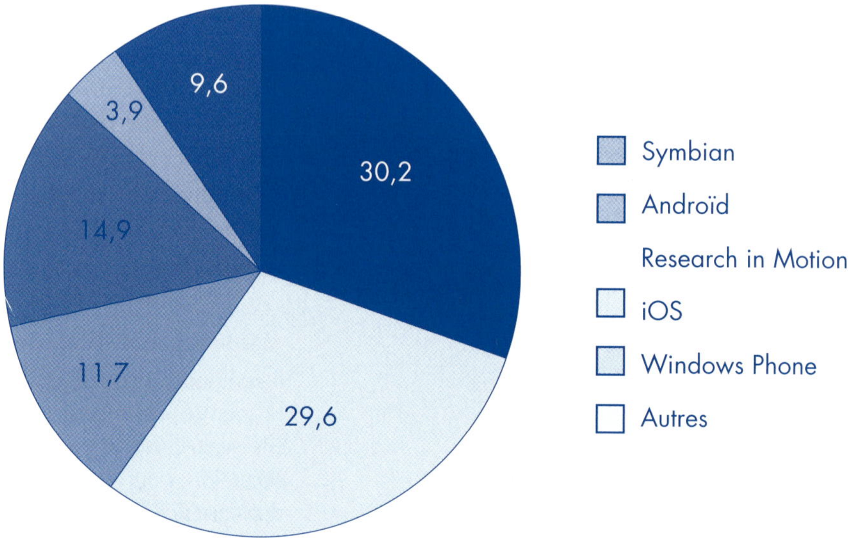

Nombre d'appareils vendus : 875 millions

Source : Gartner

En résumé

Pour les **applications mobiles**, il n'existe pas de format universel. On compte actuellement cinq systèmes d'exploitation principaux :

- l'**iOS** d'Apple pour l'iPhone ;
- **Android**, le système d'exploitation mobile de Google, adopté par de nombreuses marques (Samsung, Toshiba, etc.) ;
- **Symbian**, aujourd'hui encore le plus répandu (Nokia) ;
- **Blackberry** du canadien Research in Motion (RIM) ;
- **Windows Mobile 7**, récemment arrivé sur le marché, qui vise plus particulièrement les entreprises.

Chaque système exige un développement d'application particulier.

Insight

There is not a universal format for ***mobile applications****. You can find at the moment 5 main operating systems :*

- ***IOS*** *by Apple for the iPhone.*
- ***Android****, mobile operating system by Google, selected by a lot of brands (Samsung, Toshiba…).*
- ***Symbian****, the most common nowadays (Nokia).*
- ***Blackberry****, by RIM (Research In Motion) from Canada.*
- ***Windows Mobile 7****, new on the market, specifically aiming at companies.*

Each system asks for a specific application development.

Pourquoi l'utiliser ?

Objectif

Une entreprise crée une application pour délivrer, dans un contexte de mobilité, un **service** à ses clients : par exemple consulter ses comptes et effectuer des opérations bancaires, réserver des billets de spectacles ou encore commander des pizzas.

Une application peut également apporter un service original et complémentaire à l'activité de la marque : donner des **conseils**, tout en présentant une nouvelle ligne de produits.

Au-delà des objectifs marketing et relationnels, une application mobile peut également donner accès aux applications **professionnelles** de l'entreprise (base de données, logiciels, etc.).

Une application mobile installe la marque dans le quotidien de l'utilisateur.

Contexte

À partir d'une simple icône sur son téléphone, l'utilisateur accède à une **interface** parfaitement conçue pour son appareil mobile, sans avoir à passer par un navigateur Internet (indispensable pour les sites mobiles, voir outil 40).

Une application mobile est donc une sorte de **mini-logiciel** que l'utilisateur télécharge sur son téléphone à partir d'une plateforme en ligne (AppStore, Android Market, etc.). Cette application peut donc fonctionner de manière autonome et sans connexion, à l'exception bien sûr, des informations de flux qui nécessitent, elles, un accès au réseau pour leur actualisation.

Comment l'utiliser ?

Étapes

- **Benchmark** :
  - comparer les applications existantes ou similaires sur les différentes plates-formes.
- **Définir la cible** :
  - quels terminaux utilisent en majorité les cibles de l'entreprise ?
  - quel public viser en particulier ?
- **Définir l'objectif et le contenu de l'application** :
  - quel service « classique » rendra l'application ?
  - faut-il imaginer un service plus original, plus spécifique au mobile ? Lequel ?
- **Faire appel à une agence ou à un développeur** ;
- **Publier l'application sur la place de marché** :
  - en fonction du système choisi : AppStore (Apple), OviStore (Nokia), Android Market (Google), AppWorld (RIM) ou Marketplace (Windows).
- ***Promouvoir l'application*** :
  - sur le site web ;
  - sur les autres supports de communication.

Méthodologie et conseils

Une solution basique consiste à diffuser les informations de l'entreprise *via* un lecteur de **flux RSS** avec un habillage graphique aux couleurs de l'entreprise et packagé dans une application mobile, mais... est-ce suffisant ? Les mobinautes apprécient les fonctions interactives et les activités ludiques des applications. Les jeux, les tests, les quizz sont souvent la clé du succès pour une application. ■

Avantages

- ✔ Les qualités ergonomiques et graphiques rendent les applications plus séduisantes que les sites web mobiles.
- ✔ L'icône de l'application affiche la marque sur le téléphone de l'utilisateur.
- ✔ Une application témoigne de l'avance technologique de l'entreprise.

Précautions à prendre

- ✔ Le budget de développement peut très vite atteindre des sommets, surtout pour les développements multi-plates-formes.
- ✔ Tenir compte des délais : l'application doit être validée et acceptée par l'éditeur puis mise en ligne sur la place de marché.

La géolocalisation

Guidage mobile

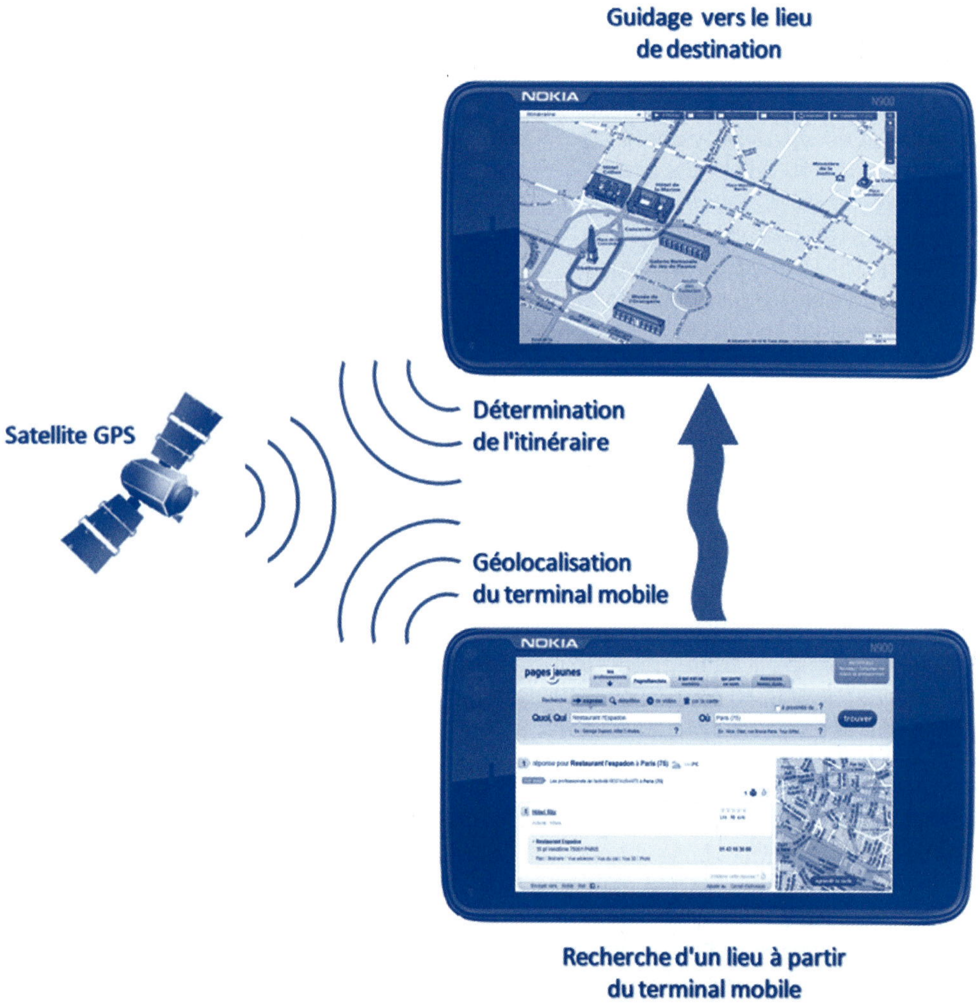

En résumé

La **géolocalisation** permet de positionner un objet (une personne, une information, etc.) sur un plan ou une carte à l'aide de ses coordonnées géographiques.

Ce **positionnement** peut être réalisé de deux façons :

- par la technologie GSM qui permet d'identifier le mobile lorsqu'il se trouve dans une zone de couverture de l'opérateur, système peu onéreux mais peu précis ;
- par la technologie GPS, beaucoup plus précise, grâce à une constellation de 24 satellites en orbite terrestre.

Insight

Geolocation *enables locating an object, a person or information on a map, using its coordinates.*

This can be obtained by two means :

- *Through GSM technology by identifying the mobile within the coverage area of the operator, not very expensive and not very precise ;*
- *Through GPS technology, more precise because using 24 satellites in terrestrial orbit.*

Pourquoi l'utiliser ?

Objectif

La géolocalisation permet de personnaliser le service rendu à l'utilisateur en tenant compte de son emplacement géographique. Ses applications marketing sont très prometteuses.

Un objectif d'**orientation** : une entreprise peut indiquer ses points de vente les plus proches de l'utilisateur, *via* une application mobile.

Autre exemple, un dispositif d'alerte peut signaler au mobinaute la présence d'un point d'intérêt dans son périmètre immédiat (tourisme, culture, services, etc.).

Un objectif **promotionnel** : un utilisateur peut être averti de la présence d'offres promotionnelles dans un magasin près duquel il se trouve.

Un objectif **crowdsourcing** : un utilisateur peut apporter un commentaire sur une opération commerciale, noter un produit ou signaler son absence dans une boutique...

Un objectif de **publicité** géolocalisée : de nombreuses applications mobiles (Foursquare, Dismoioù, Facebook Lieux) auquel le mobinaute s'abonne, pour localiser et être localisé par ses contacts, permettent d'associer une publicité ou une offre ponctuelle lors de l'indication de sa présence sur un lieu.

Contexte

La géolocalisation s'inscrit dans un contexte de **convergence** du média mobile et des médias sociaux. Les deux phénomènes vont de pair : le nombre de possesseurs de smartphones n'a d'égal que celui, tout aussi croissant, des nouveaux adhérents aux réseaux sociaux. Les entreprises qui auront affirmé leur présence sur ces réseaux auront d'autant plus de facilités à garder le **contact** avec leurs fans (voir outil 37) *via* des applications mobiles offrant un service de géolocalisation. Le terminal mobile devient un outil de communication de proximité – et même d'intimité – entre le client et la marque.

La géolocalisation offre des usages pratiques merveilleux... mais fait planer une menace réelle sur les libertés individuelles.

Comment l'utiliser ?

Étapes

Exemple de création d'application géolocalisée avec **Facebook Lieux** (pour un magasin, un restaurant, un musée, etc.) :

- **Créer une page de lieu** :
  - à partir de l'application Facebook pour iPhone (ou Touch.facebook.com pour les autres mobiles) ;
  - définir un nom et une description du lieu.
- **Confirmer le lieu** :
  - rechercher et sélectionner le nom du lieu sur Facebook.com ;
  - **revendiquer** ce lieu, en indiquant être le représentant officiel du lieu.

Méthodologie et conseils

La fusion d'un lieu avec une page Facebook (voir outil 38) permet de gérer les deux à partir d'une même interface (publication de statuts, photos et liens). Après fusion de la page lieu avec la page officielle, celle-ci contiendra davantage de fonctionnalités géolocalisées (plans, directions et indications de visites). ■

Avantages

- ✔ La géolocalisation apporte aux réseaux sociaux une dimension géographique qui replace le lien social mais aussi la relation client dans le réel.
- ✔ L'interface géographique permet de visualiser les informations sur lesquels les utilisateurs communiquent le plus souvent *via* les médias sociaux (où je suis, ce que je fais).

Précautions à prendre

- ✔ Les services de géolocalisation suscitent de vraies questions et de vraies craintes face à la protection de la vie privée et d'une surveillance toujours possible.

Outil 44 La réalité augmentée

Augmented Reality : l'interface visuelle

En résumé

La « **réalité augmentée** » (*augmented reality*, AR) est une technologie qui permet de superposer à une prise de vue réelle des **informations virtuelles**.

Sur une image prise en direct avec un mobile, on peut ainsi afficher des messages textuels ou des repères visuels apportant des informations complémentaires et géolocalisées utiles à l'utilisateur pour s'orienter, comprendre, entrer en contact, acheter, etc.

Insight

Augmented Reality *is a new technology enhancing the picture of an actual object by* ***virtual information****.*

On a picture in direct shot, you add texts or visual marks supplying supplementary and geo-located information needed by the user in order to orienting themselves, understanding, contacting, buying…

Pourquoi l'utiliser ?

Objectif

La réalité augmentée renforce les possibilités de la géolocalisation, en utilisant la réalité qui nous entoure, *via* l'écran du téléphone mobile de l'utilisateur.

Elle sert deux objectifs principaux :

- **Guider** sur un lieu : une application indique l'itinéraire à suivre ou les points remarquables à voir, comme la récente application de réalité augmentée du château de Versailles ou celle... du parc Disneyland. Autre application : indiquer la station de métro, le site touristique ou le magasin le plus proche, en fonction de la recherche de l'utilisateur.
- Améliorer le **service client** : devant un hôtel, un restaurant, un magasin, l'utilisateur peut afficher les promotions en cours, ou consulter les recommandations et avis publiés par d'autres clients.

Les possibilités de la réalité augmentée sont encore à explorer.

La réalité augmentée deviendra l'interface naturelle des appareils mobiles.

Contexte

La plupart des appareils mobiles acceptent aujourd'hui cette fonction, grâce à une application spécifique qui intègre la réalité augmentée. Par exemple, l'application iPhone Meilleursagents.com propose de connaître le prix au mètre carré d'un bien immobilier en pointant son mobile en direction d'un immeuble. L'estimation s'affiche alors sur l'écran. Des **navigateurs dédiés** à la réalité augmentée sur mobile comme Layar ou Wikitude permettent d'effectuer une recherche visuelle sur un thème choisi (musée, pizzeria, etc.) dans l'environnement qui nous entoure. Des calques dédiés ajoutent des fonctionnalités spécifiques : bons de réductions dans des magasins à proximité, visites guidées, stations de vélos, etc.).

Comment l'utiliser ?

Étapes

- **Établir un cahier des charges** :
  - reprendre les étapes du dossier 2 ;
  - adapter cette démarche à une application de réalité augmentée.
- **Définir les priorités de diffusion** :
  - pour quel(s) système(s) mobile(s) l'application doit être développée (voir outil 41) ?
  - sélectionner en priorité celui qui correspond au cœur de cible ;
  - prévoir un déploiement progressif et échelonné pour les autres systèmes.
- **Choisir une méthode de développement** :
  - confier le cahier des charges à une agence spécialisée ;
  - ou créer l'application à l'aide d'une plate-forme existante (comme Layar.com) ;
  - ou développer complètement l'application avec un ARToolKit (logiciel dédié).

Méthodologie et conseils

La réalité augmentée est encore naissante, un travail de veille sur le sujet est primordial car de nouvelles applications de plus en plus étonnantes apparaissent tous les jours. Toutefois son avènement est d'ores et déjà prévisible et il important d'envisager dès aujourd'hui la conception d'une application AR pour une mise en œuvre future. Ce développement ne pourra s'appuyer que sur une expérience préalable de la réalisation d'un site web mobile et d'une application mobile. ■

Avantages

✔ La réalité augmentée apporte une représentation plus naturelle et ludique qu'une carte géographique.

Précautions à prendre

✔ La réalité augmentée n'est pas encore d'un usage courant ; penser à expliquer le fonctionnement et l'intérêt de l'application sur le site web.

Le mobile tag

En résumé

Le **mobile tag** ou QR code (*Quick Response*) ou encore **flash tag** est une technologie qui permet de créer des codes-barres adaptés aux **téléphones mobiles** et smartphones. Il présente l'avantage de pouvoir stocker beaucoup plus d'information qu'un code-barres classique.

L'utilisateur photographie le tag avec son mobile et grâce à une application spécifique (comme Mobile-tag.com) obtient des informations associées. Le plus souvent, le décodage du mobile tag permet l'ouverture sur le web d'une *landing page* dédiée.

Insight

***Mobile Tag**, also called QR Code or Flash Tag, is a new technology for designing bar codes fitted to mobile telephones as well as Smartphones. It can stock a lot more information than a classical bar code.*

User shoots the tag with his mobile phone and obtains related information through a specific application (as mobiletag.com). More often, decoding the mobile tag allows opening a dedicated landing page *on the web.*

Pourquoi l'utiliser ?

Objectif

Les sites web mobiles et les apps ouvrent de nouvelles perspectives au commerce en ligne :

- **Avant-vente** : obtenir des informations sur un produit, en le photographiant avec son smartphone, afin, par exemple, d'en connaître le prix et de le comparer à d'autres produits similaires, ou profiter d'une réduction. Ces informations peuvent également être accessibles *via* un mobile tag (voir ci-contre).
  - D'une manière plus classique, les messages SMS, pour lancer une action commerciale ou une offre spéciale, restent un moyen simple et efficace de promouvoir un produit.
- **Vente** : une transaction peut évidemment être traitée en ligne *via* un achat mobile et, dans certains cas, le produit ou service, délivré immédiatement en retour (places de spectacle, billets de train, etc.).
- **Après-vente** : la relation avec le client peut être renforcée grâce au mobile. Un magasin comme Carrefour propose une carte de fidélité sur mobile, mais aussi de créer sa liste de courses ou de trouver des recettes de cuisine.

Renforcer la proximité avec l'utilisateur et orienter la décision d'achat.

Contexte

L'équation des smartphones « Internet mobile + GPS + appareil photo » donne pour résultat le **m-commerce**, sans le limiter pour autant à l'acte d'achat qui doit être replacé dans le contexte plus global de la relation client. Il s'agit de fidéliser les individus à la marque et même, plus loin, de créer une communauté pour les réunir. Décathlon a, par exemple, avec le b'Twin Club, créé une application qui exploite les capacités du GPS pour offrir aux possesseurs de vélos b'Twin des itinéraires de randonnées autour d'eux. Notes et photos des membres sont partagées sur ces cartes mobiles.

Comment l'utiliser ?

Étapes

- **Étapes identiques à la création d'une app mobile** :
  - sur le principe, les étapes sont les même (voir outil 42).
- **Spécificités d'une application m-commerce** :
  - penser à intégrer la fonctionnalité de codes-barres mobiles ;
  - prévoir une solution de paiement en ligne (voir outil 58).

Méthodologie et conseils

Au-delà de l'essor des tags mobiles, il faut s'attendre au déploiement prochain de la **technologie NFC** (*Near Field Communication*). Il s'agit là encore de tags apposés sur des objets, mais qui permettent cette fois une identification sans contact ni prise de vue : il suffit d'approcher le téléphone du tag pour, par exemple, valider un titre de transport, payer un article ou simplement obtenir des informations. La NFC permet en outre la sécurité des transactions en transformant les mobiles en terminaux de paiement sans contact. ■

Avantages

✔ Une application de m-commerce apporte un service de proximité et personnalise la relation client.

✔ L'expérience d'achat est considérablement enrichie par l'accès donné à des informations contextuelles affichées sur le mobile.

Précautions à prendre

✔ Les mobile tags peuvent utilement être reproduits sur de multiples supports, notamment lors d'une campagne multicanal : affiches, emballages, publicités, catalogues, cartes de visite, etc.

Les tablettes tactiles

IPad, Galaxy, Slate,...

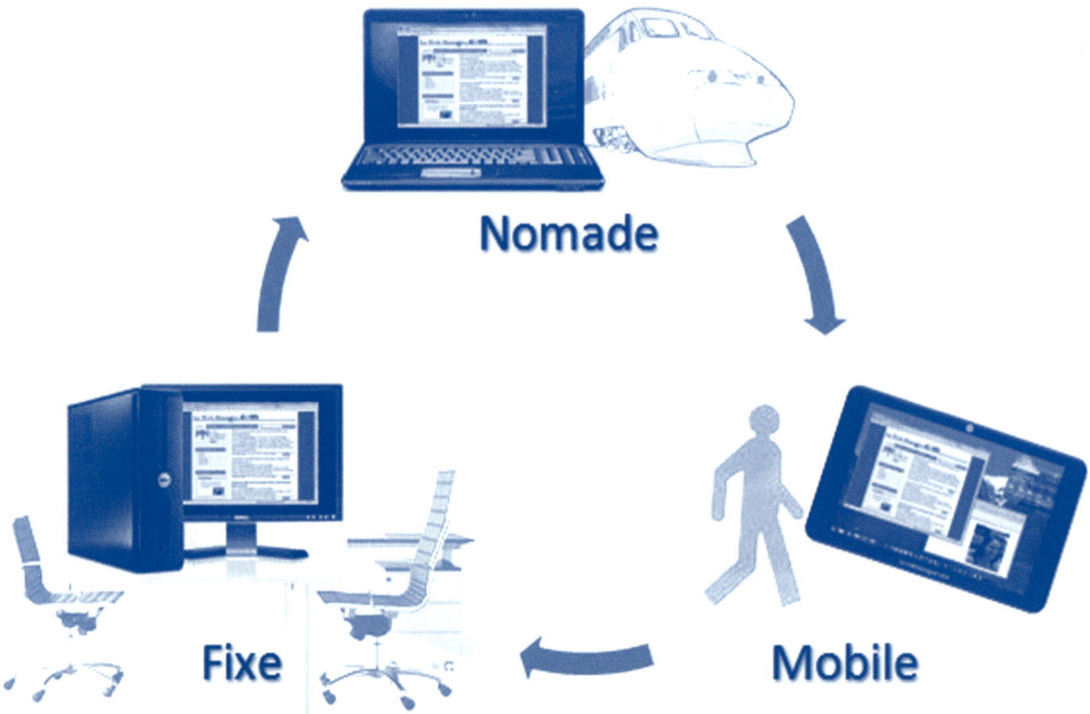

En résumé

Les **tablettes tactiles** offrent tous les usages classiques d'un ordinateur, la mobilité et l'ergonomie en plus.

De tels appareils sont promis à un bel **avenir**, illustré dans cette claire métaphore : « *Quand les États-Unis étaient un pays rural, toutes les voitures étaient des camions. Mais quand les populations ont commencé à migrer en ville, les gens ont commencé à utiliser des voitures. Je pense que les PC vont connaître le même destin que les camions : ils seront de moins en moins utiles.* » (Steve Jobs, juin 2010)

Insight

***Touch sensitive tablets** offer every ordinary function of a computer, plus mobility and ergonomic.*

*Specialists are foreseeing them a nice **future**, as shown in this metaphor by Steve Jobs : "When the United States were a rural nation, every car was a truck. When people began to move into towns, they started to use cars. I believe that PCs are going to encounter the same destiny as trucks : they'll be less and less used."*

Pourquoi l'utiliser ?

Objectif

Les tablettes tactiles remplacent peu à peu les netbooks.

Ces tablettes appellent aussi de nouveaux usages en matière de lecture. Les services communication, marketing et documentation trouveront là une opportunité de diffuser de nouveaux **supports d'information**. La création de manuels, de catalogues, de plaquettes, de magazines interactifs, incluant vidéos et animations, prendra une grande part dans leur activité.

Les tablettes s'avèrent également d'excellents outils de **production** ou de **vente** pour les entreprises. Elles sont de plus en plus nombreuses à proposer à leurs salariés en situation de mobilité (chantiers, salons, points de vente, etc.) des applications tactiles pour accéder aux logiciels et bases de données de l'entreprise.

Contexte

Le marché naissant des tablettes tactiles, inauguré par l'iPad d'Apple en 2010, s'est ouvert à la **concurrence**. Il est difficile pour l'instant de savoir si Apple, inventeur de ce concept, conservera la tête face à ses rivaux. Pour les entreprises, la situation est identique à celle des téléphones mobiles et tout aussi problématique. Développer un service grand public pour tablette suppose encore de choisir encore un format de développement : pour l'iOS d'Apple ou Android de Google ? Ou les deux ?

Les tablettes Internet vont pousser les métiers de la communication vers l'édition tactile.

Comment l'utiliser ?

Étapes

- **Benchmark** : comparer les applications existantes ou similaires sur les différentes plates-formes.
- **Définir la cible** :
  - quels terminaux utilisent en majorité les cibles de l'entreprise ?
  - quel public viser en particulier ?
- **Définir l'objectif et le contenu** :
  - quel service « classique » rendra l'application ?
  - faut-il imaginer un service plus original, plus spécifique au mobile ? Lequel ?
- **Faire appel à une agence ou à un développeur** : développer une application mobile nécessite une expertise pointue en programmation.
- **Publier l'application sur la place de marché** choisie (AppStore ; Androïd Market...)
- **Promouvoir l'application** sur :
  - le site web ;
  - les autres supports de communication.

Méthodologie et conseils

Les outils de programmation sont encore réservés aux développeurs (comme le SDK iPhone 3.2 pour l'iPad) mais des éditeurs de logiciels comme Adobe se préparent à fournir des solutions de création adaptées aux communicants et graphistes. Le logiciel **InDesign** (depuis la CS5) possède déjà des fonctions d'édition destinées à ces tablettes.

Avantages

✔ Une tablette peut être facilement transportée et manipulée : pas besoin de la poser pour consulter l'écran.

✔ Elle apporte une dimension « immersive » dans un environnement graphique et multimédia.

Précautions à prendre

✔ Veiller à la compatibilité des formats.

✔ Prendre la mesure de l'ergonomie induite par l'utilisation tactile des tablettes.

• • •

Comment être plus efficace ?

L'édition et la communication d'entreprise vont devoir repenser leur manière d'écrire, ou en tout cas de décliner les supports d'information écrits. L'iPad invente un **nouveau « format » de lecture**, et donc d'écriture. Le magazine *Wired* en est le premier exemple, transposé. Chris Anderson, le patron de *Wired*, le magazine de référence du high-tech (papier, web et maintenant sur iPad), a parfaitement décortiqué ce bouleversement : « *Ce qui nous plaît avec l'iPad, c'est que l'on peut vraiment créer un spectacle, une scénographie pour le lecteur* ».

Les tablettes apportent plusieurs différences à une lecture sur support papier :

- un environnement graphique et multimédia avec une interface de navigation tactile enrichie (le format papier ne permet que de tourner les pages) ;
- une **nouvelle grammaire de la presse** avec des images à 360 degrés, des photos animées et des changements par clics sur des légendes ;
- l'offre vidéo constitue le média le plus consulté sur le magazine en version tablette.

Selon Chris Anderson encore, le temps de lecture augmente (en moyenne, trois minutes sur le site web de *Wired*, trente sur un iPad). Ce constat est toutefois à relativiser avec les résultats d'une récente étude (Miratech.com, novembre 2010) faisant apparaître que le temps de lecture d'un article était quasiment identique sur papier ou sur tablette, la mémorisation restant toutefois meilleure de 20 % sur un support papier. Ce qui est certain, c'est que l'utilisateur français passe au global beaucoup plus de temps à consulter sa tablette – **deux heures d'utilisation** quotidienne en moyenne – qu'un journal ou un magazine papier (étude menée par OTO Research pour le groupe FullSIX, novembre 2010).

Une nouvelle lecture

« *L'iPad renoue avec la notion de périodicité, de produit fini. Ce n'est pas le flux ininterrompu du web, un robinet à infos. Cela redonne un certain statut à l'information, la distingue, l'habille* » ajoute le dirigeant de *Wired*.

De son côté, Rupert Murdoch, qui possède entre autres le *Wall Street Journal* et le *Times*, vient de lancer *The Daily*, un quotidien spécialement conçu pour l'iPad et d'autres tablettes numériques. Pour le magnat de la presse « *chaque famille aura un iPad à la maison, qui deviendra l'appareil sur lequel les informations seront consultées* ».

Une seconde révolution numérique

Dans le monde de la presse et de l'édition, le numérique a transformé la chaîne graphique. Les industries graphiques avaient dû se plier, dès les années 1980, à l'avènement du numérique et passer de la photogravure à Photoshop, de la photocomposition à XPress, de l'offset à l'impression numérique… La même révolution s'appliquera bientôt, à la diffusion, un passage de la page imprimée à l'édition tactile.

Les conséquences pour la presse d'entreprise seront identiques. Les services de communication doivent se préparer à concevoir des journaux et magazines pour les tablettes tactiles.

Cas d'**Utilisation professionnelle de l'iPad**

• *SAP*

SAP équipe 17 000 employés avec des iPad. L'entreprise développe des solutions d'ERP (*enterprise resource planning* ou progiciel de gestion intégré, PGI) qui permettent de relier les différentes fonctions de l'entreprise (comptabilité, finances, production, marketing, qualité, ressources humaines, etc.) au sein d'un système d'information centralisé. Oliver Bussmann, *chief information officier* (CIO), a d'abord déclaré, *via* son compte Twitter, qu'une flotte de 1 000 iPad serait déployée. Fin 2010, il en promet 17 000.

Ces employés de la société SAP peuvent accéder, depuis leur iPad, à un logiciel de messagerie et à un VPN (*virtual private network*) permettant d'accéder aux applications serveur de l'entreprise (*via* Citrix et BusinessObjects). Ils peuvent également accéder à l'application Mobile Sales développée par Sybase. En quelques mois la part des salariés équipés de tablettes numériques au sein de l'entreprise est passée de 2 % à 35 % (ils sont 48 000 au total).

Oliver Bussmann déclare : « l'iPad est véritablement en train de changer les règles du jeu dans bon nombre d'industries ». Environ 300 à 500 nouveaux iPad sont distribués chaque mois, principalement auprès des cadres et de la force de vente. SAP envisage également de poursuivre le déploiement avec la diffusion de tablettes sous Android et de Playbook, la tablette de RIM (Blackberry).

BNP Paribas Securities Services

BNP Paribas Securities Services dote ses commerciaux d'iPad. La filiale du groupe bancaire adapte à la tablette tactile les outils de communication destinés à ses clients. Une application dédiée contient ainsi l'intégralité de la documentation commerciale. Elle présente deux avantages significatifs : la mise à jour automatique de tous les documents et la réduction de la consommation de papier conformément à la politique RSE du groupe BNP Paribas.

En outre, le portail client NeoLink est désormais accessible sur iPad. Lancé en 2008, NeoLink permet aux clients d'accéder instantanément à tous leurs applicatifs en ligne. Cette application est accessible depuis la page d'accueil du site securities-services.bnpparibas.com dont la dernière version, lancée en juillet 2010, est également compatible avec l'iPad. Son niveau de sécurité et de protection des données est identique à celui procuré par l'accès depuis un PC. Mark Hillman, responsable marketing et communications BNP Paribas Securities Services commente : « C'est un nouveau moyen de communiquer de façon innovante et interactive avec nos clients. Cette nouvelle étape traduit notre implication constante dans les nouvelles technologies afin d'offrir à nos clients un niveau de service optimal. »

Pompeii Archaeological Research Project

À Pompéi, des chercheurs utilisent l'iPad et des applications spécifiques pour saisir des données historiques, au lieu de prendre des notes et de faire des croquis sur papier. Pour l'équipe du Dr Steven Ellis, qui dirige les fouilles archéologiques menées par l'université de Cincinnati à Pompéi, la tablette permet d'enregistrer textes et dessins avec la sécurité de l'information numérisée. L'ipad permet aussi de consulter sur place, dans les lieux de fouille, les données enregistrées précédemment. Les tablettes sont plus maniables, plus résistantes, plus légères et ont également plus d'autonomie (une dizaine d'heures) que les ordinateurs portables. Sur l'iPad, des applications spécifiques permettent aux chercheurs de décrire les couches et les caractéristiques du terrain ; de reporter les élévations et l'espace ; de saisir des croquis et enfin d'indiquer les relations chronologiques entre les différentes couches. ■

Les Technologies du web

Le *World Wide Web*, créé au début des années 1990 par Tim Berners Lee, s'est développé autour de nouvelles technologies offrant aux internautes des fonctionnalités toujours plus riches.
Il faut distinguer les technologies standardisées par le W3C (*World Wide Web Consortium*), et les nombreux apports techniques des différents acteurs de l'industrie informatique, notamment dans les outils de développement ou les divers formats compatibles.

Certaines de ces technologies ne sont pas purement web et l'illustration ci-dessus n'en montre qu'un échantillon. De plus, il est important de bien distinguer celles strictement dédiées au web de celles liées, par exemple,

au fonctionnement technique du réseau, c'est-à-dire Internet. Il faut dissocier les services du réseau (web, courrier électronique, téléchargement, etc.) et le réseau lui-même (Internet, intranet).
En effet, le réseau, constitué d'éléments physiques et logiques, demeure transparent pour l'utilisateur. Seuls les services applicatifs proposés sont visibles et utiles aux internautes.

L'architecture du réseau

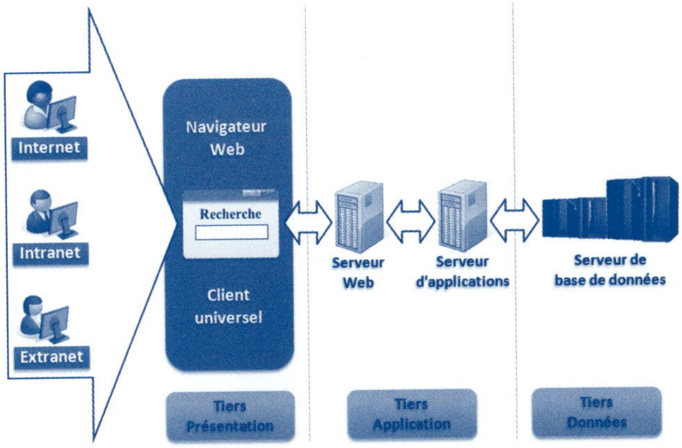

Sur le web, l'architecture du réseau utilise le principe « client/serveur » : le « client » accède *via* un navigateur aux données du « serveur ». Cette architecture est divisée en trois couches : côté client, la couche de présentation (le navigateur) ; au milieu, la couche applicative qui regroupe les serveurs web et d'applications ; enfin, les serveurs de base de données au niveau de la dernière couche. C'est ce que l'on appelle une architecture « n-tiers ».

Le réseau et ses services

	Web	Messagerie	Téléchargement
Protocole	HTTP	SMTP / POP (envoi / réception)	FTP
Client	Navigateur (Internet Explorer, Firefox, ...)	Logiciel client (Outlook, Thunderbird, ...)	Logiciel client (Filezilla, CuteFTP, ...)
Serveur	Serveur HTTP (Apache, IIS, ...)	Logiciel serveur (Exchange, Domino, ...)	Logiciel serveur (Filezilla, WingFTP, ...)

Le web, la messagerie et le téléchargement de fichiers sont les trois principaux services applicatifs du réseau Internet. D'autres services sont disponibles comme les *newsgroups* (réseau Usenet), la téléphonie ou la vidéoconférence.

Dossier

Les OUTILS

Outil 47

La plate-forme technique

Structure de la plate-forme technique

En résumé

La **plate-forme** web repose sur un ensemble de technologies complémentaires structurées en diverses couches.

Chaque couche assure une fonction précise dans le fonctionnement de la plate-forme web, sur la base d'une application dédiée.

Au final, l'ensemble reste transparent pour l'internaute pour qui seul le conteneur hypertexte (la page web) reste visible.

Insight

A ***web platform*** *is based on a set of complementary technologies structured in various layers.*

Each layer insures a specific function, on the basis of a dedicated application.

At the end of the day, the whole is transparent for the web surfer who can only see the hypertext container (web page).

Pourquoi l'utiliser ?

Objectif

Cette plate-forme est la pierre angulaire de l'édifice technique d'un site web. Tout responsable de site, web manager, webmaster, etc., se doit de maîtriser la structure de cette plate-forme afin d'en comprendre la mécanique et être capable d'effectuer ou de faire réaliser les interventions nécessaires à son bon fonctionnement.

Contexte

La plate-forme technique regroupe l'ensemble des technologies serveur permettant de faire fonctionner le site web. Elle est physiquement située chez l'hébergeur ou dans la salle informatique de l'entreprise.

La partie *back office* est de plus en plus complexe mais les outils pour y accéder de plus en plus abordables.

Comment l'utiliser ?

Étapes

• **Le système d'exploitation** : cette couche, indépendante du fonctionnement d'un site web assure notamment la prise en charge de l'interface utilisateur et des fonctions d'administration de base. Linux et Windows sont les systèmes d'exploitation les plus répandus.

• **Le serveur HTTP** : c'est le serveur web. Il prend en charge le transfert des documents hypertextes entre le client et le serveur, le produit *open source* Apache détenant une part de marché conséquente.

• **Le système de gestion de base de données** : il contient les données, le véritable contenu du site web. Par souci de standardisation, celui-ci est basé sur le langage de requête SQL (*structured query language*).

• **Les langages de développement** : le langage HTML ne permettant pas de créer des pages web dynamiques, celles-ci sont développées grâce à des langages plus évolués tels que le PHP ou l'ASP.Net mais grâce à l'apport de technologies comme Java (applications) ou Flash (animations).

• **Le conteneur hypertexte** : la page web qui s'affiche sous les yeux de l'internaute n'est qu'un conteneur d'objets provenant de sources différentes, qu'il s'agisse des autres couches de la plate-forme ou d'autres services applicatifs parfois physiquement distants.

Méthodologie et conseils

S'il n'est guère envisageable, pour un responsable web, de devenir un expert de chacune des technologies mises en œuvre lors de la création d'un site, ses compétences doivent lui permettre d'avoir une vision globale et claire de cet ensemble. Les outils actuels permettent souvent à des non-spécialistes d'intervenir ponctuellement sur ces plates-formes afin d'y effectuer les opérations de routines, telles que des mises à jour.

Un web manager, quel que soit son profil, ne peut ignorer cette partie *back office* quand bien même son développement et sa maintenance seraient sous-traités.

Avantages

- ✔ Les technologies actuelles permettent l'interopérabilité entre les différentes briques logicielles.
- ✔ Ces technologies permettent aujourd'hui de séparer le contenu de la forme rendant ainsi les évolutions plus simples, plus rapides et moins coûteuses.

Précautions à prendre

- ✔ En début de projet, bien étudier les différentes technologies proposées avant d'entamer tout développement.
- ✔ Toujours se référer aux standards (W3C) en vigueur et s'assurer d'une veille technologique permanente afin d'anticiper les évolutions.

• • •

Comment être plus efficace ?

La veille est sans conteste une activité indispensable pour maîtriser sa plate-forme web et ainsi sélectionner les produits les mieux adaptés. Toutefois, l'existant technique au sein de l'entreprise et les outils déjà utilisés pour le développement du site web actuel influent nécessairement dans le choix de telle ou telle technologie.

Un nouveau projet de site web peut être l'occasion de repenser certains de ces choix, soit parce qu'on les considère comme dépassés, soit parce qu'ils ne correspondent plus aux futurs besoins.

Si l'on se réfère aux principales couches (voir le schéma de la structure de la plate-forme technique) de la plate-forme sur laquelle repose le site, il convient donc de se poser la question de ces choix couche par couche.

Toutefois, un certain nombre d'interrogations restent communes à l'ensemble de la structure :

- Le produit utilisé actuellement doit-il être conservé ? La politique informatique de l'entreprise impose-t-elle une technologie particulière ?
- Est-ce un choix imposé par la *web agency*, l'hébergeur et pourquoi ?
- Sera-t-il nécessaire de maîtriser le système en question ? Quelles sont les compétences actuelles ? Un apprentissage rapide est-il envisageable ?
- L'alternative *open source* constitue-t-elle un choix économiquement et techniquement intéressant (gratuité des licences, accès libre au code mais coûts éventuels de migration, de formation, absence de support « officiel », etc.) ?
- Ce produit offrira-t-il toute la souplesse et l'évolutivité recherchée ? Semble-t-il pérenne ?
- L'interopérabilité avec les autres systèmes en place sera-t-elle toujours assurée de manière optimale ?
- Ce produit offrira-t-il la vitesse d'exécution nécessaire aux contenus de plus en plus lourds ?
- Sera-t-il capable de supporter une montée en charge importante ?
- Bien qu'étant propriétaire, cette technologie permettra-t-elle de respecter au mieux les standards actuels et futurs du W3C (HTML, CSS, accessibilité, etc.) ?

La liste n'est, bien entendu, pas exhaustive et il faudra tenir compte des spécificités de chaque besoin.

Enfin, il ne faut pas perdre de vue que la technologie n'est pas une fin en soi, elle n'est là que pour répondre à des attentes précises et utiles à la stratégie web de l'entreprise. De même, il faudra se méfier des « gourous » mettant en avant des critères irrationnels uniquement guidés par leur subjectivité, rejetant toute autre alternative et à mille lieux d'un pragmatisme souvent meilleur conseiller.

L'appel à une assistance à maîtrise d'ouvrage peut, lors d'une telle étape, s'avérer d'un précieux secours, non seulement pour permettre de découvrir les technologies existantes mais aussi pour aider à analyser les solutions proposées.

La page web

La page web rassemble des éléments constitutifs qui s'afficheront de manière homogène dans le navigateur de l'internaute. Ces éléments indépendants entre eux sont les pièces d'un unique puzzle dont l'utilisateur n'entrevoit qu'à peine sa construction. Celle-ci peut être néanmoins visible au moment du chargement de la page. En effet, les différents objets qui la composent sont de formats, de poids et éventuellement de provenance divers, ils n'apparaissent donc pas tous au même moment dans la fenêtre du navigateur, certains pouvant même demeurer absents du fait d'un problème technique quelconque.

Intrinsèquement la page web ne peut contenir que du texte. Encore s'agit-il là du cas d'une page purement statique car, dans le cas de pages web dynamiques, l'information est fournie principalement par la base de données. Les autres objets sont des fichiers externes à la page web qui viennent alimenter le contenu et la mise en forme au sein du code HTML (*hypertext markup language*).

Le langage hypertexte n'étant qu'un langage de description de page ne permettant pas d'agir sur le fond, il est nécessaire de faire appel à des applications et des langages spécifiques générant des objets aux formats variés et venant s'insérer dans le conteneur HTML. Le langage HTML d'origine n'est d'ailleurs plus utilisé en tant que tel. Il est remplacé désormais par le XHTML (*eXtensible hypertext markup language*) basé sur la syntaxe XML (*eXtensible markup language*) plus riche et plus rigoureuse.

La page www.w3.org/TR/xhtml1/#diffs du site du W3C présente les principales différences entre HTML et XHTML. ■

Outil 48 Les noms de domaine

La structure de l'URL

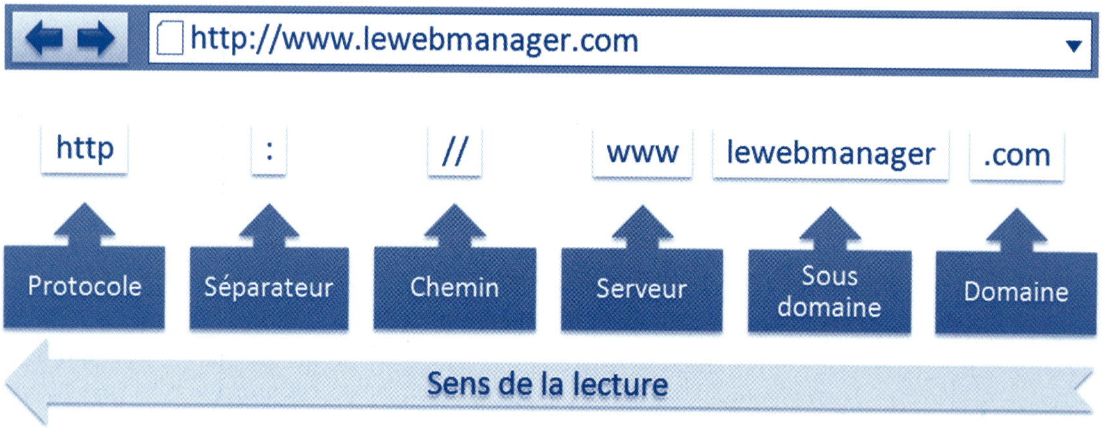

En résumé

L'URL (*Uniform Resource Locator*) est l'adresse complète d'un site web. Cette adresse est constituée de diverses informations et se lit de la droite vers la gauche.

La structure de l'URL contient le **nom de domaine** auquel le site est rattaché (com, fr, etc.) ainsi que le nom d'un ou de plusieurs sous-domaines (ici, lewebmanager).

Le choix du domaine et des sous-domaines incombe au propriétaire du site. C'est un choix avant tout marketing et non technique.

Insight

*The URL (*Uniform Resource Locator*) represents the complete address of a web site. It contains diverse information and is read from right to left.*

You can also find in it the ***domain name*** *incorporating the site (.com, .fr...) and the name of one or more sections (for instance : lewebmanager).*

Selection of domain and section are made by the site owner. It is more a marketing selection than a technical one.

Pourquoi l'utiliser ?

Objectif

Les noms de domaine et de sous-domaine sont les identifiants de la marque ou de l'entreprise sur le web.

Le choix du domaine ou suffixe dépend d'abord du type d'organisation qui souhaite l'acquérir ou de son activité. Il dépend également de la zone géographique sur laquelle s'étend cette organisation ou cette activité. Par exemple, une société commerciale internationale réservera nécessairement un « .com », alors qu'une entreprise française à vocation exclusivement nationale choisira plutôt un « .fr ».

> Il vaut mieux que nos clients connaissent l'adresse de notre site web que notre adresse postale.

Contexte

Le service des noms de domaine Internet ou DNS (*Domain Name System*) est géré au niveau international depuis 1998, par un organisme, l'ICANN (*Internet Corporation for Assigned Names and Numbers*, Icann.org). Au niveau national, chaque pays dispose d'un organisme chargé de gérer la répartition des sous-domaines. En France, cet organisme s'appelle l'AFNIC (Association française pour le nommage Internet en coopération, Nic.fr).

Comment l'utiliser ?

Etapes

Pour obtenir un nom de domaine, il faut tout d'abord vérifier sa disponibilité dans une base de données spécifique appelée base WHOIS (*who is ?*). Les bases WHOIS sont réparties en fonction d'un découpage de la planète en trois grandes zones géographiques :

Région	Base WHOIS
Europe	www.ripe.net
Amérique	www.arin.net
Asie	www.apnic.net

Le système DNS sert à traduire l'URL en adresse IP. L'adresse IP (*Internet Protocol*) est l'identifiant numérique d'une machine sur le réseau. Elle autorise la connexion à un serveur.

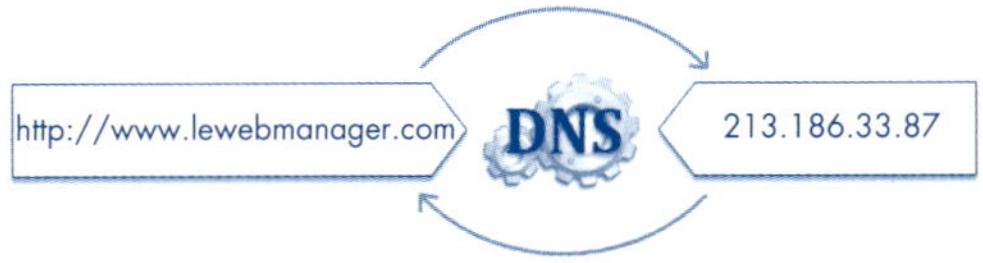

Il est beaucoup plus simple pour un internaute de retenir le nom de domaine qu'une adresse IP.

Les domaines sont classés en deux catégories :

- les gTLD (*generic Top Level Domain*), suffixes génériques (.com, .org, .biz, etc.) ;
- les ccTLD (*country code Top Level Domain*), suffixes propres aux pays (.fr, .uk, .de, etc.).

La liste complète des ccTLD peut être consultée sur le site de l'IANA (*Internet Assigned Numbers Authority*) à l'adresse : www.iana.org/domains/root/db.

Méthodologie et conseils

Une URL trop longue ou trop complexe sera très difficile à retenir pour les visiteurs du site, la simplification est donc de rigueur.

Penser à réserver le nom du sous-domaine sous différents domaines (ex .fr, .com, .biz) afin d'éviter le *cybersquatting*. Penser aussi à décliner éventuellement son nom de sous-domaine, y compris avec des fautes d'orthographe.

Avantages

- ✔ La réservation d'un nom de domaine ne coûte que quelques euros.
- ✔ Le nom de domaine est l'identité commerciale de la marque sur web.

Précautions à prendre

- ✔ Prévoir l'achat des noms de domaine dès le début du projet.

• • •

Comment être plus efficace ?

La réservation du nom de domaine d'un site web peut se faire avant même que le site existe ou soit développé. Il est même recommandé de réserver celui-ci dès que possible afin de s'assurer d'en disposer.

La réservation du nom de domaine s'effectue auprès d'un hébergeur ou d'un organisme d'enregistrement (*registrar*). Si le choix de l'hébergeur a déjà été fait, il est préférable de s'adresser à ce dernier pour obtenir les noms de domaine. Dans le cas contraire, après avoir acquis un nom de domaine auprès d'un *registrar*, il faudra en demander le transfert vers l'hébergeur du site ; il s'agit d'une opération administrative peu complexe mais qui risque de retarder le projet, la mise en ligne et parfois de présenter quelques difficultés d'ordre administratif. Par ailleurs, l'acquisition d'un ou plusieurs noms de domaine est toujours incluse dans les packs d'hébergement proposés par ces prestataires.

Le choix du nom de domaine peut être le même que celui de l'entreprise si celle-ci est réputée et si le nom est bien connu des internautes. Cela peut être également celui d'une marque de l'entreprise, souvent préférable car les consommateurs connaissent généralement mieux les marques des produits que les sociétés qui les fabriquent.

À ce propos, il est important de vérifier si le nom retenu n'est pas déjà déposé en tant que marque auprès de l'Institut national de la propriété industrielle. En cas de conflit sur le nom du domaine avec une autre société ou organisme, l'antériorité INPI pourrait prévaloir. De plus, le dépôt à l'INPI permet d'assurer une meilleure protection juridique du nom en tant que marque.

Vu le faible coût d'achat d'un nom de domaine, il ne faut donc pas hésiter à réserver tous ceux que l'on juge nécessaires à la protection de l'identité du site de l'entreprise.

La possession d'un nom de domaine n'est pas illimitée, il est nécessaire de procéder à son renouvellement chaque année en s'assurant notamment de payer la facture que le prestataire vous la fait parvenir pour son maintien.

Il convient de ne pas oublier les aspects juridiques liés à la mise en place d'un site web. La consultation d'un juriste spécialisé peut s'avérer utile.

L'enregistrement d'un nom de domaine

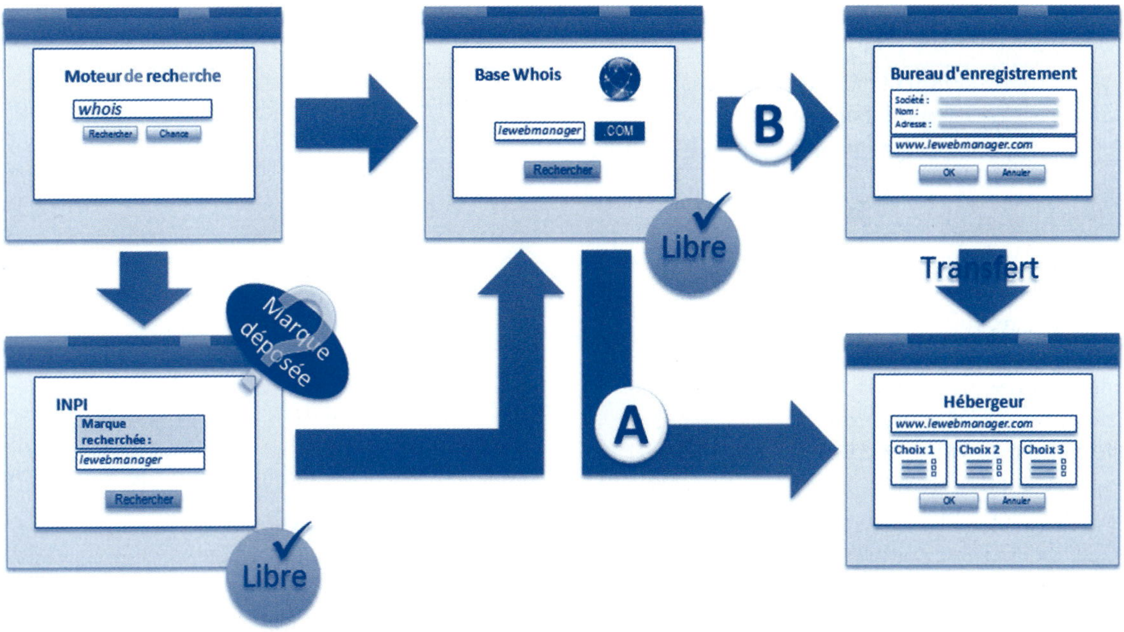

Après avoir mûrement choisi un nom de domaine, la première étape de l'enregistrement consiste à vérifier la disponibilité de ce nom. On interrogera donc une base WHOIS que l'on trouvera facilement sur Internet à l'aide de n'importe quel moteur de recherche. L'interrogation auprès de l'INPI peut se faire en ligne.

Si le nom est disponible aussi bien comme marque que comme domaine, deux options s'offrent alors :

• *Option A*

On s'adresse directement à l'hébergeur déjà retenu pour effectuer la démarche. Dans ce cas, l'accès au site *via* l'URL du domaine devrait être très rapidement disponible.

• *Option B*

Le prestataire d'hébergement n'a pas encore été sélectionné, on décide alors de passer par un bureau d'enregistrement afin de réserver immédiatement le nom. Il faudra ensuite prévoir le transfert du nom de domaine lorsque l'hébergeur aura été choisi. ■

Outil 49 L'hébergement

Les différents types d'hébergement

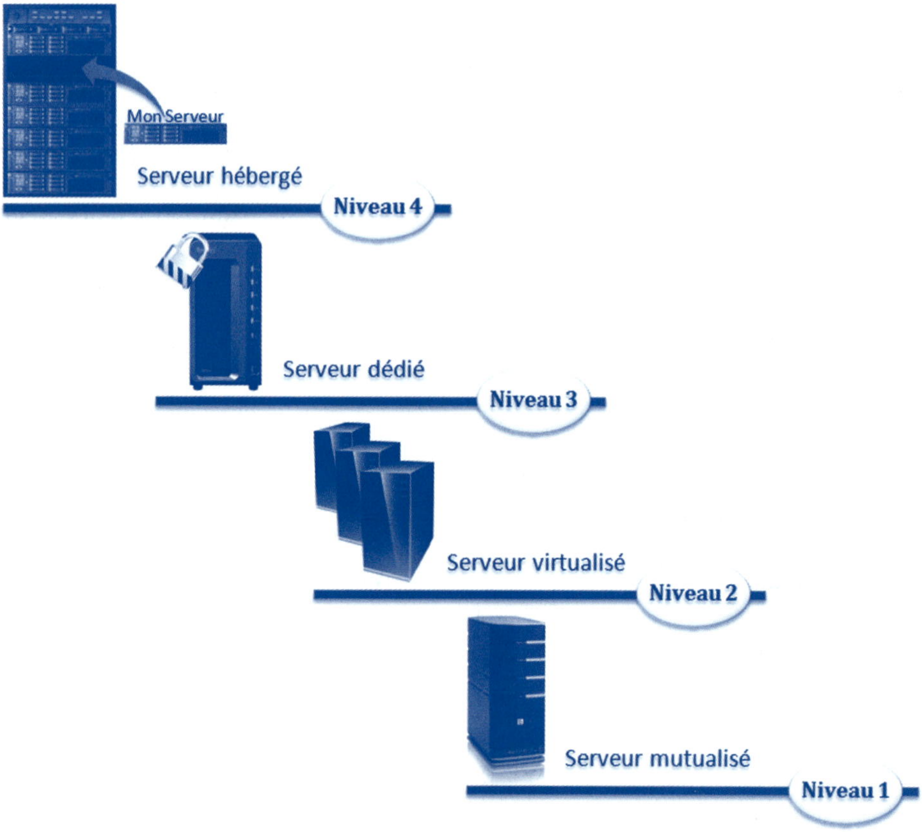

En résumé

Le choix du type d'**hébergement** est guidé par différents critères.

- la taille du site ;
- le trafic ;
- l'autonomie ;
- les technologies ;
- l'évolutivité ;
- les performances ;
- la sécurité, etc. ;
- le budget.

Insight

*Selecting the **host** type is made by following some criteria :*

- *Site size ;*
- *Traffic ;*
- *Autonomy ;*
- *Technologies ;*
- *Upgradability ;*
- *Performances ;*
- *Security ;*
- *Budget.*

Pourquoi l'utiliser ?

Objectif

Pour être accessible en ligne, un site web a besoin d'être hébergé, c'est-à-dire installé sur un serveur HTTP relié au réseau Internet.

Si, dans l'absolu, un individu ou une entreprise peut devenir son propre hébergeur, la solution la plus souvent retenue est celle d'un prestataire spécialisé. Celui-ci offrira un panel de services adaptés aux divers besoins d'hébergement, du plus modeste au plus conséquent.

En matière d'hébergement, mieux vaut un grand chez les autres qu'un petit chez soi.

Contexte

Les prestataires proposent tous les mêmes types d'hébergement, à quelques nuances près. Cela part du serveur mutualisé destiné aux petits sites à faible trafic, jusqu'au site commercial à très fort trafic.

Outre les aspects techniques, l'hébergement doit comprendre un ensemble de services tels que :

- un ou plusieurs domaines ;
- un accès FTP ;
- des comptes de messagerie ;
- un accès base de données ;
- le support de divers langages de développement ;
- une protection antivirus/antispam.

Enfin, l'hébergeur doit assurer une disponibilité 24 heures sur 24 du site web et disposer de solutions efficaces de tolérance de pannes.

Comment l'utiliser ?

Étapes

- **Préciser avec soin les caractéristiques techniques de son site sur la base** :
  - du nombre de pages envisagées ;
  - de l'intégration et du volume d'éléments multimédia ;
  - de la bande passante minimum ;
  - des technologies employées pour le développement de ses pages.
- **Définir les minima en termes de services attendus** :
  - possibilité d'une montée en charge rapide ;
  - degré d'autonomie indispensable à la maintenance ;
  - assistance en ligne ou téléphonique ;
  - réactivité du prestataire en cas d'indisponibilité du site ;
  - passage d'une offre à une autre sans interruption de service.
- **Évaluer l'offre des différents hébergeurs en fonction** :
  - de leur image de marque sur le marché (références) ;
  - des tarifs proposés pour chaque solution ;
  - de la mise en œuvre des technologies actuelles et à venir (R&D) ;
  - de la qualité de la relation commerciale et technique.

Méthodologie et conseils

Contacter quelques entreprises utilisant les services des hébergeurs présélectionnés et tester des sites web identiques hébergés chez les mêmes prestataires.

Le choix d'un hébergeur n'est pas définitif, ne pas hésiter à changer si nécessaire.

Il peut être judicieux de dissocier les services en choisissant un hébergeur indépendant du prestataire ayant réalisé le site, même si celui-ci le propose.

Avantages

- ✔ L'hébergement de son site chez un professionnel est très majoritairement préféré à une solution d'hébergement en interne.
- ✔ La concurrence actuelle permet de bénéficier de tarifs très intéressants, y compris pour des offres haut de gamme.

Précautions à prendre

- ✔ S'assurer de la notoriété du prestataire et de sa pérennité sur le marché.
- ✔ Disposer d'une solution de rechange en cas de problème majeur.

• • •

Comment être plus efficace ?

Les types d'hébergement proposés par les différents prestataires tournent autour de quatre offres principales. Que comprennent-elles ? À quel type de site sont-elles adaptées ?

- **L'hébergement mutualisé** consiste à partager l'espace disque d'un serveur ainsi que la bande passante avec d'autres sites web. Le coût assez modeste de cette solution et sa simplicité technique constituent ses principaux atouts. Celle-ci est donc plutôt destinée aux sites de particuliers, d'associations ou de très petites entreprises n'ayant pas une présence web forte.
- **L'hébergement virtualisé** est un mode d'hébergement souvent qualifié d'intermédiaire. À mi-chemin entre le serveur mutualisé et le serveur dédié, le serveur virtualisé est en fait un hébergement partagé sur un même serveur physique comme dans le cas du serveur mutualisé mais avec des ressources entièrement dédiées (processeur, mémoire, disque, système, etc.) au site web hébergé, l'allocation de ces ressources étant réalisée logiciellement (virtuellement).
- **L'hébergement dédié** permet de disposer pleinement d'un serveur pour son usage exclusif. C'est là le choix d'une plus grande autonomie et la recherche de souplesse dans l'administration de la machine et de ses technologies. C'est une solution indispensable aux sites disposant d'une base de données conséquente et nécessitant un très bon niveau de performances.
- **L'hébergement « housing »** représente le haut de gamme de l'hébergement web. Il s'agit de l'hébergement de son propre serveur au sein des installations du prestataire et de la possibilité d'accéder à une connexion bidirectionnelle à ultra haut débit. Au-delà de ces caractéristiques de base, l'offre intègre également la panoplie complète en matière de sécurité des installations (*datacenter*), accès sécurisé aux locaux, climatisation, alimentation redondante, sauvegarde, etc.

Une offre plus récente est également disponible chez certains hébergeurs. Il s'agit de serveurs « cloud » basés sur la technique du *cloud computing* (littéralement informatique en nuages). Le principal avantage de ce type d'offre est de disposer de ressources capables de s'adapter dynamiquement à la demande ou tout au moins de pouvoir être reconfigurées en un ou deux clics de souris. La nouvelle configuration est instantanément opérationnelle sans qu'il y ait eu interruption de service.

Une grille d'évaluation et de comparaison par critères peut aider à sélectionner un hébergeur de façon rapide et objective.

Dans le cas d'un besoin d'hébergement haut de gamme, une visite chez le prestataire est nécessaire.

Cas d'une **Offre d'hébergement *cloud***

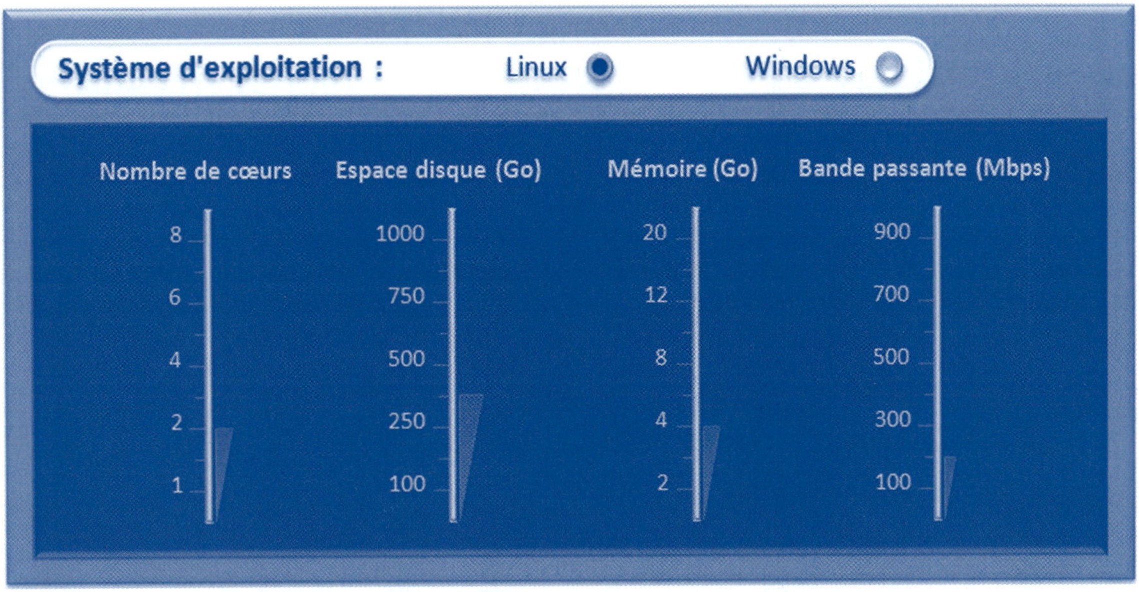

L'interface d'administration ci-dessus montre que l'on peut adapter, de façon assez fine et instantanée, la configuration du serveur d'hébergement. Cinq caractéristiques sont paramétrables :

– le système d'exploitation du serveur ;

– le nombre de cœurs (unités de calcul) du microprocesseur ;

– l'espace disque dur ;

– la quantité de mémoire RAM ;

– la largeur de la bande passante.

Au-delà de ces cinq éléments clés, les nombreuses options classiques accompagnant toute offre d'hébergement sont conservées quel que soit le paramétrage effectué.

Il faut également noter que le tarif s'adapte automatiquement, à la hausse ou à la baisse, lors des modifications. L'offre *cloud* des hébergeurs répond à une demande de réactivité, indispensable à la stratégie web des entreprises.

Que ce soit dans un souci d'évolution rapide d'une plate-forme de développement web *middleware*, de répartition de charge sur un site déjà en ligne ou de gestion de crise *via* un *dark site* par exemple, la souplesse offerte par l'hébergement *cloud* permet de répondre instantanément à ces besoins.

Grâce à cette possibilité, le web manager peut aisément activer un nouvel outil de communication web pour son entreprise.

Lors d'un salon auquel l'entreprise participe ou pour le lancement d'un nouveau produit, le web manager n'aura qu'à « appuyer sur le bouton » pour mettre en ligne le site évènementiel préparé à l'avance. ■

Les langages du web

La structure d'une page HTML

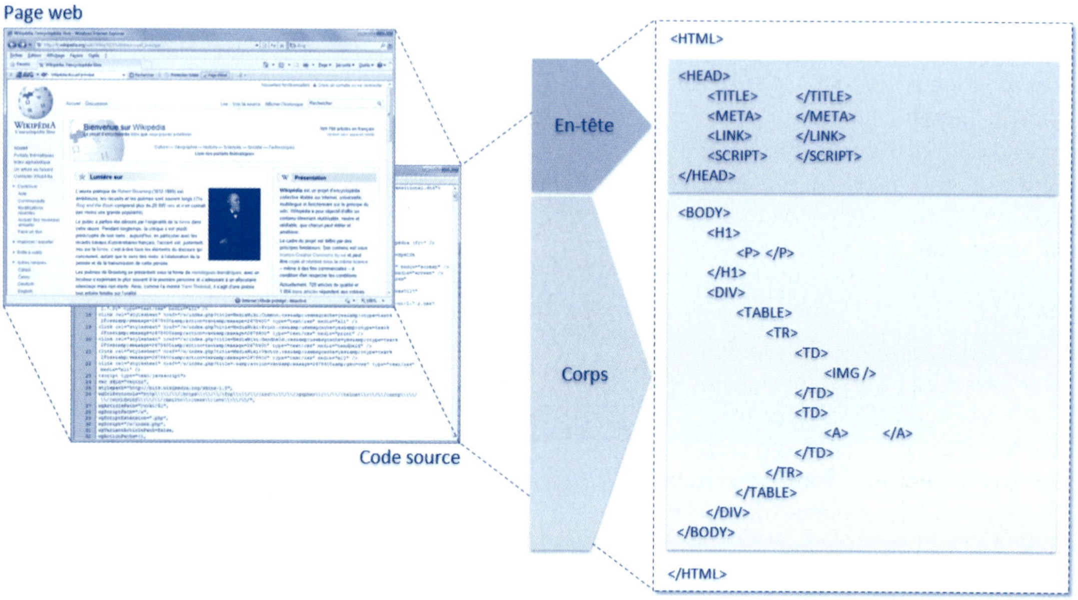

En résumé

La page HTML (XHTML) est composée de deux parties :

– l'en-tête, comprenant les différents paramètres de comportement (styles, scripts, etc.) de la page web ;

– le corps, contenant l'ensemble des informations de contenu qui s'affichent dans la fenêtre du navigateur.

Le **langage HTML** est un langage de balisage, c'est-à-dire que chaque élément de contenu est délimité par des balises définissant sa structure.

Les balises sont des éléments syntaxiques prédéfinis.

Insight

HTML page (XHTML) comprises two parts.

– Heading, with behavioral parameters (style, scripts…) of the web page.

– Body, with every content information visible in the browser window.

***HTML language** is a tagging language, i.e. every content element is circumscribed by tags defining its structure.*

Tags are predefined syntax elements.

Pourquoi l'utiliser ?

Objectif

Le langage HTML est à la base de l'architecture web. Sa maîtrise reste incontournable lors de la création d'un site, même si d'autres langages plus évolués ont fait leur apparition. Malgré la grande simplification des outils de création actuels, le recours au code source est toujours nécessaire lors de certaines modifications.

Une fois passée la phase d'apprentissage, il s'avère simple à maîtriser et permet des modifications souvent plus rapides qu'avec un outil spécialisé.

Contexte

Insérer un lien hypertexte, une image, rectifier une mise en page, incorporer une vidéo ou un code JavaScript sont des tâches courantes que tout responsable de site doit savoir réaliser. Sans pour autant être développeur, la maîtrise de certains rudiments techniques comme les bases du langage HTML est indispensable.

Dans cette optique, il est nécessaire de bien comprendre la structure du code source de la page web afin de s'y retrouver sans difficulté. On pourra alors y apporter les modifications souhaitées sans dommage collatéral.

La connaissance du langage HTML est un préalable indispensable à l'apprentissage des autres langages du web.

Comment l'utiliser ?

Étapes

- Afin de gagner en efficacité, utiliser de préférence un éditeur HTML (Kompozer, Dreamweaver) permettant de visualiser à la fois le code source et le résultat dans la page.
- Repérer les deux grandes parties de la page web délimitées par les balises :
  - <HEAD> </HEAD> pour l'en-tête ;
  - <BODY> </BODY> pour le corps de la page.
- Définir ensuite si la modification doit être faite dans l'une ou l'autre des parties. Cela dépend du type de modification ou du contenu à insérer. Par exemple, les liens de feuille de style se feront dans l'en-tête alors que l'incorporation du code d'une vidéo se fera après la balise <BODY>.
- Ne pas hésiter à utiliser la fonction Copier/Coller, non seulement pour gagner du temps mais surtout pour limiter les erreurs de syntaxe.
- Enregistrer les modifications effectuées et visualiser le résultat dans le navigateur web.

Méthodologie et conseils

Ne pas se laisser « impressionner » par la première apparence du code source d'une page web. Une fois que la logique de construction et les règles syntaxiques du code sont comprises, le langage HTML n'est plus qu'une question de pratique.

Se référer si besoin aux recommandations du W3C, notamment pour le respect de la syntaxe XHTML.

Avantages

- ✔ Le langage HTML est certes rudimentaire mais accessible à tous.
- ✔ En respectant les règles d'écriture en vigueur, on limite les problèmes d'interprétation dans le navigateur.

Précautions à prendre

- ✔ Être rigoureux dans la syntaxe et chasser les erreurs.
- ✔ S'aider du validateur HTML : http://validator.w3.org.

• • •

Comment être plus efficace ?

Le langage HTML permet d'élaborer le squelette du conteneur hypertexte tel que décrit à l'outil 47. Afin d'enrichir ses pages web, il est nécessaire de faire appel à d'autres langages, plus adaptés à la réalisation de certains contenus (animation, menus déroulants, formulaires, applications, etc.).

Le langage HTML a un temps évolué vers une nouvelle norme plus stricte : le **XHTML** pour *Extended Hypertext Markup Language*. Ce langage permet notamment aux pages web de s'afficher non seulement sur des ordinateurs classiques mais aussi sur d'autres terminaux comme les téléphones mobiles. Le **XHTML** devrait toutefois prochainement disparaitre au profit d'une dernière et puissante évolution du langage natif : le **HTML 5**.

La mise en page des sites web repose aujourd'hui sur le principe d'une division de la page en « blocs » indépendants : les balises *div* (appelés aussi « boites » ou « calques ») positionnées dans la page. Généralement, une div principale appelée #container sert de « conteneur » principal aux autres *div* structurantes : #header, #main et #footer. Ces dernières pouvant elles-mêmes contenir d'autres *div*, sur le principe des poupées russes.

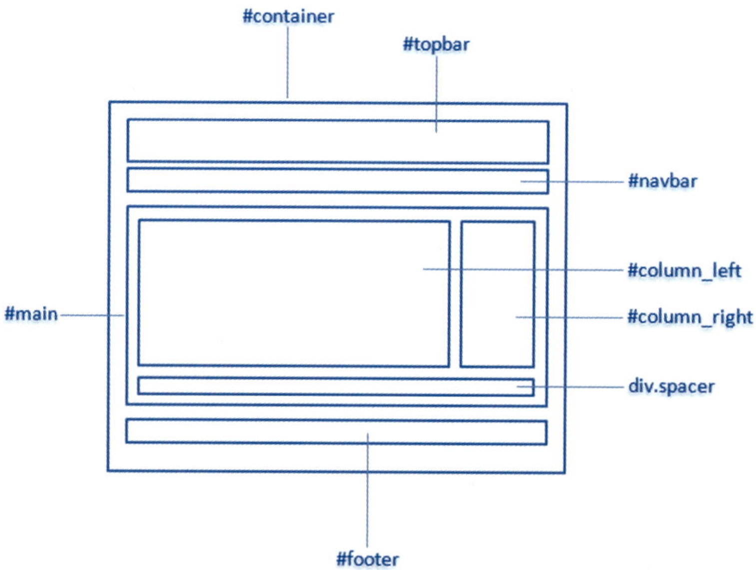

Le langage CSS est aujourd'hui la norme de mise en pages des sites. D'autres langages sont aussi utilisés : javascript, flash, java, PHP, ASP.net... (voir leur définition dans le glossaire).

La **Feuille de style externe (CSS)**

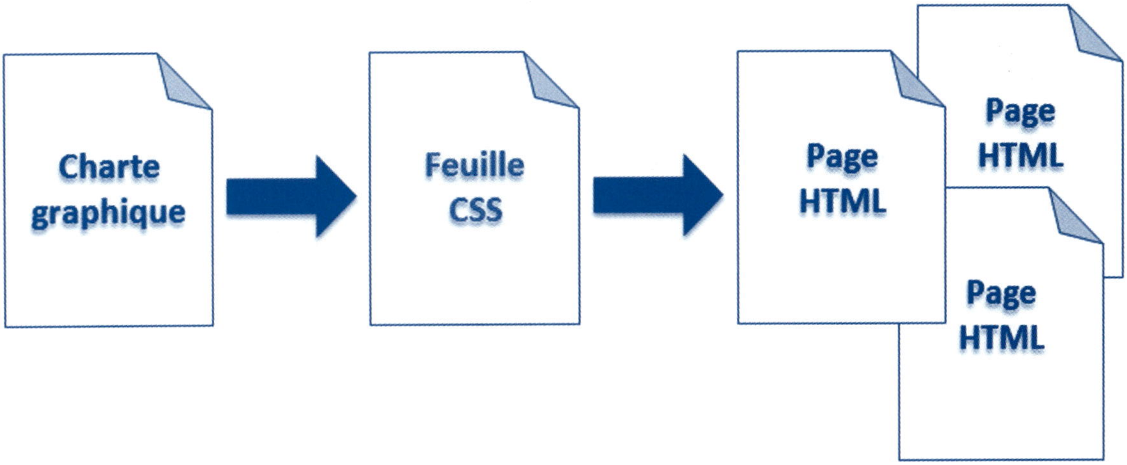

Au-delà du langage HTML, les concepteurs de site web ont recours aux **CSS** (*Cascading Style Sheet*) ou feuille de style en cascade. Un standard W3C de mise en forme des pages web. Le principe de CSS est de rendre le contenu indépendant de la mise en forme. Ainsi, à partir de la charte graphique, on peut définir tous les styles de présentation nécessaires, puis les incorporer dans une feuille CSS. Cette feuille CSS sera ensuite attachée à toutes les pages web devant utiliser les styles en question.

Les feuilles de style permettent ainsi de décrire la présentation des pages web et de centraliser toutes les instructions de mise en forme dans un seul et même document. Le langage CSS offre des possibilités de mise en page bien plus nombreuses et variées que le simple HTML. En outre, les aspects graphiques de toutes les pages du site étant consignés dans une seule et même feuille CSS, il suffit d'en modifier les paramètres (couleur, typo, positionnement…) une seule fois pour que ces changements s'appliquent à la totalité des pages du site. Cela facilite évidemment grandement la mise à jour d'un site. Sans les CSS, il faudrait faire les mises à jour page à page…

C'est donc dans cette feuille de style que l'on va déclarer toutes les caractéristiques graphiques des pages du site :

– typographie ;

– couleurs ;

– mise en page.

L'intérêt des feuilles de style est multiple. Elles permettent non seulement une création rapide et homogène des pages web, un respect des normes W3C en matière de structuration du code et des règles d'accessibilité, mais elles autorisent aussi une modification simple et rapide des éléments de mise en forme de l'ensemble des pages du site. ■

Outil 51 La protection et la sécurité

La protection d'un site

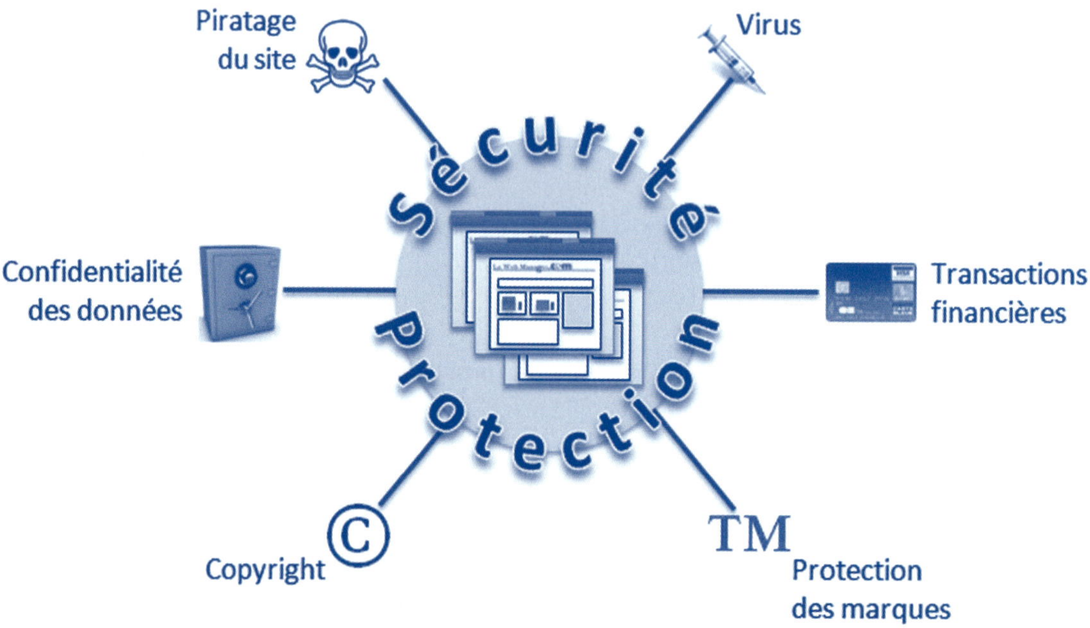

En résumé

La **protection d'un site web** repose sur deux principes :

– sécuriser le site contre les attaques extérieures pouvant empêcher son accès ou son bon fonctionnement ;

– offrir aux visiteurs un niveau de protection optimum pour leurs données personnelles et leurs opérations financières.

Insight

Protecting a web site *is resting on two principles :*

– Insuring security of site against external assaults intending blocking its access or mauling its functioning ;

– Offering callers an optimum protection level for their personal data as well as financial transactions.

Pourquoi l'utiliser ?

Objectif

La protection d'un site web n'est pas une option. Il est important de prendre conscience des nombreuses menaces susceptibles, d'une part, d'altérer le fonctionnement technique du site et, d'autre part, de dégrader le niveau de confiance des visiteurs.

La sécurité requiert une surveillance permanente.

Contexte

Dès la phase projet, la sécurité du site doit être prise en compte, en identifiant d'un côté les menaces potentielles inhérentes à tout site web et de l'autre les vulnérabilités propres à son cas particulier (un site de e-commerce ne présente pas les mêmes vulnérabilités qu'un site vitrine).

La protection d'un site repose à la fois sur des technologies de sécurité mais également sur un ensemble de dispositions légales destinées à en protéger le contenu et son utilisation.

Comment l'utiliser ?

Étapes

- Identifier l'ensemble des menaces techniques :
  - intrusions, DoS (déni de service), vol d'informations confidentielles ;
  - virus, pertes de données ;
  - erreurs de manipulation, etc.
- Évaluer son niveau de vulnérabilité face aux menaces :
  - vérifier et évaluer les solutions de protection de l'hébergeur ;
  - sauvegardes ;
  - reprises sur incidents ;
  - réactivité.
- Faire appel à un expert si nécessaire :
  - technique ;
  - juridique.
- Déployer l'arsenal juridique :
  - protéger son nom de domaine, sa marque (INPI) ;
  - protéger le contenu par copyright (Creative Commons) ;
  - garantir la confidentialité des données (Commission nationale de l'informatique et des libertés, CNIL).
- Assurer une veille permanente :
  - se tenir informé des nouvelles menaces ;
  - effectuer des tests réguliers.

Méthodologie et conseils

Mener au préalable une opération de benchmark sur d'autres sites similaires et effectuer une veille technologique dans le domaine de la sécurité (statistiques des attaques, failles identifiées).

Imposer le critère sécurité dans le choix de l'hébergeur et veiller à sa réputation dans ce domaine. ■

Avantages

✔ Une sécurité optimisée augmente le capital confiance des visiteurs

✔ L'investissement en matière de protection revient toujours moins cher que les conséquences d'une absence de sécurité.

Précautions à prendre

✔ Ne pas sous-estimer ni surestimer ses besoins.

Outil 52 Les formats d'images

Comparatif des formats

	GIF	JPEG	PNG *8 bit*	PNG *24 bit*
Extension	.gif	.jpg .jpeg	.png	.png
Type	• Matriciel	• Matriciel	• Matriciel	• Matriciel
Usages	• Dessins, icônes • Cartes • Diagrammes	• Photographies • Logos • Dessins artistiques	idem GIF	• Dessins complexes • Logos
Spécificités	• Images comprenant peu de couleurs • Gestion de la transparence	• Images avec de nombreuses nuances	idem GIF	• Translucidité
Palette de couleurs	• 8 bit • 256 couleurs	• 24 bit • 16,7 millions de couleurs • Niveaux de gris	• 8 bit • 256 couleurs	• 24 bit • 16,7 millions de couleurs • Niveaux de gris
Compression	• Algorithme LZW • Non destructrice	• Algorithme JPEG • Destructrice • Irréversible	• Algorithme Deflate/ZIP • Non destructrice	• Algorithme Deflate/ZIP • Non destructrice
Transparence	• Oui • 1 couleur	• Non	• Oui • 1 couleur	• Oui • 256 niveaux de transparence
Animation	• Oui	• Non	• Non	• Non

En résumé

Le **format de fichier** est choisi en fonction du type d'image à publier.

Les critères de choix sont principalement techniques et qualitatifs. Tout l'art consiste à trouver le juste équilibre entre ces deux contraintes (par exemple, une compression élevée favorise la rapidité de téléchargement mais altère la qualité de l'image).

Insight

*The **file format** is selected in accordance to the type of image to publish.*

Criteria for selection are mainly technical and qualitative. The question is finding the right balance between the two (for instance, a high compression ratio for an image accelerates downloading and alters quality).

Pourquoi l'utiliser ?

Objectif

L'utilisation d'un format d'image non standard ou non adapté au web peut entraîner des problèmes d'affichage sur le poste client, soit pour cause d'incompatibilité, soit en raison d'un poids trop élevé des fichiers. C'est ce dernier critère qui reste prioritaire, même dans le cas d'une connexion haut débit et *a fortiori* pour tous ceux qui n'en bénéficient pas.

Contexte

Les formats d'images utilisés pour le web sont tous, à l'exception des objets Flash dédiés aux animations audio et vidéo, de type matriciel. Cela signifie que l'image est constituée d'un ensemble de points (pixels). De ce fait, les contours de forme peuvent parfois présenter un effet d'« escalier ». De plus, le redimensionnement d'une image matricielle (Bitmap) entraîne une perte de qualité, très visible dans le cas d'un agrandissement. Le travail de retouche doit donc être nécessairement réalisé avant l'insertion dans la page web.

La charte graphique doit définir les formats et caractéristiques d'images à respecter pour la création des pages web.

Comment l'utiliser ?

Étapes

- **Numériser l'image** :
  - source appareil photo numérique ou scanner ;
  - choisir une définition de type VGA (640x480) ou une résolution 72 DPI pour la plupart des cas.
- **Stocker l'image** :
  - se créer une bibliothèque d'images pouvant être réutilisée ;
  - ne jamais travailler sur les originaux, les conserver intacts.
- **Retoucher l'image** :
  - utiliser un logiciel spécialisé comme Photoshop, les éditeurs web étant inadaptés ;
  - rester dans les normes web (taille et poids de fichier) pour une qualité optimale ;
  - sélectionner le format le plus approprié (faire des tests).
- **Insérer l'image** :
  - respecter les règles de mise en page ;
  - renseigner le texte alternatif (balise Alt) ;
  - ne pas oublier de la publier avec la page web.

Attention : un taux de compression trop élevé ou un format d'image inadapté peut altérer la qualité de l'image.

Méthodologie et conseils

L'insertion de visuels dans les pages web doit être justifiée par le contenu ou la charte graphique. L'image doit apporter une information utile au visiteur du site et ne pas seulement être un objet de décoration.

Une image en haute définition peut s'avérer inadaptée (disproportionnée) tout en pénalisant le téléchargement de la page.

Pour une galerie photos, préférer un affichage par vignettes avec un lien « zoom » vers la photo en taille originale. ■

Avantages

- ✔ Les formats standards présentent l'avantage d'être directement interprétés par le navigateur web, sans *plug-in* additionnel.
- ✔ Ils permettent d'obtenir des visuels de bonne qualité pour quelques dizaines de kilo-octets seulement.

Précautions à prendre

- ✔ Dès la numérisation, penser « web » en adaptant les réglages du périphérique.
- ✔ Tenir compte des connexions bas débit de certains visiteurs.

Outil 53 La convention de nommage

La définition des règles (exemple)

Type d'objet	Nombre minimum de caractères	Nombre maximum de caractères	Caractère séparateur	Structure du nom	Spécificités	Extension	Emplacement
Dossier catégorie	N/A	11	_ (tiret bas)	nom de la catégorie		N/A	idem arborescence du site
Dossier format	N/A	8	aucun	nom du format		N/A	dossier catégorie
Fichier HTML	6	11	_ (tiret bas)	• 3e car. du dossier • séparateur • nom	• bas de casse	3	dossier catégorie
Fichier PHP	6	11	_ (tiret bas)	• 3e car. du dossier • séparateur • nom		3	dossier catégorie
JavaScript	6	11	_ (tiret bas)	• 3e car. du dossier • séparateur • nom		3	dossier catégorie
Fichier JPEG	N/A	11	_ (tiret bas)	• 3e car. du dossier • séparateur • nom	• sans accent	3	dossier format
Fichier GIF	N/A	11	_ (tiret bas)	• 3e car. du dossier • séparateur • nom		3	dossier format
Fichier PNG	N/A	11	_ (tiret bas)	• 3e car. du dossier • séparateur • nom	• sans espace	3	dossier format
Fichier Flash	N/A	11	_ (tiret bas)	descriptif		3	dossier format
Fichier CSS	8	8	aucun	descriptif	• sans symbole		dossier catégorie
Identifiants CSS	N/A	11	- (tiret)	descriptif		N/A	N/A
Class CSS	N/A	11	- (tiret)	descriptif		N/A	N/A
...	...	...	...	...	...	...	...

En résumé

Il faut définir les **règles de nommage** dès le début du projet et annexer la convention au cahier des charges si besoin.

Insight

*You must precise **rules for giving** a name as soon as the project begins then annex the agreement to the specifications, if necessary.*

Pourquoi l'utiliser ?

Objectif

Même dans le cas d'un site de faible taille, le nombre de fichiers devient vite conséquent et difficilement gérable si l'on ne s'impose pas quelques règles. De plus, certains systèmes trop permissifs autorisent l'emploi de noms de fichiers pouvant poser problème dans le cadre d'une utilisation web.

Contexte

Définir les règles de nommage permet aux intervenants (prestataire, webmaster, contributeurs) d'identifier plus facilement les fichiers, leur emplacement et leur contenu. Le problème d'identification des noms de fichiers et de leur localisation se révèle souvent lors des mises à jour, pouvant à terme rendre celles-ci extrêmement délicates.

Des règles clairement édictées et qui s'imposent à tous évitent cet écueil. Il est nécessaire pour cela d'agir sur les différentes caractéristiques des noms employés dans l'identification des objets :

- nombre de caractères ;
- caractères proscrits ;
- structure des noms, etc.

Les trois règles pour nommer ses fichiers : simplifier, simplifier, simplifier.

Comment l'utiliser ?

Étapes

- **Phase projet** :
  - convaincre les différents acteurs ;
  - reprendre un éventuel existant et restructurer l'arborescence ;
  - identifier les contraintes ;
  - définir les nouvelles règles de nommage ;
  - contrôler l'application en cours de développement.
- **Phase exploitation** :
  - informer les intervenants ;
  - vérifier le respect des règles de nommage ;
  - adapter, enrichir les règles en fonction des évolutions.

En phase exploitation, les mises à jour doivent faire l'objet d'un suivi rigoureux. Dans ce but, une base de données ou plus simplement un tableau Excel permet d'assurer la traçabilité des modifications.

Ainsi, les noms de fichiers, leur localisation dans l'arborescence des dossiers du site, le type de modification effectuée et la date pourront aisément être retrouvés en cas de besoin.

Méthodologie et conseils

S'il s'agit de reprendre un site existant, la redéfinition complète des noms d'objet peut s'avérer impossible. Dans ce cas, un simple « dépoussiérage » peut permettre de s'y retrouver.

Pour un nouveau site sans reprise de l'existant, définir des règles claires et précises acceptées et respectées par tous, en premier lieu par l'équipe de développement du site (développeurs, graphistes, administrateurs, etc.). ■

Avantages

- ✔ Naviguer facilement et rapidement dans une arborescence contenant plusieurs milliers de fichiers.
- ✔ Permettre aux nouveaux intervenants de s'y retrouver intuitivement.

Précautions à prendre

- ✔ Ne pas élaborer une « usine à gaz ».
- ✔ Le bon sens est la meilleure règle.

Les Outils du web

Le web n'est pas uniforme, tant sur le plan du contenu que sur celui de la technique de réalisation. On peut déjà aisément distinguer les sites web « classiques », des blogs ou des wikis. S'ils ne servent pas la même stratégie en terme de communication web, ils ne sont pas non plus créés de la même façon et avec les mêmes outils.

Les sites web dits classiques sont les plus répandus et leur rôle est multiple. Institutionnels, vitrines ou marchands, ces sites professionnels demandent des développements souvent longs et lourds. Tous les sites dynamiques reposent sur une base de données dans laquelle le contenu est stocké et nécessitent l'emploi d'un langage de script pour leur élaboration.

Les sites collaboratifs ou interactifs utilisent les mêmes technologies mais avec pour objectif de permettre aux visiteurs de collaborer à leur contenu.

Développer un site web

La création d'un site n'a jamais été aussi simple... en apparence. Grâce aux systèmes de gestion de contenu (*content management system*, CMS), le développement d'un site est devenu accessible à tous. Mais cela n'est qu'une façade car en réalité les technologies n'ont jamais été aussi riches et les solutions proposées aujourd'hui, atteignent rapidement leurs limites dès que l'on recherche des fonctionnalités particulières.
Le recours au code est presque toujours incontournable et des langages de développement évolués (voir outil 46) doivent être parfois maîtrisés. Pourtant, il existe aujourd'hui des outils de création de sites permettant de produire rapidement et simplement un résultat professionnel avec un minimum de connaissances.

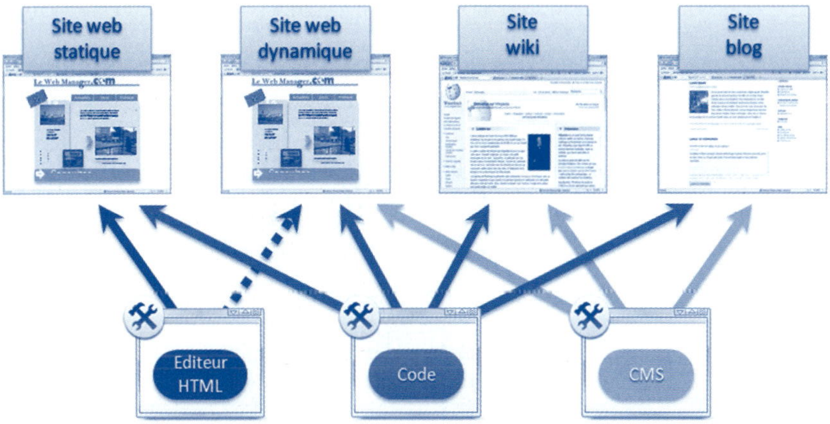

L'âge des sites statiques étant révolu, la création d'un site avec un éditeur HTML de base peut sembler dépassée. Toutefois, le langage HTML (XHTML) reste essentiel pour une partie du code et ce type d'outil peut encore rendre service à qui ne veut pas l'écrire.
Au-delà du développement du site, les CMS prennent en charge l'administration et servent aussi aux contributeurs à alimenter celui-ci en contenu. Ils constituent des outils complets pouvant être utilisés tout au long du cycle de vie d'un site. Les experts pourront laisser libre cours à leur créativité en intervenant directement au sein du code à l'aide des différents langages proposés et les néophytes auront la satisfaction de pouvoir réaliser un site à l'aspect professionnel.
Il existe d'autres outils, plus propriétaires, comme Flash, mais leur maîtrise nécessite un apprentissage qui peut-être long et le site ainsi réalisé ne répond pas toujours aux standards du web.

Dossier

Les OUTILS

Les éditeurs HTML

Principales fonctions d'un éditeur HTML

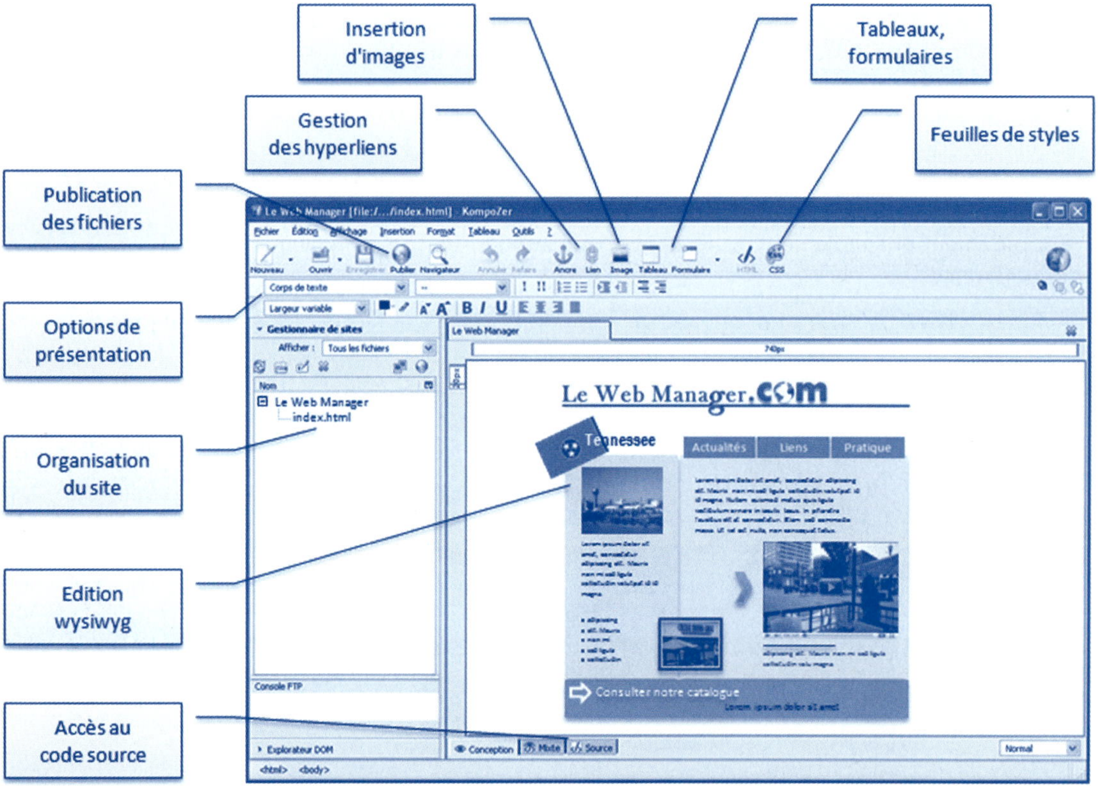

En résumé

Un **éditeur HTML** permet de créer des pages web statiques sans avoir à écrire une seule ligne de code.

Le mode d'édition wysiwyg (*what you see is what you get*) permet de construire une page web comme dans un logiciel de traitement de texte.

Seules les contraintes liées au code HTML limitent les fonctions de présentation.

Insight

A ***HTML editor*** *helps designing static web pages without writing a single code line.*

*The edition mode wysiwyg (*what you see is what you get*) allows you to build a web page as easily as by using a word processor.*

Layout functions are only limited by HTML code's impositions.

Pourquoi l'utiliser ?

Objectif

La création de pages web en code HTML suppose la maîtrise du langage et de sa syntaxe. Un éditeur de pages web permet de s'affranchir de cette contrainte et de créer ses pages de façon plus conviviale. Le mode de conception normal rend la création des pages web abordable à tous.

Contexte

Les éditeurs HTML permettent de réaliser aisément des pages web statiques. Il est également possible de travailler avec des feuilles de style afin de dissocier la forme du contenu.

Le langage HTML (XHTML) ne permettant pas d'élaborer des pages web dynamiques, le recours à un langage de scripts tel que le PHP ou l'ASP.Net devient vite indispensable. C'est là la limite des éditeurs HTML. Toutefois, si l'on maîtrise un langage de conception dynamique, il est possible de créer des pages web avec des éditeurs comme Kompozer ou Dreamweaver.

L'éditeur HTML fait partie de la panoplie des outils web indispensables à posséder mais il ne permet pas, à lui seul, la création d'un site de A à Z.

Comment l'utiliser ?

Étapes

• **Le choix de l'outil**. De nombreux éditeurs HTML sont disponibles sur le marché mais la référence reste le produit Adobe Dreamweaver. Ce logiciel aux fonctions élaborées prend en charge toutes les fonctionnalités nécessaires à la création de pages web, statiques ou dynamiques.

– Une alternative *open source*, Kompozer, offre des fonctionnalités de base proches, sans égaler la richesse du précédent. Ce type d'éditeur peut suffire à de nombreux créateurs de sites.

• **Le mode d'édition normal**. C'est le point fort des éditeurs HTML car il évite d'écrire du code. C'est un gain de productivité non négligeable pour tous ceux qui ne se sentent pas à l'aise avec la syntaxe HTML. La création d'une page se fait de façon plus intuitive.

• **L'accès au code source**. Le code source est indispensable pour effectuer certaines modifications. Le confort d'un éditeur HTML est d'offrir un double affichage mode normal/code source, permettant de visualiser et de contrôler en simultané les modifications réalisées.

– Même pour un néophyte, le langage HTML devient alors plus accessible.

Méthodologie et conseils

Choisir un éditeur qui correspond aux besoins réels de conception. Un outil trop riche en fonctionnalités sera difficile à maîtriser et son apprentissage peut décourager. À l'inverse, un produit trop rudimentaire peut paraître frustrant.

Être conscient du fait que quelle que soit la sophistication du produit, il n'évitera jamais le recours au code source.

Enfin, il n'est pas réaliste aujourd'hui de créer des sites entièrement statiques. Le passage à un langage dynamique ou l'utilisation d'un système de gestion de contenu (*content management system*, CMS) devient une nécessité. ■

Avantages

✔ Les fonctionnalités avancées de certains produits en font un outil puissant.

✔ Pour les plus expérimentés, il est possible de travailler directement en code source avec différents langages.

Précautions à prendre

✔ Un outil tel qu'un éditeur HTML ne remplace pas le savoir-faire, surtout en matière de créativité.

✔ Il est indispensable de connaître les bases du langage HTML, quel que soit l'outil employé.

Présentation d'un CMS

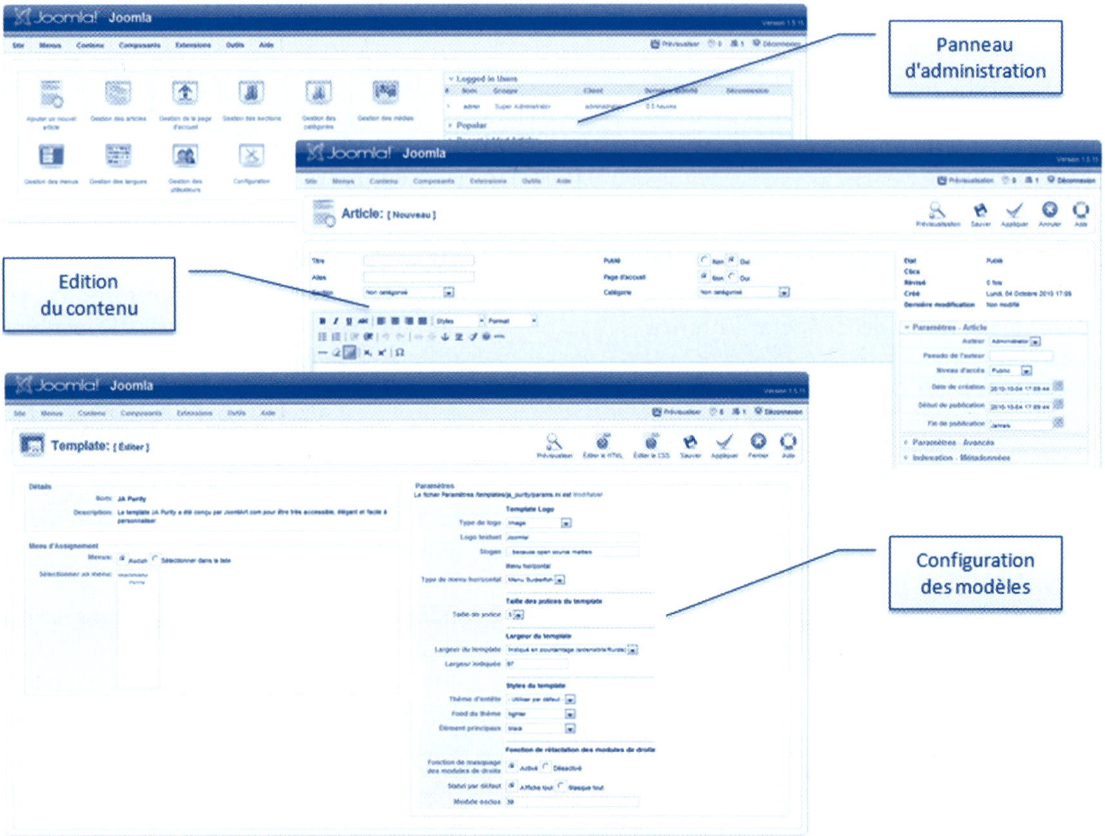

Source : Joomla.

En résumé

Un **système de gestion de contenu** (*content management system*, CMS) est un outil qui permet de créer et de mettre à jour un site web dynamique sans qu'il soit nécessaire de maîtriser un langage de développement.

La structure du site repose sur une feuille de style prédéfinie, une base de données et des pages en PHP.

Le contenu (texte, images et objets multimédias) est inséré *via* un formulaire de saisie regroupant les fonctions de présentation essentielles.

Insight

*A **CMS (Content management system)** is a managing tool for designing and updating a dynamic web site without having to master a development language.*

Site structure lies on a predefined style sheet, a data basis and PHP pages.

Content (text, images and multimedia objects) is inserted through a capture form including main presentation functions.

Pourquoi l'utiliser ?

Objectif

Un outil de type CMS est idéal pour concevoir un site dynamique rapidement et sans connaissance technique particulière. Grâce à sa simplicité d'emploi, un CMS peut être mis entre toutes les mains.
Une fois installé sur le serveur web, le CMS est accessible *via* un navigateur web, aucun logiciel particulier n'est requis.

Contexte

L'interface d'un CMS propose une palette d'outils complète pour la création et l'administration d'un site web. De très nombreux produits sont disponibles sur le marché dont beaucoup sont *open source* comme Spip, Joomla ou Drupal. De plus, il est possible de bénéficier des améliorations (*plug-ins*, *templates*, *widgets*, etc.) apportées par la communauté autour d'un produit.
Les CMS sont des alternatives de plus en plus proposées par les prestataires web et de plus en utilisées par les entreprises clientes. Ils allient performances et rapidité de mise en œuvre. Enfin, leur architecture respecte le mode de construction d'un site tel qu'édicté par le W3C.

Les CMS tendent à supplanter les éditeurs HTML classiques.

Comment l'utiliser ?

Étapes

• **Installer le module CMS sur le serveur web**. C'est une option généralement présente chez les hébergeurs ; dans ce cas l'installation est réalisée automatiquement en quelques minutes après l'avoir activée en ligne. Dans le cas contraire, une installation manuelle est requise.

• **Accéder à l'interface d'administration.** Se connecter à l'adresse fournie par l'hébergeur *via* le navigateur web, y entrer *login* et mot de passe afin d'accéder aux options de configuration et d'administration. Commencer par régler et personnaliser certains paramètres (mot de passe, utilisateurs, identifications du site, médias, etc.)

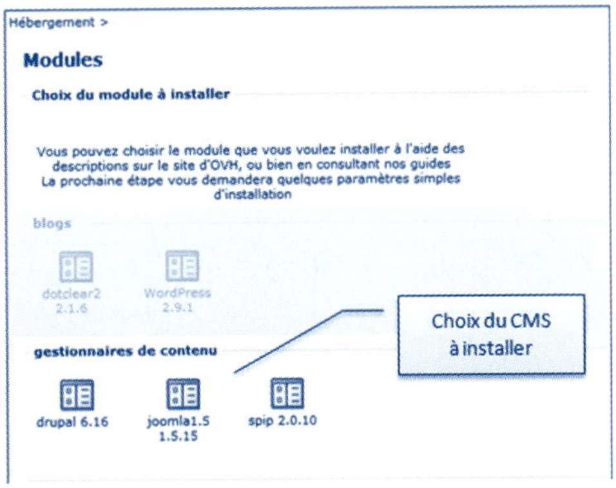

• **Réaliser des tests, prendre en main.** L'interface d'un CMS est simplifiée, elle permet une prise en main rapide. Afin de maîtriser rapidement les différentes fonctionnalités, il est conseillé de créer du contenu avec différents types d'éléments (texte, images, objets multimédias) et d'essayer divers modes de présentation. À chaque modification, vérifier le résultat en ligne à l'aide des principaux navigateurs.

Méthodologie et conseils

Ne pas hésiter à tester plusieurs CMS pour comparer leur ergonomie et leurs fonctionnalités. Les critères d'utilisabilité et d'adaptabilité doivent être prioritaires dans le choix de ce type de produit. Il est également important de s'assurer du dynamisme de la communauté dans le cas d'un CMS *open source*. ■

Avantages

✔ Les CMS sont les outils les plus simples et rapides pour créer et mettre en ligne un site dynamique.

✔ La mise à jour d'un site *via* un CMS peut être réalisée par une personne non initiée.

Précautions à prendre

✔ La simplicité d'emploi a un coût : la liberté de création. Pour reprendre totalement la main sur la mise en forme, il est nécessaire de passer par le code source (HTML, CSS ou PHP).

Les blogs

Ouvrir un espace de discussion

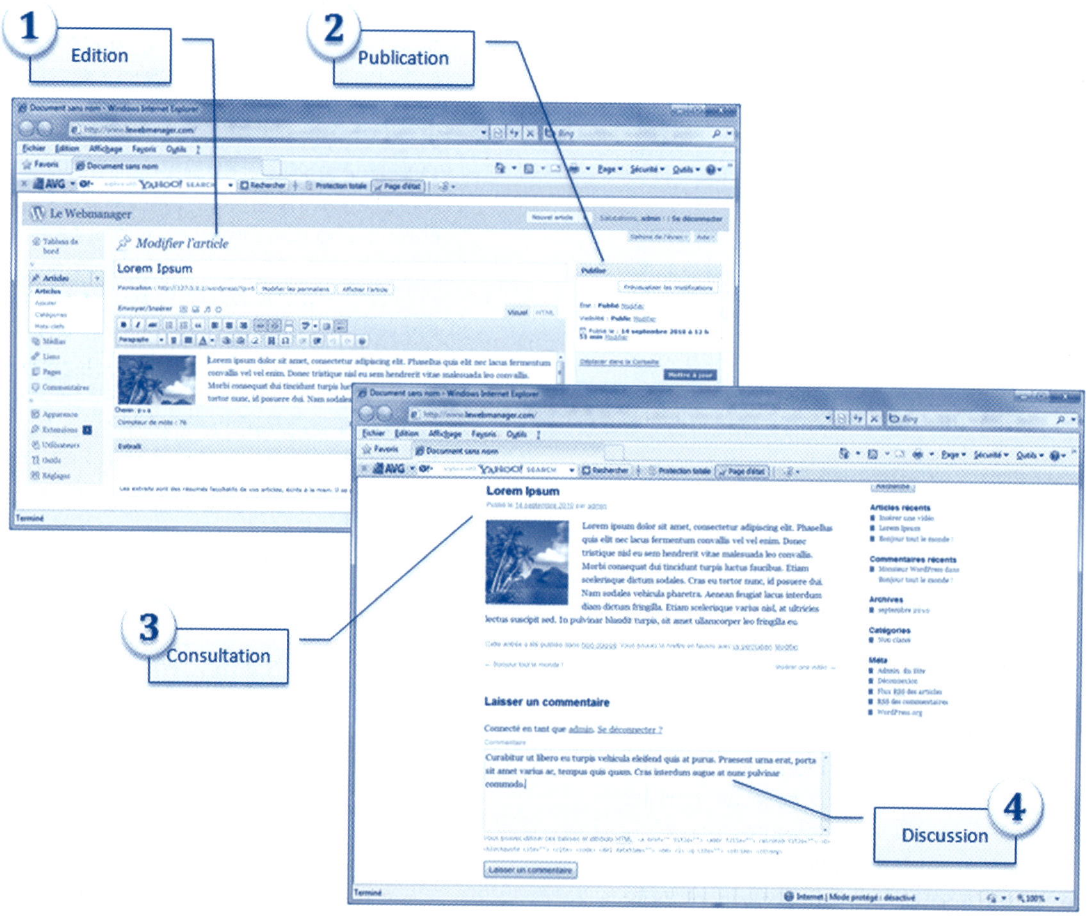

Source : Wordpress.

En résumé

Le **blog** est un site qui se crée à l'aide d'un CMS dédié. Sur ce point, il est peu différent des CMS classiques, si ce n'est par sa mise en forme prédéfinie.

L'édition et la publication des articles sont simples et rapides si l'on s'en tient aux fonctions proposées. Le côté « journal » d'un blog explique le classement anté-chronologique des billets.

La consultation d'un blog autorise le dépôt de commentaires de la part des visiteurs.

Insight

*You create a **blog** with a dedicated CMS. It is not different from common CMS, except it is using a predefined format.*

Editing and publishing articles is simple and quick if you remain within the proposed functions. The "newspaper" aspect of a blog explains that contributions are presented from the latter to the former.

When you consult a blog you are allowed to write your commentaries.

Pourquoi l'utiliser ?

Objectif

Pour mettre en place un espace de discussion ouvert aux visiteurs par le biais des commentaires, le blog est sans conteste l'outil approprié. C'est un moyen différent de dialoguer avec les internautes, c'est aussi un média utile pour gérer une crise (un mauvais buzz) ou communiquer sur un événement ponctuel.

Contexte

À ceux qui hésitent entre faire un site web classique et un blog, on peut répondre : les deux ! En effet, le blog est moyen efficace pour communiquer sur le réseau et il est complémentaire d'un site web institutionnel ou commerçant. Il permet d'effectuer une approche différente de l'internaute en établissant un dialogue direct.

Les outils de création de blog peuvent être gratuits (*open source* comme WordPress) ou payants (TypePad).

Pour une entreprise, refuser la mise en place d'un blog par crainte des commentaires est contre-productif. Les internautes iront les poster ailleurs sans demander son avis.

Comment l'utiliser ?

Étapes

- **Installer l'outil chez son hébergeur**. Le logiciel de création de blog étant un CMS, son installation est identique à celle de tous les autres CMS. Là encore, l'hébergeur peut proposer une procédure automatique en prenant tous les aspects techniques en charge.

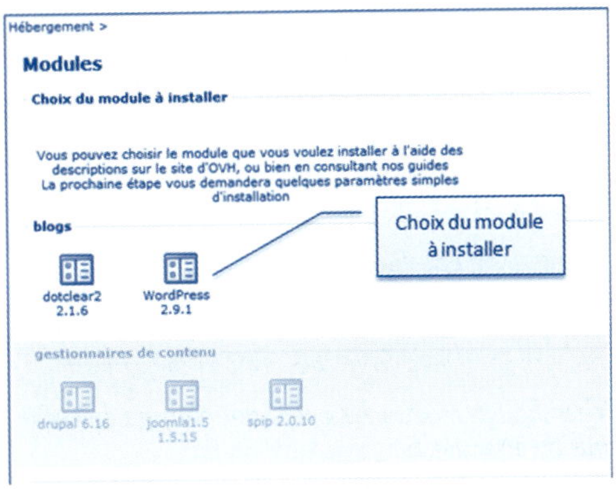

- **Configurer et personnaliser l'outil**. La création d'utilisateurs habilités (auteurs, contributeurs, etc.), leur profil, les paramétrages relatifs aux articles (longueur, nombre, modération des commentaires, etc.) sont autant de réglages à effectuer dès le début. La mise en forme, quant à elle, s'effectue grâce aux modèles de présentation proposés. Pour les plus avertis, il est souvent possible d'accéder aux feuilles de style afin de les modifier.
- **Animer et faire vivre son blog**. Par définition un blog doit être actif, vivant, ce qui suppose un suivi et un apport de contenu très régulier. Une fois lancé, le succès d'un blog repose tant sur les contributions apportées par les lecteurs que sur le travail de rédaction de l'auteur. Mais la vigilance est de mise, à la fois sur un plan qualitatif et sur l'indispensable contrôle de possibles débordements.

Méthodologie et conseils

Définir une ligne éditoriale et s'y tenir. Adopter le « parler vrai » et accepter la contradiction, la remise en question.

Utiliser un ton direct mais non familier, et un langage simple mais respectueux des règles d'orthographe et de syntaxe. Afin d'établir un climat de respect mutuel entre les intervenants, la rédaction et la publication d'une charte de bons usages sont vivement conseillées. ■

Avantages

- ✔ Un blog permet la mise en place rapide d'un espace de communication avec ses consommateurs, clients, partenaires ou même salariés.
- ✔ Sa structure et son mode de dialogue en font un outil complémentaire du site web classique.

Précautions à prendre

- ✔ L'auteur ou le propriétaire du blog est un « directeur de publication » et à ce titre il est responsable devant la loi de tout ce qui se dit sur son site.
- ✔ La modération *a priori* est recommandée.

Outil 57 Les wikis

Modifier un article directement en ligne

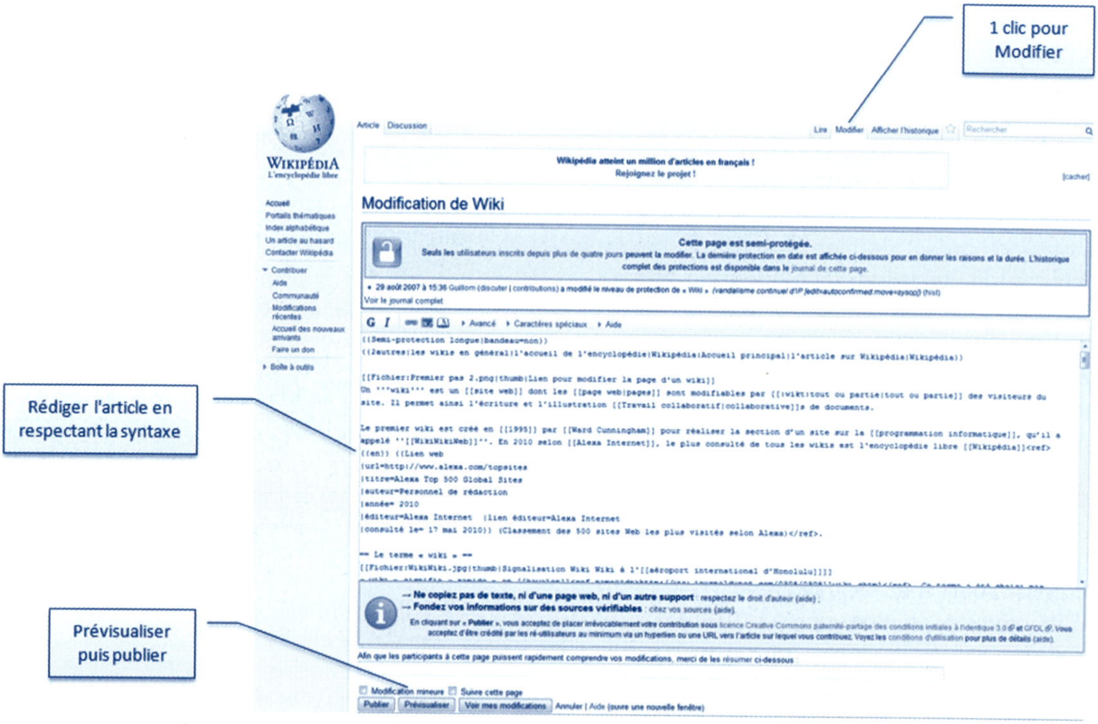

Page de modification de la définition de wiki sur l'encyclopédie Wikipédia

En résumé

Un **wiki** est un site collaboratif où chaque visiteur peut contribuer au contenu. L'accès y est normalement libre mais modéré *a posteriori* et les modifications réalisées immédiatement disponibles en ligne.

Insight

*A **wiki** is a collaborative site : each caller can give their contribution to the content. Access is generally free, although moderated only later. Alterations are instantly effective and available on line.*

Pourquoi l'utiliser ?

Objectif

Un wiki a pour but d'enrichir une base de connaissance en ligne. L'exemple le plus célèbre est celui de l'encyclopédie Wikipédia, où tout visiteur est invité à ajouter ou modifier une définition. En entreprise, un wiki peut servir à développer un glossaire, un dictionnaire, voire une base documentaire, sur une activité ou un métier donné. L'objectif d'un wiki vise donc à enrichir, en permanence, un site de référence indexant des définitions communes, portées à la connaissance de tous et librement modifiables.

Contexte

Le mot wiki, qui signifie « rapide » en hawaïen, symbolise le principe de modification quasi instantanée d'un site web en ligne. À la différence d'un site web classique, où les contenus sont choisis et mis en ligne par un webmaster, un wiki propose à chacun de participer à l'évolution et la mise à jour du site, en se fondant sur le principe d'une écriture collaborative.

Le rôle du webmaster, dans la mise en place d'un wiki d'entreprise, consiste d'abord à initier le mouvement, en créant une somme de définitions ; ensuite à inciter à la participation, en communicant sur cette possibilité ; enfin à réguler et surveiller les contributions.

Le wiki d'entreprise est moins altruiste, plus structuré et purement interne. Il reste néanmoins un outil de productivité intéressant.

Comment l'utiliser ?

Étapes

Mettre en place un wiki d'entreprise :

- **Recenser les besoins et le potentiel de participation** :
  - À quoi servirait un wiki ?
  - Dans quel but ?
  - Qui pourrait y participer ?
- **Établir un cahier des charges** :
  - Définir une politique éditoriale, avec des standards de publication, une charte graphique, des critères d'évaluation, un budget et les objectifs du wiki.
- **Former des contributeurs** :
  - Définir les règles du jeu et le mode de contribution au wiki.

Méthodologie et conseils

Dans un wiki, c'est la communauté qui fait la richesse du contenu, mais c'est généralement un individu fondateur qui l'initie et en fait la promotion. On estime à seulement 5 à 10 % le nombre d'utilisateurs qui participeront activement au wiki. On peut faciliter les contributions de trois façons :

- poser des ébauches de définition, pour inciter les lecteurs à ne pas les laisser telles quelles et à venir les compléter ;
- récompenser les contributeurs actifs par une reconnaissance, un avantage mais attention à ne pas les « sur-récompenser », ils pourraient alors être tentés de s'approprier le wiki pour en faire une œuvre personnelle ;
- promouvoir les contributions de qualité, en attribuant un label ou des « étoiles » aux articles en question, ainsi ces contributeurs verront leur participation mise en valeur et seront poussés à produire plus. ■

Avantages

- ✔ Un wiki produit de manière dynamique un corpus de connaissances important.
- ✔ Tout le monde peut écrire dans le site *via* son navigateur, aucune connaissance du HTML n'est nécessaire.
- ✔ Bien qu'ouvert, un wiki peut être modéré et éviter ainsi des dérives.

Précautions à prendre

- ✔ L'intervention sur un wiki n'est jamais anonyme (obligation d'identification ou enregistrement de l'adresse IP).
- ✔ Certains articles « sensibles » peuvent être rendus non modifiables.

Les flux RSS

Recevoir l'information via les flux RSS

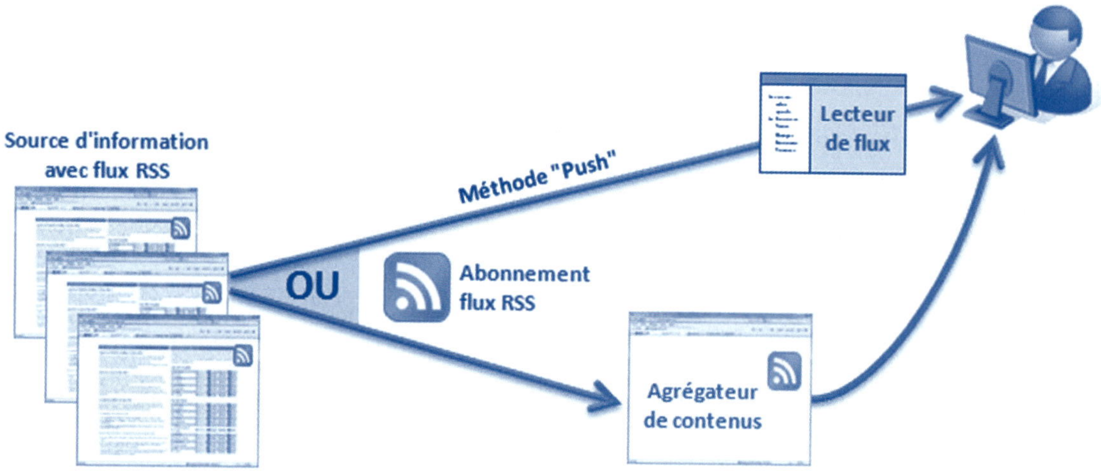

En résumé

Un **flux RSS** (*rich site summary* ou *really simple syndication*) est un fichier. Ce lien permet de recevoir en direct et en temps réel une information à jour en provenance d'un site Web.

L'abonnement à un flux d'information RSS peut se faire au travers d'un logiciel client spécialisé (lecteur de flux) ou d'un agrégateur de flux en ligne (par exemple Google Reader).

Insight

A ***RSS (Rich Site Summary or Really Simple Syndication)*** *flow is a file. Through this link you can directly receive in real time an updated piece of information from a web site.*

Subscribing to an RSS information flow can be realized through a specific customer software (flow reader) or an on-line flow aggregator (Google Reader for instance).

Pourquoi l'utiliser ?

Objectif

Recevoir l'information de son choix sans avoir besoin d'aller la chercher est une méthode (de type *push*) très utile dans le cadre de la veille en ligne ou plus simplement pour se tenir informé de l'actualité d'un site.

D'un autre côté, proposer à ses visiteurs des flux RSS permet de les fidéliser et de les tenir au courant des mises à jour du site en temps réel.

Contexte

Les flux RSS reposent sur un système dit de syndication de contenu qui consiste à rendre disponible une information et à la partager directement grâce à un lien vers un fichier XML.

Les logiciels de création de blogs gèrent automatiquement cette fonctionnalité et les lecteurs peuvent ainsi être informés de la diffusion de nouveaux billets ou commentaires. La diffusion RSS n'est toutefois pas réservée aux seuls blogs.

Grâce aux flux RSS, on peut récupérer et fidéliser nombre de visiteurs sur son site web.

Comment l'utiliser ?

Étapes

- **Sur le site web « source »**

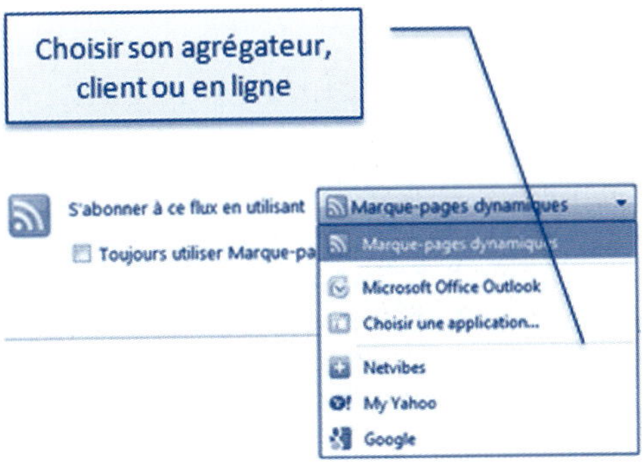

- **Dans l'agrégateur**

Méthodologie et conseils

La qualité prévaut sur la quantité, il faut donc bien sélectionner ses abonnements. Certains sites d'actualités produisent des volumes d'informations conséquents qu'il est difficile de lire entièrement. L'idéal étant de passer par un agrégateur client ou en ligne qui permet le filtrage par mots-clés.

L'agrégateur en ligne offre l'avantage d'être accessible où que l'on soit, pour peu que l'on dispose d'un accès Internet. ■

Avantages

- ✔ Les flux RSS permettent de recevoir en direct des informations à jour.
- ✔ L'abonnement aux flux RSS ne nécessite pas de divulguer son adresse e-mail, évitant ainsi les risques de *spam*.
- ✔ Le « désabonnement » est aussi simple et rapide que l'abonnement.

Précautions à prendre

- ✔ S'abonner aux fils d'informations que l'on est sûr de pouvoir exploiter.
- ✔ Faire attention aux problèmes de droit d'auteur, voire de diffamation, si l'on relaie des flux RSS provenant d'autres sites.

Outil 59 Les solutions de paiement en ligne

Le processus de paiement par porte-monnaie électronique

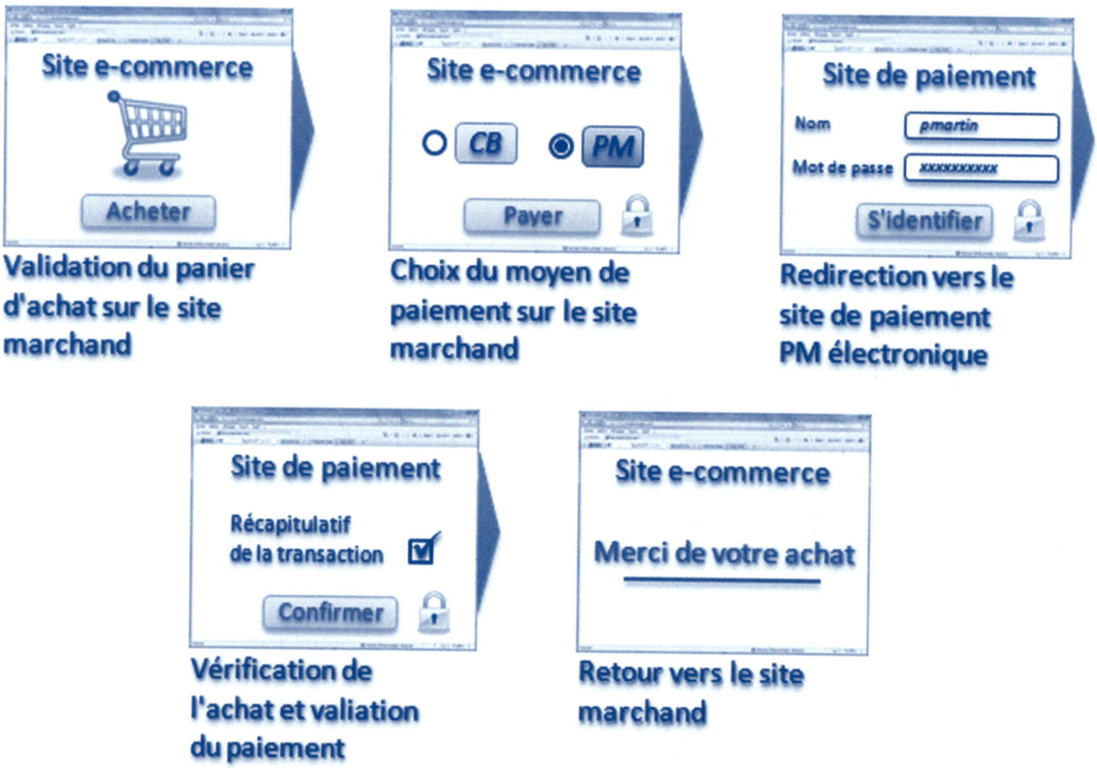

En résumé

Le système du **porte-monnaie électronique** est un moyen de paiement simple et fiable.

La transaction financière est prise en charge par le site de paiement indépendamment du site marchand.

Un pourcentage est prélevé par le site de paiement sur le montant de la vente réalisée par le site marchand.

Insight

The ***electronic wallet*** *is a simple and reliable payment system.*

The financial transaction is operated by the payment site independently of the merchant site.

A percentage of the sale made by the merchant site is charged by the payment site.

Pourquoi l'utiliser ?

Objectif

Le paiement en ligne est une fonction primordiale pour un site de e-commerce. Plusieurs solutions de paiement doivent être proposées aux clients du site mais toutes doivent offrir un niveau de sécurisation optimal. C'est la condition numéro un pour conserver la confiance des consommateurs.

Contexte

Le commerce en ligne repose sur la trilogie : simplicité, rapidité, confiance. L'acheteur souhaite être servi rapidement, pouvoir payer en toute sécurité en quelques clics et bien sûr recevoir sa marchandise dans les meilleurs délais.

Bien qu'en France le système des cartes bancaires soit l'un des meilleurs du monde, nombre de consommateurs hésitent encore à divulguer leur numéro de carte lors d'un achat sur Internet. C'est pourquoi d'autres alternatives doivent leur être proposées, e-carte bancaire, chèque, virement, paiement à réception, micropaiement *via* téléphone mobile, porte-monnaie électronique. Cette dernière solution est la plus répandue après celle du paiement par carte bancaire. PayPal, qui propose ce système est à ce jour, l'une des plus utilisées sur les sites marchands.

Plus de 25 millions d'internautes français achètent en ligne et ils sont 83 % à préférer le paiement par carte bancaire. (source : Fevad/ Médiamétrie)

Comment l'utiliser ?

Étapes

Proposer le paiement par carte bancaire :

- Le commerçant obtient un contrat de vente à distance (VAD) auprès de sa banque.
- La banque attribue un numéro de VAD au commerçant, lui permettant d'utiliser un terminal de paiement électronique virtuel.
- Les coûts relatifs à ce système de paiement sont :
  – des frais d'ouverture (200 à 400 euros HT) ;
  – un abonnement mensuel (15 à 30 euros HT) ;
  – une commission sur les paiements (0,8 à 1,5 % avec parfois un minimum forfaitaire).
- Au moment du paiement, la banque contrôle la transaction et garantit le bon déroulement du processus de paiement, pour les deux parties.
- Le client est redirigé vers le serveur de paiement de la banque du commerçant.
- La banque vérifie le paiement et en informe le commerçant.
- Toutes les phases de la transaction financière s'effectuent en mode sécurisé, les données sont chiffrées.
- Le commerçant valide la transaction avec le client et assure son suivi.

Méthodologie et conseils

Certaines solutions alternatives au paiement par carte bancaire permettent de lancer son site marchand sans frais préalables. Sur le long terme, elles peuvent cependant devenir moins intéressantes suivant le volume de transactions réalisé.

Proposer le paiement par carte bancaire s'avère incontournable pour développer son activité, c'est aussi un gage de sécurité pour le client du site qui voit le logo de la banque. ■

Avantages

✔ Les solutions de paiement en ligne sont indissociables du commerce électronique, il ne serait pas envisageable de développer une activité de ce type sans y faire appel.

Précautions à prendre

✔ Il convient de mettre en place des labels ou des certificats comme FIA-NET ou VeriSign pour rassurer l'utilisateur.

✔ Le passage par un intermédiaire financier de renom est indispensable.

Glossaire

Accessibilité : Ensemble de règles techniques et ergonomiques visant à rendre un site web accessible aux personnes handicapées (principalement mal voyantes).

Adresse IP : Identifiant unique d'un hôte (machine) sur un réseau. Suivant la version du protocole utilisée, l'adresse IP est codée sur 32 ou 128 bits.

Agrégateur : Logiciel client ou serveur permettant de lire des fils d'informations en ligne (flux RSS).

***Applet* :** Application web s'exécutant au sein du navigateur. Les applets sont généralement écrites dans un langage orienté web comme Java™.

B2B/B2C (*Business to business/Business to consumer*) : Technique de mise en relation entre entreprises (B2B) ou entre entreprise et consommateurs (B2C).

***Benchmarking* :** Technique d'analyse comparative permettant de définir les meilleures pratiques.

***Breadcrumb* :** Système de repérage destiné à faciliter la navigation dans un site web.

***Buzz* :** Bruit autour d'un événement ou d'une marque.

***Cloud computing* :** Système de dématérialisation des applications et des services vers des serveurs web distant. Similaire au concept SaaS (*Software as a Service*).

CMS (*Content Management System*) : outil de création et de maintenance d'un site web dynamique. Un CMS est généralement simple à maîtriser. Les logiciels de création de blog sont des CMS.

Copil : Abréviation utilisée pour désigner le comité de pilotage dans un projet.

CPC/CPM (Coût par clic/Coût par mille) : Prix payé par l'entreprise à chaque fois qu'un internaute clique sur un lien commercial au sein d'un moteur de recherche, le calcul s'effectuant à l'unité (CPC) ou par mille (CPM).

Crowdsourcing **:** Phénomène de création de masse, dans un contexte web il s'agit d'un apport de contenu ou de contribution par un grand nombre d'internautes.

CSS (*Cascading Style Sheet*) : Format de feuille de style associé aux documents HTML pour la mise en forme des pages web. Le CSS est un standard W3C.

Cybersquatting **:** Procédé consistant à réserver un nom de domaine afin de le revendre au plus offrant.

DNS (*Domain Name System*) : Service logiciel permettant de traduire une URL en adresse IP.

DPI (*Dot Per Inch*) : Unité de mesure en point par pouce définissant la résolution d'un écran ou d'un périphérique de numérisation.

FAI (Fournisseur d'accès à Internet) : Prestataire offrant des services d'accès au réseau Internet (web, messagerie, newsgroups, etc.).

Flux RSS (*Really Simple Syndication*) : Format de flux d'informations diffusé en temps réel.

GIF (*Graphics Interchange Format*) : Format de compression bitmap utilisé pour la diffusion d'images (256 couleurs max.) sur le web.

HTML (*HyperText Markup Language*) : Langage de description de page utilisé pour la création des pages web. La syntaxe HTML repose sur un système de balises prédéfinies.

HTTP (*HyperText Transfer Protocol*) : Protocole de transport d'un document HTML entre un serveur web et un client web (navigateur).

JPEG (*Joint Photographic Experts Group*) : Format d'images standardisé basé sur un algorithme de compression bitmap. Ce format est notamment utilisé pour la compression des images photographiques diffusées sur le web.

KPI (*Key Performance Indicator*) : Permet de vérifier la réussite opérationnelle d'un site.

Mash-up **:** Technique permettant de récupérer des contenus provenant de différentes applications ou sites (ex. : intégrer une carte Google Maps sur son site).

Micro-blog : Site de diffusion de messages courts tels que Twitter ou Jaiku.

Middleware **:** Logiciel spécialisé permettant l'échange entre applications hétérogènes dans une architecture réseau de type web.

MMO (*Massively Multiplayer Online*) : Site de jeu en ligne massivement multi-joueurs. Une version locale du jeu doit généralement être installée sur l'ordinateur du joueur qui lui permet ensuite d'accéder au serveur du réseau.

Open Source **:** Type de licence d'un logiciel dont les droits ont été cédés (à l'exception du droit moral) afin d'en assurer la libre distribution. Dans ce but, la mise à disposition du code source permet la modification du logiciel par quiconque. La licence Open source est souvent confondue avec la licence Freeware, gratuite mais dont le code n'est pas ouvert.

***Opt-in* :** Action qui consiste à accepter volontairement (en cochant une case par exemple) une inscription sur une liste de diffusion.

***Pixel* :** Agrégation des termes anglais « *Picture element* » ; désigne l'unité de définition d'un écran vidéo.

***Plug-in* :** Application cliente qui se greffe sur un navigateur web afin de lui apporter de nouvelles fonctionnalités (ex. : Flash Player™, Adobe Reader™).

PNG (*Portable Network Graphics*) : Format de compression d'images plus élaboré que GIF. Ce format est défini par une recommandation W3C.

***Pull* :** Technique consistant à rechercher une information grâce à l'utilisation d'un moteur de recherche.

***Push* :** Technique consistant à recevoir automatiquement des informations après s'être abonné auprès d'un service de diffusion (RSS, mailing-list).

***Registrar* :** Bureau d'enregistrement d'un nom de domaine.

SEO (*Search engine optimization*) : Référencement naturel d'un site dans les moteurs de recherche.

SEM (*Search Engine Marketing*) : Référencement payant d'un site dans les moteurs de recherche.

***Servelt* :** Application web s'exécutant dynamiquement côté serveur. Les servlets sont écrites en langage Java.

SQL (*Structured Query Language*) : Langage de requêtes structuré permettant l'interrogation de bases de données hétérogènes.

TLD (*Top Level Domain*) : Domaine de premier niveau dans l'architecture DNS (ex. : .COM, .NET).

***Troll* :** Utilisateur, message ou action susceptible de générer des polémiques sur un espace de discussion.

URL (*Uniform Resource Locator*) : Chaîne de caractères traduisant une adresse web via le protocole HTTP (ex. : http://www.lebmanager.com).

W3C (*World Wide Web Consortium*) : Organisme de standardisation du web fondé en 1994 par Tim Berners Lee.

***Web Open Font Format* :** Nouveau format typographique adapté au web et reconnu par le W3C.

WHOIS : Base de données regroupant la liste des noms de domaine enregistrés. La recherche au sein d'une base WHOIS permet de vérifier la disponibilité d'un nom de domaine.

Widget **:** Logiciel utilitaire s'exécutant directement sur le bureau de l'utilisateur et relié à Internet. Les widgets offrent de nombreux services (météo, diaporama, cours de bourse, radios, etc.).

XML (*Extensible Markup Language*) : Langage de balisage destiné à structurer les données au sein d'un document ; on parle également de métalangage. La syntaxe XML est présente dans les pages web (XHTML).

Bibliographie

Dossier 1

Jean-Marc Hardy, Gaetano Palermo, *Réussir son site web en 60 fiches*, Dunod, 2010.

Jean-Nicolas Reyt, *Le guide du Web management*, Dunod, 2009.

Dossier 2

Nicolas Chu, *Réussir un projet de site web*, Eyrolles, 2010.

Gabriel Képéklian, Jean-Louis Lequeux, *Déployer un projet web 2.0*, Eyrolles, 2008.

Dossier 3

Seth Godin, *Permission marketing*, Maxima, 2009.

Thomas Faivre-Duboz, Raphaël Fétique, *Web conversion*, Dunod, 2009.

Nicolas Malo, Jacques Warren, *Web Analytics*, Éditions d'Organisation, 2009.

Dossier 4

Jakob Nielsen, Hoa Loranger, *Site Web : priorité à la simplicité*, Campus Press, 2007.

Amélie Boucher, *Ergonomie web*, Eyrolles, 2009.

Jean-François Nogier, *Ergonomie du logiciel et design web*, Dunod, 2008.

Dossier 5

Isabelle Canivet, Sébastien Billard, *Bien rédiger pour le Web*, Eyrolles, 2009.

Alex Adam, Marina Aubert, Aurélien Coussement, François Meuleman, Tanguy Pay, *Écrire et manager sa communication web*, Edipro, 2009.

Dossier 6

Christophe Aubry, *CSS : Réussir la mise en page de vos sites web*, Eni, 2010.

Nicole Pignier, Benoît Drouillat-Hermès, *Le webdesign*, Lavoisier, 2008.

Graham Davis, *500 grilles et feuilles de style pour l'imprimé et le Web*, Eyrolles, 2008.

Dossier 7

Jean-Noël ANDERRUTHY, *Techniques de veille et e-reputation*, Eni, 2009.
Pascal BRASSIER, *Boostez vos ventes grâce aux réseaux sociaux*, Eyrolles, 2009.

Dossier 8

Hervé KABLA, Yann GOURVENNEC, *Les médias sociaux expliqués à mon boss*, Éditions Kawa, 2011.
Marc FANELLI-ISLA, *Guide pratique des réseaux sociaux*, Dunod, 2010.
Thomas PARISOT, *Réussir son blog professionnel*, Eyrolles, 2010.

Dossier 9

Charles-Henri BESSEYRE DES HORTS, *L'entreprise mobile*, Pearson, 2008.
Sophie-Carole RICHARD-LANNEYRIE, *Le mobile marketing*, Le génie des glaciers, 2008.
Étienne VAUTHERIN, *Développer pour l'iPhone et l'iPad*, Dunod, 2010.

Dossier 10

Mathieu NEBRA, *Réussir son site web avec XHTML et CSS*, Eyrolles, 2010.
Jason SIMMONS, *Guide pratique de création numérique*, Dunod, 2008.

Dossier 11

Loïc LE MEUR, Laurence BEAUVAIS, *Blogs et podcasts*, Dunod, 2007.
Simon KERN, *Sites web avec Wordpress 3.0*, Dunod, 2010.
COLLECTIF, *Développer une activité e-commerce*, Nathan, 2010.

54791 (I) (1,8) CSB 100° NOC-API
Dépôt légal : Avril 2011
Imprimé en France par I.M.E. - 25110 Baume-les-Dames